Clásicos *de* la Fe

Obras selectas de Casiodoro de Reina

Clásicos de la fe: Obras selectas de Casiodoro de Reina

B&H Publishing Group
Brentwood, TN 37027

Diseño de portada: B&H Español

Director editorial: Giancarlo Montemayor
Editor de proyectos: Joel Rosario
Coordinadora de proyectos: Cristina O'Shee

Clasificación Decimal Dewey: B
Clasifíquese: REINA, CASIODORO DE / REINA-VALERA / BIBLIA, ESPAÑOL

ISBN: 978-1-0877-7531-9

Impreso en EE. UU.
1 2 3 4 5 * 26 25 24 23

Índice

Prefacio

❦

Dedicatoria

A la Iglesia de habla hispana: estamos recuperando los textos de
Casiodoro de Reina; recuperemos también su vida y teología.

Aunque Casiodoro de Reina es uno de los reformadores
españoles más reconocidos, su vida y teología siguen
siendo desconocidas. Las razones son múltiples: las obras
son difíciles de conseguir, Reina escribió la mayoría de sus
obras en latín y francés, etc., pero los hechos son lo que son:
salvo por su traducción de la Biblia, la gran mayoría de los
protestantes españoles no han leído nada escrito por Reina. Es
decir, aunque leemos su Biblia, no sabemos cómo la interpretó;
aunque era pastor, no sabemos cómo pastoreó; aunque era
un cristiano ejemplar, no sabemos cómo vivió. Y esto es una
tragedia, porque los escritos de Reina testifican de su madurez
espiritual, profundidad teológica y corazón pastoral. El

1

propósito de este libro es introducir el mundo de habla hispana a algunos de los textos más importantes de Casiodoro de Reina, muchos de los cuales estaban prácticamente desconocidos, para conocerlo mejor como pastor, teólogo, traductor de la Biblia y unificador de las iglesias protestantes.

Andrés Messmer
Epifanía, 2022

Introducción

1. La vida de Casiodoro de Reina

No se sabe mucho del nacimiento y juventud de Reina. Con base en su entrada en el monasterio, se calcula que nació aproximadamente en el año 1520. Se ha debatido su lugar de nacimiento, pero, teniendo en cuenta los documentos inquisidores, probablemente nació en Montemolín (Extremadura). En la dedicatoria de su comentario de Juan, dice que fue «adicto desde la más tierna edad» al estudio de las Escrituras, lo que hace pensar que tuvo algún interés y quizá algo de formación en la Biblia desde una edad temprana. A finales de los años treinta o inicios de los cuarenta se matriculó en el Colegio de Santa María de Jesús (una facultad de humanidades a nivel universitario), que es donde estudiaron otros alumnos que luego se convertirían en protestantes (Constantino de la Fuente, Cipriano de Valera y Cristóbal de

Losada), pero cuyo nivel de enseñanza y estudio nunca pasaría de mediocre.[1] Con base en su autoapelación de ser un «hombre educado en letras»,[2] se graduó de dicho colegio con una buena base en humanidades y teología.[3]

En el año 1546, quizás antes, profesó ser monje jerónimo en el monasterio de San Isidoro del Campo (Santiponce), que fue, según el propio Reina y los otros autores de *Artes de la santa Inquisición*, «el monasterio más célebre en toda Andalucía».[4] El triunvirato de los doctores Juan Gil (Dr. Egidio), Constantino de la Fuente y Francisco de Vargas ya había estado en la catedral de Sevilla, justo al otro lado del río, desde 1533, y García Arias ya estaba predicando el evangelio en el monasterio desde 1545,[5] algo que le podría haber atraído a Reina.

---

[1] José Antonio Ollero Pina, «Clérigos, universitarios y herejes. La Universidad de Sevilla y la formación académica del cabildo eclesiástico», 107–196 en Luis Enrique Rodríguez San Pedro Bezares y Juan Luis Polo Rodríguez (eds.), *Universidades hispánicas. Modelos territoriales en la Edad moderna* (Salamanca: Ediciones Universidad de Salamanca, 2007), 116, 121, 123. También estudió allí Arias Montano, editor de la Biblia Regia (la políglota de Amberes), y estaba involucrado, de una manera u otra, Juan Gil (Ollero Pina, «Clérigos», 118).

[2] Petición a la Universidad de Estrasburgo, 12 de noviembre de 1565.

[3] Por sus escritos, que datan de los años 60, sabía latín, hacía referencias a los padres de la Iglesia, conocía historia eclesiástica y civil y hacía alusiones a los poetas clásicos. Parece probable que, por lo menos, algo de este conocimiento se remonta a su formación académica.

[4] *Artes*, § 249.

[5] *Artes*, § 240, 243–245. Aunque *Artes* dice que Juan Gil se «convirtió» por la predicación de Rodrigo Valer (§ 258–259), este testimonio no cuadra con otros hechos bien conocidos. Algunos expertos prefieren invertir la influencia y afirmar que Valer se «convirtió» por la predicación de Gil y otros (comp. Tomás López Muñoz, *La Reforma en la Sevilla del XVI*, tomo 1 [Sevilla: Cimpe, 2011], 67–68).

Reina pasaría los próximos once años en el monasterio. A parte de la rutina habitual de los monasterios de aquel entonces (mucha liturgia y contemplación) y del cumplimiento de los votos monásticos habituales (la castidad, la pobreza y la obediencia), no se sabe mucho de la vida de Reina durante esta época. Pero al final de su tiempo allí, el monasterio experimentó una especie de «reforma» que afectó mucho a la vida cotidiana de los monjes: empezaron a leer obras protestantes, dejaron de rezar por los difuntos, no se aprovecharon de las indulgencias, dejaron de venerar las imágenes, etc.[6] Según *Artes*, dos personas anónimas fueron los principales responsables de esta reforma, y parece que la evidencia apunta hacia Reina (y Antonio del Corro) como el instigador.[7] Además de la reforma dentro del monasterio, Reina estaba predicando fuera de sus murallas en varios sitios de Sevilla, y también fue instrumental en la conversión de sevillanos como don Juan Ponce de León (hijo del conde de Bailén).[8]

Sin embargo, y por motivos no totalmente conocidos, entre enero y marzo de 1557,[9] Reina huyó del monasterio con once monjes a Ginebra, donde se supone que pensaba que pasaría el resto de su vida. Llegó probablemente a mediados o finales de 1557 y se unió a la iglesia italiana.[10] Sin embargo, se decepcionó

---

[6] *Artes*, § 247–248, 251.

[7] Marcos Herráiz Pareja, Ignacio García Pinilla y Jonathan Nelson, *Inquisitionis Hispanicae Artes: The Arts of the Spanish Inquisition*. Reginaldus Gonsalvius Montanus (Leiden: Brill, 2018), 365 núm. 83.

[8] Muñoz, *Reforma* 1:171; 2:534.

[9] Herráiz, García y Nelson, *Arts*, 366 núm. 84.

[10] Carta a Beza que data del 1 de marzo de 1566.

mucho de Ginebra, no solamente por el recuerdo constante
de la quema de su compatriota Miguel Servet, sino por la
predicación que, según Reina, se centraba más en denunciar a
los papistas que en predicar el evangelio y llamar a la gente al
amor y a las buenas obras. Por tanto, a finales de 1558 e inicios
de 1559, Reina abandonó Ginebra junto con otros españoles
también decepcionados de la ciudad y se dirigió a Londres; se
estableció en Fráncfort,[11] que en varias ocasiones jugaría un
papel importante en la vida de Reina.

Gracias a la ascensión de Isabel I al trono a finales de 1558, los
protestantes exiliados al continente podían volver a Inglaterra, y
no solamente los ingleses, sino también los extranjeros. El reino
de Isabel I inició la segunda fase de «iglesias de los forasteros»
en Inglaterra. Después de varios meses de pruebas y papeleo,
Reina consiguió establecer la primera iglesia española en
Londres, para lo que tuvo que solicitar el derecho de celebrar
reuniones públicas y escribir una confesión de fe (ver el Texto
1 y su *confesión*). Se le concedió a la iglesia española el uso de la
iglesia de Santa María Axe, y Reina recibió una pensión anual de
60–70 libras. Pero poco después, Reina se casó con Ana, por lo
que perdió así su pensión.

Igual que con Ginebra, se supone que Reina pensaba que
iba a pasar el resto de su vida en Londres, pero solo logró
pasar allí unos cuatro años, hasta septiembre de 1563. Durante
este tiempo, fue el ministro de la iglesia de habla hispana
bajo la supervisión de la iglesia de habla francesa. Si la liturgia

---

[11] The Huguenot Society of London, *Actes du consistoire de l'église française de Threadneedle Street, Londres, vol. 1. 1560–1565* (Frome: Butler & Tanner Ltd., 1937), 13 (entrada del 22 de octubre de 1560).

de la iglesia de Reina siguió la de la iglesia francesa (que parece probable), que a su vez estaba basada en la liturgia de Ginebra, entre otras cosas su iglesia habría celebrado el culto principal los domingos y otros cultos secundarios los martes y jueves, cantado los salmos, celebrado la Santa Cena el primer domingo del mes (con la iglesia de habla francesa), seguido gran parte del año litúrgico y catequizado a los niños.[12] A finales del verano de 1561, acompañó a su amigo y pastor de la iglesia de habla francesa Nicolás des Gallars al Coloquio de Poissy (Francia), pero enfermó y parece que su presencia fue mínima.[13]

No obstante, y debido a algunas falsas acusaciones contra la vida y doctrina de Reina en el verano de 1563 (específicamente que había cometido adulterio con mujeres en la iglesia, tenido relaciones sexuales con un joven [el hijo de una de dichas mujeres] y afirmado doctrinas antitrinitarias en línea con las enseñanzas de Miguel Servet),[14] Reina huyó de Londres el 21 de septiembre de 1563.[15] Probablemente llegó primero a Amberes, el puerto más cercano de Londres, y desde allí viajó a Francia, donde pasaría los próximos dos años

[12] Huguenot Society of London, *Actes du consistoire*, xvi–xix.

[13] Según un documento escrito por el obispo de Aquila, 30 de abril de 1562 (comp. Baron Kervyn de Lettenhove, *Relations politiques des Pays-Bas et de l'Angleterre, sous le règne de Philippe II*, tomo 3 [Bruselas: F. Hayez, 1883], 15).

[14] Según la carta escrita por Guzman de Sylva a la duquesa de Parme, 9 de septiembre de 1564 (comp. Baron Kervyn de Lettenhove, *Relations politiques des Pays-Bas et de l'Angleterre, sous le règne de Philippe II*, tomo 4 [Bruselas: F. Hayez, 1885], 102–103).

[15] A. Gordon Kinder, *Casiodoro de Reina. Reformador español del siglo XVI* (Madrid: Sociedad Bíblica, 2019), 65.

viajando entre Orleans, Bergerac, Montargis y París.[16] Durante este tiempo, se reunió con sus amigos de Sevilla, Juan Pérez de Pineda y Antonio del Corro, y los tres hablaron de varios temas como la traducción de la Biblia al castellano y la publicación de *Artes de la santa Inquisición.*[17]

En algún momento a finales de 1564 e inicios de 1565, Reina fue invitado a ser el pastor de la iglesia reformada de habla francesa en Estrasburgo. Aunque tuvo dudas de aceptar la oferta por los temas de la desunión de las iglesias en Estrasburgo y del caso pendiente en Londres, se desplazó a Estrasburgo en febrero o marzo de 1565 para ver la situación de primera mano. En ruta a dicha ciudad, hizo estancia corta en Heidelberg, donde habló con Gaspar Olevianus (y otros) acerca de la Santa Cena. Esta conversación sería el comienzo de muchas discusiones entre Reina y otros pastores y teólogos reformados, y los efectos colaterales durarían el resto de su vida (ver los Textos 2, 10, 15 y 16).

Reina estuvo en Estrasburgo desde marzo de 1565 hasta septiembre u octubre de 1567.[18] Durante este tiempo, hacía varios viajes a Fráncfort, probablemente porque había dejado allí su familia.[19] Es durante este periodo que conoció a dos

---

[16] Orleans: documento de Antonio del Corro, 11 de abril de 1567 (comp. Joannes Henricus Hessels, *Ecclesiae Londino-Batavae Archivum*, tomo 3, parte 1 [Cambridge, 1897], § 102); Montargis y Bergerac: texto de Reina acerca de su inocencia, 25 de noviembre de 1571 (comp. Edward Boehmer, *Bibliotheca Wiffeniana*, tomo 2 [Estrasburgo: Karl Trüber, 1883], 220); París: carta a Diego López, 27 de septiembre de 1567 (ver el Texto 6).

[17] Herráiz, García y Nelson, *Arts*, 13.

[18] La primera carta que tenemos de Reina escrita desde Estrasburgo data del 24 de marzo de 1565, y la última del 9 de abril de 1567.

[19] Tres cartas de Reina fueron escritas desde Fráncfort durante este periodo.

teólogos reformados, Conrad Hubert y Johann Sturm, con quienes mantuvo una buena relación y correspondencia (ver los Textos 7, 8 y 9). Al llegar, Reina se vio envuelto en una controversia sobre su conversación con Gaspar Olevianus, quien había escrito una carta a la iglesia para avisarles de las posturas «heréticas» (es decir, luteranas) de Reina. En su defensa, Reina redactó una especie de confesión de fe, que se convertiría en el texto principal del debate entre él y el sucesor de Juan Calvino en Ginebra, Teodoro de Beza (ver los Textos 2 y 10). Parece que la confesión satisfizo a la iglesia, porque trece líderes avalaron su confesión «en nombre de toda la congregación», pero aún faltan datos para confirmar la instalación de Reina como pastor de dicha iglesia. Johann Marbach era el pastor de la iglesia luterana de Estrasburgo, y Reina tuvo correspondencia con él también, por lo menos sobre la Santa Cena y la horrible división entre las iglesias luterana y reformada. (ver el Texto 3).

Parece que Reina estaba contento de seguir viviendo en Estrasburgo: solicitó la ciudadanía (ver el Texto 4), su mujer se quedó embarazada y posiblemente dio luz (ver el Texto 5) e intentó publicar su traducción de la Biblia (ver el Texto 4) y otra obra que se llamaba *De inquisitione Hispanica* (con seguridad una referencia a *Artes de la santa Inquisición*).[20] Sin embargo, como no se le concedió permiso para publicar su Biblia en Estrasburgo, tuvo que buscar otra ciudad que sí lo hiciera.

---

[20] Pareja, Pinilla y Nelson, *Arts*, 9. Al final, ninguna de las obras fueron imprimidas allí: la Biblia fue impresa desde Basilea y *Artes* desde Heidelberg.

Por tanto, en octubre de 1567, Reina se trasladó a Basilea, donde estaría hasta junio de 1570.[21] Al principio, su familia se quedó en Estrasburgo, pero lo acompañaron a Basilea en el verano de 1568.[22] Es en Basilea donde conoció a Simon Sulzer y Huldrich Coctius, dos teólogos reformados que llegarán a ser aliados muy importantes de Reina durante los próximos años. Son ellos los que lo ayudaron a matricularse en la Academia de Basilea con una beca (que le permitió disfrutar de los beneficios de la ciudadanía) y durante su «enfermedad gravísima y absolutamente mortal» (ver el Texto 7). Después de recuperarse, por fin Reina publicó su traducción de la Biblia, y ya en agosto de 1569, estaba enviando ejemplares de su Biblia a Estrasburgo (ver el Texto 9). Con su gran tarea terminada, y cargado con una deuda importante (ver el Texto 11), Reina se desplazó a Fráncfort para hacer una estancia corta en Estrasburgo en julio de 1570.[23]

Probablemente a inicios de agosto de 1570, Reina llegó a Fráncfort, donde permaneció hasta septiembre u octubre de 1578.[24] Al llegar, Reina quiso hacerse miembro de la iglesia

---

[21] La primera carta de Reina escrita desde Basilea data del 28 de octubre de 1567. La última señal que tenemos de Reina en Basilea es su dedicatoria de un ejemplar de su traducción de la Biblia a la Academia de Basilea en junio de 1570.

[22] En su carta escrita a Hubert, que data del 13 de noviembre de 1567, Reina pide que Hubert enseñe la carta a su mujer (en Estrasburgo); en la que data del 4 de agosto de 1568, habla de su vuelta a Basilea desde Estrasburgo y no menciona a su mujer; y en la del 25 de agosto del mismo año, menciona a su «pequeña familia». Tiene sentido que su familia hubiera vuelto con Reina cuando él volvió desde Estrasburgo a Basilea, hacia el verano de 1568.

[23] Hay una carta de Reina a Teodoro Zwinger, que data del 13 de julio de 1570, que fue escrito desde Estrasburgo.

[24] La primera carta que tenemos de Reina escrita desde Fráncfort data del 7 de agosto de 1570, y da la impresión de que acaba de llegar. En su carta escrita desde

reformada de habla francesa, donde Jean-François Salvard
(Salvart; Salnar) y Théophile de Banos eran los pastores. Estos,
enterados de la controversia entre Reina y Beza sobre la Santa
Cena, pidieron que Reina definiera mejor su postura sobre la
Santa Cena e intentara hacer las paces con Beza (ver el Texto
11). Reina cumplió con el deseo de sus pastores y por tanto
fue admitido a la membresía de la iglesia. Durante esta etapa
de su vida, Reina apenas tuvo dinero para sobrevivir: dijo que
vivía «en medio del hambre forzada y de la pobreza», y se
ganaba la vida por el «trabajo manual» que dijo que le distraía
de estudiar las Escrituras y de servir a la Iglesia de Cristo.[25] Sin
embargo, encontró tiempo para dar clases de latín y publicó
tres obras importantes: un comentario sobre Mateo 4:1–11
(sobre las tentaciones de Cristo y su aplicación a pastores), otro
comentario sobre todo el evangelio de Juan (con un enfoque
en defender la deidad de Cristo) y la edición española de su
confesión de fe (ver su *confesión*). En 1577, Salvard hospedó
una conferencia en Fráncfort para iglesias reformadas de toda
Europa con el fin de armonizar, si fuera posible, las varias
confesiones reformadas. De las once confesiones reformadas
que figuran en la obra publicada en 1581 (más la Confesión de
Augsburgo), no aparece la de Reina. Sin embargo, fue el mismo
año (1577) y desde la misma ciudad (Fráncfort) que Reina
publicó su confesión de fe española. Una buena teoría es que
Reina quería que su confesión fuera vista como la confesión

Amberes que data del 6 de noviembre de 1578, dice que tardó 18 días en llegar a
dicha ciudad desde Fráncfort. Sin embargo, hace una referencia a alguien que había
llegado allí hacía apenas un mes, lo que hace pensar que el propio Reina llevaba más
de un mes allí.

[25] «Dedicatoria» de su comentario sobre Juan.

reformada del pueblo español (como las Confesiones belga y francesa funcionaron para los reformados belgas y franceses), pero no existen datos para verificar o disentir de esta hipótesis.

En algún momento, hacia el final de su tiempo en Fráncfort, Reina fue invitado para ser el pastor de la iglesia luterana de habla francesa en Amberes. Aceptó la invitación, pero primero quiso poner fin al caso de Londres. Se convocó el juicio, y Reina se marchó para Londres.[26] En ruta a Londres, Reina hizo una estancia breve en Amberes, probablemente desde septiembre u octubre de 1578 hasta noviembre del mismo año.[27] Escribiendo a su amigo, el pastor luterano Matías Ritter, dijo que «la situación está completamente llena de lágrimas» (ver el Texto 14). Es una muestra del carácter de Reina; quien volvió a Amberes para tomar las riendas de una iglesia en una situación tan desesperada.

Ya en Londres, Reina permaneció allí unos meses, hasta poco después de mediados de marzo de 1579.[28] Por fin, Reina fue absuelto de todas las cargas de las cuales fue acusado unos quince años atrás. Resulta curioso que a falta de testimonio

---

[26] Reina dejó a su familia en Fráncfort, y no se reunirá con ellos hasta 1582, por muy temprano. Reina habla de su familia en Fráncfort en cartas enviadas a Ritter que datan del 12 de abril y del 17 de mayo de 1580. En su carta a Ritter que data de17 de agosto de 1580, Reina pide a Ritter que salude a la familia y esposa de Ritter «de parte de mi esposa», pero en otra carta a Ritter que data del 9 de enero de 1582, Reina habla a Ritter acerca de su mujer que sigue en Fráncfort. Por desgracia, parece que los dos tienen algunos problemas matrimoniales.

[27] En una carta de Reina escrita desde Amberes que data del 6 de noviembre de 1578, parece que Reina acaba de llegar. Dice que está «preparado ya» para viajar a Londres para el juicio, que está programado para empezar el 18 de diciembre.

[28] Según la *Confessio in articulo de Coena*, Reina firmó el documento el 19 de marzo de 1579 desde Londres.

y evidencia, el juicio no se centró en las acusaciones de
inmoralidad sexual y antitrinitarianismo, sino en la Santa Cena.
Reina fue examinado por su antiguo amigo, que ahora era el
arzobispo de Canterbury, Edmund Grindal, y algunas de sus
respuestas fueron publicadas poco después en Amberes por
unos calvinistas conservadores en un intento de desacreditar su
pastorado de una iglesia luterana (ver el Texto 15). Después del
juicio, Reina volvió a Amberes para asumir el cargo de pastor de
la iglesia luterana.

Reina estuvo en Amberes desde la primavera de 1579 hasta
aprox. 1584, probablemente antes de que las fuerzas españolas
empezaran su ataque de Amberes. Una de las primeras cosas
que Reina hizo en Amberes fue escribir un catecismo para
los jóvenes y nuevos miembros de su iglesia (ver su *Catecismo*).
Por lo general, parece que su ministerio fue tranquilo entre
los luteranos, pero hubo conflicto —a veces muy agudo— con
los reformados de Amberes debido a la publicación de las
respuestas —tan solo algunas— de Reina durante su juicio en
Londres (ver los Textos 16 y 17). En sus cartas a Matías Ritter,
Reina se quejaba de la falta de ministros luteranos, y de que los
pocos que había no estaban suficientemente preparados.[29] Sin
embargo, dijo que su iglesia estaba creciendo, y mencionó que
algunos reformados habían abandonado el calvinismo en favor
del luteranismo, y que ahora eran miembros de su iglesia.

Al ser forzado a abandonar Amberes por la inminente
invasión de las fuerzas españolas, Reina volvió a Fráncfort
alrededor de 1584, donde pasaría el resto de su vida hasta

---

[29] Por ejemplo, en sus cartas a Ritter que datan del 17 de mayo y del 17 de agosto
de 1580.

su muerte el 15 de marzo de 1594. En 1585 fundó una beneficencia para ayudar a los refugiados de los Países Bajos. En una carta a Weidner, se nota que había vuelto a la pobreza, pues no pudo repagar una deuda que debía a su amigo.[30] Al final de su vida, el 8 de mayo de 1593, Reina entró oficialmente en la iglesia luterana; sirvió como ministro de dicha iglesia en Fráncfort (ver el Texto 17). Dijo que ya llevaba casi 20 años afirmando doctrinas luteranas, así que parece que este paso fue una simple externalización del «cambio» que Reina ya había experimentado interiormente.

2. La doctrina de Casiodoro de Reina: algunas observaciones

Sería imposible realizar aquí una evaluación profunda, ni mucho menos exhaustiva, de la teología de Reina. Lo que sí podemos hacer es trazar su teología en líneas generales y subrayar los aspectos más importantes.[31]

Primero, y como hilo conductor del enfoque de Reina sobre la teología y la vida cristiana en general, siempre buscó mantener el equilibrio entre la verdad y el amor, es decir, entre la ortodoxia y la ortopraxia. Este equilibrio era poco común en el siglo XVI, y muchos miraron a Reina con recelo por no alinearse netamente con ninguno de los movimientos de su tiempo. El siglo XVI fue un siglo de doctrina y argumentos, y Reina no era tan tajante como los demás de su época. Curiosamente, no sería sorprendente si incurriera en el mismo recelo hoy día, pero por el motivo contrario:

---

[30] Carta a Weidner que data del 12 de octubre de 1589.

[31] Para la teología y vida espiritual de Reina, comp. esp. su *confesión* y *Catecismo*.

hoy día sería tachado por muchos como «ultraconservador» o «fundamentalista» por insistir en la necesidad de afirmar y propagar las doctrinas básicas del cristianismo. El siglo XXI es un siglo de ortopraxia, es decir, de amor, pero un amor cada vez más desvinculado de la ortodoxia. Reina fue un pastor, teólogo y cristiano que insistió en mantener, a veces en tensión, el equilibrio entre la verdad y el amor, y estas categorías nos servirán de ayuda al analizar la teología de Reina.

En cuanto a su ortodoxia, se puede inferir desde sus escritos que Reina tuvo cuatro niveles de autoridad. En el primer nivel, Reina abrazó la Biblia como el «fundamento de la fe», y el número exageradamente alto de citas bíblicas y el marcado biblicismo en su *confesión* y *Catecismo* es testimonio de la autoridad única que Reina otorgó a las Escrituras. En un segundo nivel, aceptó los tres grandes Credos de la Iglesia patrística (de los Apóstoles, de Nicea y de Atanasio) porque, como dijo, recogieron «los principales artículos de nuestra fe» (ver el Texto 2).[32] En el tercer nivel, Reina avaló varias confesiones de fe protestantes, tanto reformadas como luteranas. Poco después de su salida de España, dijo que había aceptado «todo el corpus de la doctrina que he escuchado en la iglesia de Ginebra, en las iglesias francesas en Fráncfort y en Londres» (ver el Texto 2),[33] y poco antes de su muerte dijo

---

[32] Esta fue la postura habitual de los protestantes del siglo XVI, quienes afirmaban lo mismo que los luteranos, anglicanos y presbiterianos.

[33] Ver también el Texto 10, en el que dice: «Yo apruebo y recibo sin ninguna excepción ni restricción toda la doctrina comprendida en la confesión de fe de las iglesias reformadas de Francia que comienza: "Creemos etc.", como estando verdaderamente fundada y enteramente conforme en todas sus partes a la pura Palabra de Dios y a la doctrina de los profetas y apóstoles».

que «es mi voluntad enseñar […] propagar […] y defender» los estándares doctrinales del luteranismo «del mismo modo que durante casi veinte años he hecho hasta ahora» (ver el Texto 17). Y en un cuarto nivel, Reina afirmó mantener algunas «declaraciones […] privadas» (ver el Texto 2). Con esta expresión y otras parecidas, parece que Reina se refería a su propia interpretación de ciertas enseñanzas contenidas en los tres Credos y las varias confesiones protestantes de su tiempo, que no contradecía la ortodoxia y que no quería imponer en los demás (sobre todo sobre la Santa Cena).

Reina no quería obligar a la gente a subscribirse a cada jota y tilde de las confesiones protestantes, y habría estado muy de acuerdo con lo que dijo su amigo Antonio del Corro en su carta a los pastores luteranos de Amberes:

Hay otros, que hacen de sus confesiones, catecismos, comentarios y tradiciones como si fueran un quinto Evangelio, y quieren autorizar sus interpretaciones particulares, de manera que los ponen al nivel de los artículos de fe, y se atreven a llamar heréticos a todos los que no siguen exactamente sus imaginaciones; las cuales, aunque fueran buenas y llenas de edificación, son hechas por los hombres, y por consiguiente indignas de ser comparadas con la palabra del Señor.[34]

En el debate teológico más feroz de su día, el que giró en torno a la Santa Cena, Reina adoptó la Concordia de Wittenberg

---

[34] Antonio del Corro, «Carta a los pastores luteranos de Amberes», § 8 en *Carta a los pastores luteranos de Amberes. Carta a Felipe II. Carta a Casiodoro de Reina. Exposición de la Obra de Dios*, ed. y trad. por Francisco Ruiz de Pablos (Sevilla: Editorial Mad, 2006), 55.

como su postura oficial (ver el Apéndice), y nunca dejó de
defenderla desde el comienzo de su vida pública hasta el final
de su vida (casi treinta años en total). Para Reina, la Concordia
fue justo lo que buscaba: por un lado, fue ortodoxa porque
reflejó la postura «de muchos hombres de autoridad en la
Iglesia, tanto antiguos como modernos» (ver el Texto 2) y fue
firmada por los pastores y teólogos más ortodoxos de su día
(Lutero, Melanchthon, Bucero, Capito, etc.); por otro lado, fue
«ecuménico» porque unificó, por lo menos sobre papel, los dos
grandes movimientos protestantes en Alemania: los luteranos y
los reformados.

En cuanto a su ortopraxia, Reina creyó que el propósito de
la vida cristiana era amar a Dios y al prójimo en el poder del
Espíritu Santo, según el ejemplo de Jesucristo, para la gloria
de Dios. Este fue el propósito original de Dios cuando creó
al hombre a Su imagen, y es lo que vuelve a ofrecerle en el
evangelio. Los dos capítulos más largos —y con diferencia— de
su *confesión* están dedicados a estos temas: el § IX se dedica al
ejemplo de Cristo y a su aplicación al creyente, y el § XIX a
enumerar y explicar las tres marcas de la verdadera iglesia y
las siete marcas del verdadero creyente (algo único entre las
confesiones de fe reformadas de su época).

Un tema muy relacionado con el amor es la unidad. Para
Reina fue impensable aceptar que la Iglesia de Cristo podía
estar dividida, sobre todo cuando dichas divisiones radicaban
de «las declaraciones y juicios privados que siempre han estado
libres en la Iglesia» (ver el Texto 2). Se nota en sus obras
y escritos que Reina dio prioridad a la unidad de la Iglesia
sobre la uniformidad doctrinal. Otro ejemplo, más allá que
el de la Santa Cena, en el primer borrador de su *confesión*,

Reina no se pronunció sobre el bautismo de los creyentes
(el credobautismo) o de los bebés (el paedobautismo). Luego,
y aparentemente debido a la presión de la iglesia reformada de
habla francesa de Londres, incluyó un párrafo breve sobre el
tema (ver su *confesión*); el caso es que a Reina no le gustó dejar
fuera de su concepto de la Iglesia a ningún grupo cristiano.
Buscó la unidad con todos los que eran cristianos de verdad, e
incluso aprovechó lo bueno que encontró en la Iglesia Católica
Romana (ver el Texto 12).

En síntesis, la teología de Reina puede resumirse bien con
el refrán atribuido a Agustín, pero que realmente se remonta
al teólogo luterano Petrus Meldenius que acuñó en 1626:
en lo necesario, unidad; en lo no necesario, libertad; en
ambos, caridad.[35]

---

[35] Comp. Robert Stupperich, «Meiderlin, Peter» en *Neue Deutsche Biographie* (1990),
16:637–638 (versión online: https://www.deutsche-biographie.de/pnd119539586
.html#ndbcontent).

La confesión de fe

❧

1. Introducción[1]

El 21 de enero de 1560/61,[2] Reina (probablemente con la ayuda de otros españoles como Cipriano de Valera) entregó una confesión de fe a las iglesias de los forasteros de Londres como parte del proceso para formar su propia iglesia de habla española. La confesión fue escrita en latín, la lengua franca de aquel entonces, y el manuscrito original ha sido preservado hasta

---

[1] Mucha de la información aportada en esta sección se puede encontrar en las siguientes fuentes: A. Gordon Kinder, *Casiodoro de Reina: Spanish Reformer of the Sixteenth Century* (Londres: Tamesis Books Limited, 1975), 18-27; *Idem., Confessión de fe christiana. The Spanish Protestant Confession of faith (London, 1560/61)* (University of Exeter, 1988), vii-xx; Ian Hazlett, «Confession de Fe Christiana 1559/60-1560/61», en *Reformierte Bekenntnisschriften* Band 2/1: 1559-1563, ed. Andreas Mühling y Peter Opitz (Neukirchener-Vluyn: Neukirchener Verlag, 2009), 117ff.

[2] Es debatible el año preciso, pero 1560 parece un poco más probable en nuestra opinión.

hoy en la Lambeth Palace Library (Londres). Después de unas objeciones planteadas por las iglesias de los forasteros, seguidas por una serie de clarificaciones por parte de Reina, la confesión de fe fue aceptada, y los exiliados protestantes españoles formaron su propia iglesia, con Reina como su pastor.[3] Por desgracia, dicha iglesia no perduró mucho tiempo, pues Reina se sintió obligado a huir del país en septiembre de 1563 para evitar una posible detención, juicio y sentencia por unas acusaciones falsas (con escaso fundamento) hechas contra él, que iban de la inmoralidad sexual, la sodomía y la herejía doctrinal.

Desde Fráncfort en 1577, Reina decidió publicar una edición española de su confesión de fe que había compuesto unos 16 o 17 años antes en latín. Como dice en su «Epístola del autor al lector», el motivo por el cual lo hizo fue para que su confesión llegara a España (en secreto, obviamente, debido a la Inquisición) y para animar y edificar a los pocos protestantes españoles que permanecían allí, aunque también parece que la reunión de teólogos reformados en Fráncfort en 1577 influyó en su decisión. Por desgracia, no hay ningún registro histórico de que la confesión llegara a España, la realidad de lo cual no debe sorprender cuando se toma en cuenta que la Inquisición vigilaba todos los caminos principales de España, tanto de entrada como de salida, que examinaba los bienes de los viajeros y confiscaba cualquier material protestante que encontrara (sin mencionar la detención de dichos viajeros).[4]

---

[3] Más precisamente, se les permitió celebrar el culto con Reina como su pastor, pero no se les permitió celebrar la Santa Cena ni tampoco dejar entrar a Reina en el sínodo general de dichas iglesias.

[4] La confesión de fe de Reina llegó a ser añadida a la lista de libros prohibidos por la Inquisición en 1583. El primer registro histórico conocido de la *confesión*

De milagro, existe un solo ejemplar conocido de la edición española de la confesión de fe de Reina y que se puede encontrar en la British Library (Londres).

No fue hasta finales del siglo XX (más de cuatro siglos más tarde) que la confesión fuera hecha accesible a los mundos español e inglés con las siguientes tres publicaciones importantes.[5] En 1988, A. Gordon Kinder publicó una edición de la confesión española de Reina que había encontrado en una publicación bilingüe alemán–español que databa del año 1601.[6] En 2011, Steven Griffin publicó una edición bilingüe español–inglés del texto de 1577 como apéndice a su tesis doctoral.[7] En 2017, yo publiqué una edición crítica de la edición española de 1577 en la que incorporé todas las variantes de la edición de 1601, más algunas variantes de la edición latina de 1560/61.[8]

---

de Reina en España es el manuscrito hecho con base en la edición española de la biblioteca de Luis Usoz y Río.

[5] No incluido en este resumen breve es Hazlett, «Confession de Fe», porque su publicación fue más o menos una reedición del texto de 1611 que se había comparado con las ediciones alemana, latina y española. Sin embargo, la de Hazlett debe ser lectura obligatoria para los interesados seriamente en la confesión de fe de Reina.

[6] A. Gordon Kinder, *Confessión de fe christiana*. La edición de 1601 es diferente de la de 1577 de forma sustancial, además de difícil de conseguir y frecuentemente cara.

[7] Steven Griffin, *Participants in the Sufferings of Christ (1 Pet 4:13): 16th-Century Spanish Protestant Ecclesiology* (PhD. Thesis McGill University, 2011), 254-311. No tuvo como fin el ser editado y publicado para ser estudiado por otros.

[8] Andrés Messmer, «Declaracion, o Confession de Fe de Casiodoro de Reina. Edición crítica», *Alétheia* 52 no 2 (2017): 11-73. Además, en 2019 autopubliqué una edición divulgativa del texto, reemplazada por esta edición.

2. Notas sobre la edición

Así que, por fin, después de cuatro siglos y medio, hemos recuperado los textos originales de la *confesión de fe* de Casiodoro de Reina, la primera conocida entre los protestantes españoles.[9] Lo que se presenta aquí es una edición de la *confesión de fe* de 1577, con variantes importantes de la versión latina incorporadas en notas a pie de página. No hemos modificado el texto original de 1577 excepto en los siguientes casos: 1) actualización de la puntuación, el deletreo y la gramática (p. ej., huir = huir de) para que se conformara a las normas modernas del lenguaje español; 2) empleo de corchetes en lugar de comas en algunas circunstancias para hacer más explícito el carácter parentético de la frase; 3) en la edición de 1577, Reina no identificó el primer párrafo de cada capítulo con el número uno, como lo hizo con los siguientes párrafos con los números dos, tres, etc.; aquí lo hemos insertado en cada caso; 4) la modificación más drástica que hemos realizado al texto se encuentra en el § XIX.12 donde hemos aumentado la frase «El apóstol en muchos lugares» a «El apóstol en muchos lugares señala lo mismo»; 5) Reina usó el sistema antiguo para citar la Biblia, en el que se empleaban letras en lugar de versículos (p. ej., Deut 6 b) y que abarcaban unos cinco versículos actuales, aproximadamente; donde ha sido posible hemos seguido las citas dadas en Hazlett, «Confession de Fe», y donde hay diferencias importantes entre las citas de Hazlett y las que hemos incluido aquí (diferencias de libro o capítulo),

---

[9] No se sabe si Juan Pérez de Pineda escribió una confesión de fe al comenzar su iglesia de habla hispana en Ginebra. En tal caso, la de Pineda sería la primera conocida.

siempre hemos incluido la cita de Hazlett entre paréntesis (a continuación, se habla más de las citas bíblicas de Reina).

Dicho esto, quedan algunas palabras cuyos significados han cambiado en los últimos siglos que pueden provocar dudas para los lectores modernos. Aquí proporcionamos una lista de dichas palabras con sus significados actuales:

- o abrenunciación = renunciación
- o atacar = interpelar
- o enseñamiento = enseñanza
- o policía = gobierno civil; sociedad; buen orden de la cosa común
- o reformación = reforma (i.e., la Reforma)
- o refusar = rehusar
- o sambenitos = ropa pectoral colgada en los herejes y donde fueron escritos sus pecados

En resumen, aunque se ha modificado el texto de la *confesión* en algunos casos, los lectores pueden asegurarse de que tienen en sus manos un texto que refleja fielmente el texto original que fue publicado por Reina en 1577 desde Fráncfort. Además, en las notas a pie de página, encontrarán variantes importantes de la edición de 1560/61 que arrojan luz, a veces muy importante, en la teología de Reina.

3. Las citas bíblicas de Reina

Casiodoro de Reina era uno de los pocos reformadores del siglo XVI que fue tanto traductor de la Biblia como autor de una confesión de fe. Así no debe sorprender que incluya unas 266 notas en su texto, las cuales corresponden a más de 600 citas bíblicas.[10] Sin embargo, de manera frustrante para lectores modernos, usó el sistema de citas tradicional que, cuando se compara con el moderno, es bastante impreciso. Aunque sus referencias a los libros y capítulos son iguales a las nuestras (p. ej., Deut. 6), en lugar de usar versículos, empleó un sistema que dividió los capítulos en cuatro o siete secciones de aproximadamente la misma longitud, que se encontraron marcadas por letras consecutivas del alfabeto: a–d en algunos capítulos y a–g en otros (p. ej., Deut. 6 a).[11] Lo que hace las cosas aún más complicadas, es el hecho de que las Biblias de su tiempo dividían los capítulos de manera diferente y que Reina nunca dijo cuál Biblia usó cuando redactó su *confesión*. Además, existe la posibilidad verosímil de confundir ciertas letras con otras, como la «a» y la «d» o la «c» y la «e», además de todos los errores «habituales» que los copistas solían cometer en una imprenta del siglo XVI, de modo que a veces nos quedamos bastante confundidos con respecto a la citación bíblica que Reina quería incluir.

Sin embargo, el sistema tradicional que Reina usó nos proporciona un rango de aproximadamente cinco versículos del libro y capítulo correcto del cual escoger, y normalmente es

---

[10] Son 612, según mi cálculo.

[11] Es posible que Reina hiciera referencias a la Biblia de esta manera porque quería que los lectores leyeran *todo* el contexto del texto bíblico que quería evocar, a diferencia de leer solo el versículo específico que hablaba del tema (una muy buena lección para seguir hoy en día). Sin embargo, se debe recordar que los versículos no fueron insertados en el texto bíblico hasta 1551 por Robert Estienne, práctica que no logró hacerse universal de manera inmediata (curiosamente, sin embargo, Reina *sí* usó versículos en su traducción de la Biblia de 1569).

bastante fiable. Además, Ian Hazlett ha hecho bastante trabajo sobre la *confesión* de Reina, parte del cual ha sido proporcionar los versículos específicos desde el sistema original de letras.[12] Donde ha sido posible, hemos seguido sus decisiones, y donde nos hemos apartado de dichas decisiones, las hemos incluido entre paréntesis. Para el sistema original de letras y una lista de errores en las ediciones originales de Reina, dirigimos a los lectores a mi publicación antes mencionada.

Algo notable del sistema de citas bíblicas de Reina es su decisión de colocar las citas antes de la frase que quería exponer en lugar de colocarlas después de ella, como estamos acostumbrados a hacer hoy día. Así en el primer capítulo se lee la frase «Primeramente creemos y confesamos haber ᵃ un solo Dios» con la «ᵃ» llevando a los lectores a las siguientes citas que hablan de la unidad de Dios: Deut. 6:4; Mat. 22:37; Mar. 12:29; Luc. 10:27-28. Aquí tenemos una fuerte evidencia de que Reina quería que los lectores leyeran primero la Biblia y que la estudiaran, y luego volvieran a su confesión de fe. Este hecho sirve como evidencia de que Reina quería que sus lectores vieran la confesión de fe como un siervo de la Biblia, en lugar de su maestro, con las Escrituras como la verdadera autoridad y fuente de conocimiento, y no el hombre.

Por último, hay que mencionar dos cosas más. Primero, se ha mantenido el sistema de letras de Reina en el texto principal, y las citas bíblicas se encuentran en las notas a pie de página. Sin embargo, en ocasiones Reina saltó unas letras sin intención (p. ej., saltar de la «c» a la «f»). Hemos decidido mantener el sistema de letras de Reina, con todos los errores, para producir

---

[12] Hazlett, «Confession de Fe Christiana».

una edición fiable con respecto del original. Hacemos saber a los lectores que dichos errores no son nuestros sino los de Reina. Segundo, hemos extendido el sistema de letras de Reina hasta la «Epístola del autor al lector» y al «Apéndice» aunque en la edición original Reina simplemente puso las citas en los márgenes sin letras acompañantes. Esperamos haber traído cierto nivel de homogeneidad al texto y también haber ayudado a los lectores a conectar el texto principal de Reina con las citas bíblicas.

4. Una valoración breve de la *confesión de fe* de Reina

Este no es el sitio más adecuado para profundizar en un estudio de la *confesión* de Reina, pero sí hacen falta unos comentarios breves. Primero, se debe recordar que dicha *confesión* fue entregada a un grupo de iglesias reformadas (y no de luteranas o anabautistas) y fue aceptada por ellos. Esto significa que debe ser incluida en la discusión de otras confesiones de fe reformadas del siglo XVI y recibida como otra voz más en sinfonía de confesiones reformadas. Sin embargo, Reina no fue un reformado estricto ni excesivamente cerrado, y se pueden notar varias tendencias no reformadas en su obra. En otra publicación hemos hecho el argumento de que el protestantismo español en general, y el de Reina en concreto, no fue netamente reformado, ni luterano, ni anabautista, sino una «cuarta vía» que intentó mantener el equilibrio entre la verdad (ortodoxia) y la gracia (ortopraxia).[13] Se nota este equilibrio en la *confesión* de Reina.

---

[13] Comp. Andrés Messmer, «La cuarta vía: la promesa de la reforma española. El éxito y el fracaso del protestantismo», *Cuadernos de Reflexión Teológica* 3 no 9 (2021): 103–114.

Sin embargo, hay que insistir en que Reina y sus compatriotas entregaron su confesión de fe a un grupo de iglesias reformadas, y que estas la aceptaron así.[14] Por lo general, la teología contenida en la *confesión* de Reina está bien ubicada dentro de la ortodoxia reformada: desde su estructura según el Credo apostólico hasta su doctrina de Dios, la creación, el hombre, el pecado, la ley, la persona y obra de Cristo, la justificación, los sacramentos, la obra del Espíritu Santo, las llaves del Reino y otros temas, la teología de Reina está totalmente de acuerdo con la teología reformada de su época.

Pero dentro de este contexto, hay unas omisiones interesantes, de las cuales cinco se pueden notar aquí. Primero, no hay discusión sobre el canon bíblico ni sobre la revelación bíblica en general. De hecho, en pocas ocasiones Reina cita dos libros apócrifos, a saber, Sabiduría de Salomón y Eclesiástico (aunque es importante notar que lo hizo en apoyo de creencias protestantes).[15]

Segundo, no hay argumentación sobre el liderazgo de la iglesia con respecto a los obispos, los cargos de la iglesia local y el celibato para los ministros ordenados. Asimismo, tampoco son discutidos los temas relacionados como el sacerdocio universal (pero, ver el § IX.9) y el papel de los monjes y

---

[14] Para un estudio más profundo sobre la confesión de fe de Reina, comp. Andrés Messmer, «Hablando el lenguaje protestante con acento español: La "Declaración, o confesión de fe" de Casiodoro de Reina entre otras confesiones reformadas durante 1523-1561», *Cuadernos de Reflexión teológica* 1 núm. 4 (2020): 73–100.

[15] Cuando Reina publicó la versión latina de su confesión de fe en 1560/61, el Concilio de Trento ya había declarado que los libros apócrifos eran deuterocanónicos, y que su traducción de la Biblia incluyó los apócrifos también (igual que muchas otras traducciones protestantes tempranas de la Biblia).

monjas. Con franqueza digo que la *confesión* no nos dice mucho de cómo sería este aspecto de la Iglesia visible.

Tercero, no hay argumentación sobre el papel de las imágenes y los iconos. No sabemos si Reina los habría rechazado por completo (como los reformados y anabautistas) o los habría usado con fines educativos (como los luteranos y anglicanos). Lo que sí podemos saber es que los habría rechazado en el contexto de adoración como «idolatrías enormes e inexcusables» (ver el «Apéndice»).

Cuarto, y relacionado con lo anterior, no hay referencias a María. Dicho más específicamente, aparte de una referencia a la «María Virgen» en el § VIII.1 para hablar de la plena humanidad de Cristo, y otra referencia al mismo tema en el Credo apostólico al final del § XXI, no se habla de María en ningún sitio de la confesión. Este silencio es llamativo y probablemente refleja el rechazo del culto de María y los santos en general (ver el «Apéndice»).

Quinto, no hay argumentación sobre doctrinas reformadas «típicas», como el papel de los Diez mandamientos en general o del sábado cristiano en particular, ni de la elección y predestinación (pero, ver el § XXI.3). Quizás se podría argumentar que era la iglesia del siglo XVII la que se preocupó de dichas doctrinas en lugar de la del siglo XVI, pero su mención (aunque breve) en documentos reformados bien conocidos, como el Catecismo de Heidelberg (1563) y la Segunda Confesión Helvética (1566), hace que su ausencia sea curiosa, a lo menos.

Aparte de dichas omisiones, la *confesión* de Reina puede ser estudiada desde otras perspectivas también. Por ejemplo, es abiertamente anticatólica romana en varios sitios (aunque Reina insiste en que forma parte de la «Iglesia Católica» en el § I.5 y § XV.1). También, Reina tiene un enfoque textual a la hora de articular la teología. Quizá sea lo que debemos esperar de un traductor de la Biblia, pero sí que ayuda explicar por qué, por ejemplo, en el § I.54 le cuesta usar los términos «Trinidad» y «Persona» para hablar de Dios (aunque de ninguna manera se oponía a las doctrinas en sí).

Además, se puede argumentar que la carga de la *confesión* tiene que ver con los temas relacionados con la eclesiología y la vida cristiana en el Espíritu. Después de todo, dichos temas abarcan los § XI—XX de la confesión, y el capítulo más largo, el § XIX, se dedica a hablar de las marcas de una verdadera iglesia y de un verdadero creyente, y las varias referencias a capítulos anteriores de la *confesión* en los encabezamientos hacen pensar que su argumento está llegando a su punto álgido. Dicho argumento también encaja con el contexto histórico de Reina; después de todo, si la Iglesia Católica Romana ya no era la Iglesia de Cristo, ¿cómo se puede reconocer la verdadera Iglesia?[16]

Por último, como notamos arriba, parece que Reina escribiera una confesión de fe intencionalmente amplia: cuando toca hablar de temas controvertidos entre los protestantes, muchas veces Reina toma una postura mediadora o simplemente no toca el tema. Así, por ejemplo, aunque su *confesión* es abiertamente anticatólico romana, no es abiertamente antiluterana o antianabautista (como lo eran muchas otras confesiones de fe de su época).

---

[16] Influencias adicionales detrás del énfasis de Reina sobre la vida cristiana puede ser el humanismo cristiano (por ejemplo, Erasmo) o su trasfondo monástico.

Otro tema que se puede mencionar brevemente es el temario de la *confesión*. Se han sugerido varias teorías, como que sigue las *Instituciones* de Calvino, el libro de Romanos o la teología bíblica en general. Estas teorías tienen sus puntos fuertes, pero dado el comentario que el propio Reina hace en el último párrafo del § XXI, entre otras cosas, parece mejor concluir que Reina quiso estructurar su *confesión* según el Credo apostólico y ofrecerla como un comentario protestante español sobre ello.

Declaración o confesión de fe hecha por ciertos fieles españoles, quienes huyendo de los abusos de la Iglesia romana y de la crueldad de la Inquisición de España, hicieron a la Iglesia de los fieles para ser en ella recibidos por hermanos en Cristo.

Se declaran en este pequeño volumen los principales fundamentos de la fe y la religión cristiana necesarios a la salud conforme a la divina Escritura, de donde son sacados con toda fidelidad y brevedad.

Fráncfort.

1577

Aviso al lector

Las citaciones marginales de la Santa Escritura van distintas y señaladas por las letras a-b-c, que corresponden a las mismas letras dentro del texto y al principio de la sentencia sobre la que vienen las citaciones. El lector está avisado para que, cuando halle en el texto alguna de tales letras, busque en el margen su semejante (y no la lea con lo que se sigue).

Epístola del autor al lector

Habiendo releído muchas veces esta confesión, al fin me determiné publicarla después de más de quince años que fue hecha y de haber servido para el fin que se hizo. La principal causa que me movió a ello fue, de una parte, la consideración del estado miserable de nuestra España en tantas tinieblas de ignorancia de la verdad de Dios, y en tan grandes y exquisitas diligencias en perseguir esa poquita de luz de ella que Dios le da y procurar apagarla del todo. Por otra parte considero, de cuan pequeñitas ayudas (si así se puede decir) se sirve Dios, para reencender su verdad y frustrar, como con un soplo, todas aquellas fuerzas, industrias y diligencias del mundo contra ella; y que podría ser que alguna vez se quisiese servir de este pequeñito libro para tan glorioso fin;[a] porque así se suele Dios burlar del mundo y de sus empresas locas

---

[a] Sal. 2:2.

contra el reino de Su Cristo: escogiendo lo más flaco, lo más abatido, lo más apocado,[a] para confundir y avergonzar con ello lo más fuerte del mundo con todos sus aparatos. Me parece haber comprendido en él todos los artículos o fundamentos de nuestra religión, que el mundo ahora llama luterana, nueva, herética, etc.; y nosotros cristiana, antigua, católica, tan necesaria a los hombres, que fuera de ella no haya salud. Cuál de estas dos afirmaciones sea la verdadera y cuál la falsa, lo juzgará el prudente lector, desnudándose primero de todo carnal y humano afecto o pasión y ayudándose de la Palabra de Dios,[b] que es la única regla, luz e instrumento para probar y examinar los espíritus y todas las doctrinas si son de Dios o no. Para este fin, citamos por los márgenes los lugares de la Escritura que hacen la prueba de lo que confesamos, acerca de los cuales requerimos al lector estudioso de la gloria de Dios y de su propia salud, que no los pase ligeramente; antes imite aquella buena y pía diligencia de los auditores de San Pablo que, habiendo oído de él el evangelio del Cristo, que la mayor parte tenía por blasfemas herejías, ellos, no obstante este común juicio, suspendían el suyo hasta ver lo que las divinas Escrituras alegadas por San Pablo sonaban acerca de ello, las cuales, vueltos a sus casas, examinaban con reposo para ver si era así como Pablo predicaba.[c] A tal diligencia, hecha con sincero amor de la verdad, si se juntare ardiente oración al Señor, de cuya gloria es la cuestión, creedme que Él no faltará de acudir con el don de Su sabiduría y entendimiento.

---

[a] 1 Cor. 1:27–28.

[b] 1 Jn. 4:1.

[c] Hech. 17:11.

Digo, con sincero amor de la verdad, porque la falta de este en semejante examen castiga Dios con entregar al hombre a espíritu de error ([a] como nos enseña el apóstol), y es justo juicio suyo que quien huye de la verdad y el error busca, aun la misma Escritura, que es fuente de verdades, se le vuelva mar de errores y de lazos en que caiga de espaldas y se enrede sin poder soltarse, como dice también Isaías, que acontecerá a los tales.[b] Amó (es decir, el impío, dice David) la maldición y le ha de venir;[c] y no quiso la bendición y se ha de alejar de Él.

Si con estas diligencias se examinaren los lugares aquí citados de la divina Escritura, confío en el Señor que el pío lector no solamente hallará en ellos la confirmación clara y cierta de lo que confesamos, más que aun le servirán de un muy copioso comentario de lo que nosotros confesamos en suma y con la brevedad que convenía a nuestro intento, de donde sacará enseñamiento firme y de fe en que su conciencia repose y se asegure de su camino, entre tanta tiniebla de diversidad de erráticas doctrinas como el diablo ha sembrado en el campo del Señor sobre la buena simiente de Su Palabra.

Cuando Dios (amigo lector) os hubiere dado este conocimiento de Su verdad, y con el aquel gozo y alegría celestial que lo acompaña, mirad que no seáis ingratos a tal beneficio y os metáis en el número de aquellos de quien habla el apóstol,[d] que es imposible después de un tal menosprecio ser restaurados otra vez a penitencia. Antes, con la misma

---

[a] 2 Tes. 2:10–11.

[b] Isa. 28:14–17.

[c] Sal. 109:17.

[d] Heb. 6:4–6.

alegría de corazón, os debéis presto resolver a tomar para vos y vuestro uso la verdad del Señor que aprobasteis. Y porque[a] luz no se compadece con tinieblas, ni Cristo tiene comercio con el ídolo, ni podéis beber juntos los cálices de los dos no más que juntamente soplar y sorber, pondréis en efecto desde luego la vocación del Señor que os llama ([b] como a un Abraham) fuera de vuestra idolatría. Desembarazaos presto y salid con Él, aunque al presente no sepáis dónde os lleva, como Abraham hizo. Fiad de Él que os llamó y os saca, que va en vuestra compañía, y que antes faltará el cielo y la tierra que Él de llevaros a buen puerto. El captivo que se escapa de tenebrosa cárcel y duras prisiones, por sumo bien tiene verse una vez desenvuelto de ellas y al aire libre, aunque se halle desnudo y no sepa aún por dónde ha de ir. Esta salida entendedla tanto con el cuerpo como con el ánimo y la conciencia, cuando no se puede quedar en la tierra con seguridad de la vida sin comunicar con los errados en su perverso culto y aprobárselo contra la conciencia con imitación y aun con palabra; ni os hagáis, ni nadie os haga entender, que podéis sin ofensa de Dios comunicar exteriormente y con el cuerpo al falso culto teniendo el ánimo limpio, porque esto es contradicción manifiesta y, por consiguiente, imposible; porque claro está que donde el hombre, queriendo y sabiendo, envuelve su cuerpo en inmundicia, el ánimo no puede estar ni quedar limpio. Además de esto, parece que los que así lo hacen son más sabios que el apóstol, pues han hallado manera cómo beber juntamente el cáliz del Cristo y el de Belial y quedar limpios, lo cual Él tuvo por imposible. Si en tal hecho acusaran su flaqueza

---

[a] 2 Cor. 6:14–16.
[b] Gén. 12:1; Heb. 11:8.

y dejaran la verdad de Dios en su entereza, tolerables fueran. Vos empero, hermano mío, entenderéis que el primer uso que Dios os pide de la luz y la verdad que por su misericordia os comunica es que, después de reformado el ánimo, caminéis conforme a ella, quiere decir, encaminéis toda vuestra vida y obras según ella os enseña. Pues si esto se ha de entender de todo vuestro estado y manera de vivir, cuánto a esta vida política, o doméstica, ¿cuánto con más razón se entenderá de lo que concierne interior y exteriormente al divino culto, que es lo primero que Dios pide de nosotros?

Al que pudiese quedar en la tierra sin ser constreñido a hacer contra la palabra de Dios y contra su conciencia, o estuviese resoluto de antes morir que dejarse vencer; en este caso yo tendría por mejor consejo quedarse para procurar aumentar la compañía de los fieles con comunicar la luz de Dios a los que Él le trajese a la mano. Mas donde la verdad de Dios es perseguida y el fiel tiene sospecha de su flaqueza e inconstancia, no dude el tal de que su primer deber es ponerse fuera de ofensa de Dios o de cierto peligro de ella. Ni las pérdidas temporales en que por esto hubiere de incurrir le sean de tanta estima que no le sea de mucho mayor, sin comparación, la de su inocencia y lealtad delante de Dios. Júntense a esto las muchas y ricas promesas y cauciones que el Señor le tiene hechas, en recompensa de lo que perdiere en esta vida por la confesión de Su nombre y la profesión de Su verdad, a las cuales, si de veras da crédito, tanto faltará de ser en esto escaso para con Dios que, antes, se tendrá por doblemente dichoso, visto que (como el apóstol dice a los filipenses)[a] Dios le ha

---

[a] Fil. 1:29.

hecho merced no solo de darle que crea, más aún de meterle en el número de los que por Él padecen. Este pues será el uso que el pío lector tendrá del conocimiento de sincera verdad que el Señor le diere por la lección de este pequeñito libro, el cual no se contentará de leer sola una vez para informarse de nuestra fe; mas si desea ser en ella instituido como conviene, lo ha de leer muchas veces hasta que la doctrina en él contenida se plante y eche raíces en su corazón, de tal manera que, como es fe nuestra y de toda la Iglesia de los píos, la haga él también suya propia, por la cual viva lo que le resta de la vida a gloria del que lo creó y regeneró por Cristo para ser en Él glorificado. Amén.

A la Iglesia del Señor Jesús el Cristo, congregada en Londres en nombre del mismo Señor, los hermanos españoles que, huyendo de las abominaciones del papado, se recogen a ella; gracia y paz en el mismo Señor Jesús.

Después de habernos el Señor, por Su sola misericordia, hecho este tan gran bien[a] de darnos oídos con que oyésemos Su voz para que, metidos en el número de Su pequeña manada, le siguiésemos como a único Pastor nuestro, ninguna cosa hemos más deseado en esta vida que hallarnos en la compañía de aquellos a quien Él hubiese hecho la misma merced. No porque entendamos que la Iglesia del Señor y la afluencia de bienes del cielo, que por Él le son comunicados, estén ligados[b] a ciertos lugares, tiempos o personas; mas porque sabemos, enseñados por Su palabra, que donde quiera que Él la quiere juntar[c] allí le envía Su bendición y la lluvia de Sus largas misericordias. Por esta causa dejamos nuestra patria y las comodidades de vivir, tales cuales eran las que en ella teníamos, de nuestra libre voluntad, antes que el mundo, como lo tiene de costumbre, u otra temporal necesidad nos compeliese a dejarlas; teniendo

---

[a] Juan 10:2–15, 27.

[b] Mar. 16:15 (H: Mat. 16:18–19).

[c] Sal. 67; 133.

por suerte dichosísima, si algún día el Señor nos hiciese tan gran merced, sobre las demás, de que corporalmente nos juntásemos con tan santa compañía para participar así de sus trabajos y aflicciones, como de los dones que el Señor le hubiese comunicado, y que ella participase de los nuestros.

En tanto pues (hermanos muy amados en el Señor) que vuestra compañía creemos ser la que nosotros buscamos, es a saber Iglesia del Señor Jesús el Cristo, os declaramos este nuestro deseo, el cual es de celebrar con vosotros la comunión de los santos, no solamente en cuanto al sacro símbolo de ella, que es la Cena del Señor, mas también cuanto a lo que nos significa; pues ha placido al Padre celestial por Jesús el Cristo, hacernos en Él un mismo pueblo, darnos un mismo Espíritu y unos mismos deseos de Su gloria, llamarnos a una misma heredad celestial, marcarnos con unas mismas marcas de amor y de la cruz del Señor Jesús, y finalmente ser el nuestro común Padre.

Y para que mejor os conste ser así (en lo que a nuestra parte toca), os damos al presente esta nuestra confesión de fe, por la cual podréis conocer lo que creemos y qué género de doctrina profesamos, confiando en la sinceridad cristiana y en la caridad que el Señor os habrá dado para con vuestros hermanos, en que la recibiréis, leeréis e interpretaréis con todo candor de ánimo, así como nosotros con el mismo os la ofrecemos. Oramos al Señor con todo afecto, que nos dé un mismo sentir y querer en sí para que en Su Iglesia no sea hallada división, donde en Su nombre se profesa suma concordia. Amén. En Londres, 4 de enero de 1559.

Declaración o confesión de fe hecha por ciertos fieles españoles
que, huyendo de los abusos de la Iglesia Romana y de la
crueldad de la Inquisición de España, hicieron a la iglesia de los
fieles para ser en ella recibidos por hermanos en Cristo.

Capítulo I: De Dios.

Conocimiento de Dios por la filosofía,
y más claro por el Viejo Testamento
1 Primeramente creemos y confesamos haber[a] un solo Dios[b] de
naturaleza espiritual,[c] eterno, infinito,[d] de infinita potencia,[e]
sabiduría y[f] bondad; [g] justo[h] aborrecedor y riguroso castigador
del pecado; misericordioso y benigno más de lo que se puede
declarar por palabra, para todos los que lo aman y obedecen a
Sus mandamientos.

---

[a] Deut. 6:4; Mat. 22:37; Mar. 12:29; Luc. 10:27–28.
[b] Juan 4:24; 2 Cor. 3:17.
[c] Rom. 16:26.
[d] Gén. 17:1; 43:14; Ex. 15:1–2, 6–8; Apoc. 16:14.
[e] Job 5:9, 13; 1 Cor. 3:19–20.
[f] Mat. 19:17.
[g] Sal. 11:4.
[h] Ex. 20:5; Sal. 5:4–6.

Conocimiento de Dios propio del Nuevo Testamento

2 Creemos asimismo que en esta divina y espiritual naturaleza hay Padre,[a] el cual es principio y fuente, así de la divinidad como de todo lo que en el cielo y en la tierra tiene ser; al cual llamamos por este nombre de Padre especialmente por ser Padre de Jesús el Cristo,[b] Su eterna Palabra,[c] Primogénito y[d] unigénito Hijo suyo; y por causa de Él, ser Padre también de todos los fieles que, con verdadera y viva fe, lo conocen y creen; y con pía y limpia vida lo confiesan. Hay Hijo, el cual (como está dicho) es Jesús el Cristo,[e] retrato natural y expresa imagen de la persona del Padre,[f] Primogénito ante toda criatura y[g] cabeza de toda la Iglesia. Hay Espíritu Santo,[h] el cual es la fuerza y la eficacia de la divinidad, que se muestra generalmente en todas las obras de Dios y, más claramente, en el gobierno de toda la Iglesia de Jesús el Cristo; y especialmente se siente en los corazones de los píos regenerados por Él, y se declara y manifiesta por Sus palabras y obras.

3 Creemos hallarse estas tres personas en la misma substancia, naturaleza y esencia de un Dios, de tal manera distintas que el Padre no sea el Hijo ni el Espíritu Santo; ni el Hijo sea el Padre ni el Espíritu Santo; ni el Espíritu Santo el Padre ni el Hijo. Esto sin derogar a la unidad y simplicidad de un solo

---

[a] Sal. 2:7; Luc. 1:35; Heb. 1:2–3.

[b] Juan 1:1.

[c] Rom. 8:29; Heb. 1:5–6.

[d] Juan 1:14.

[e] 2 Cor. 3:18; 4:4; Col. 1:15, 19; Heb. 1:2–3.

[f] Col. 1:15.

[g] Ef. 1:22; 4:15; 5:23; Col. 1:18.

[h] Abajo capítulo 17.

Dios, por no haber en todas tres Personas más de un ser divino y simplicísimo, según que hallamos habérsenos declarado el mismo Dios en Su santa Palabra, por la cual enseñados lo conocemos, adoramos y confesamos así.

4 Y aunque entendemos que todo hombre fiel se debe conformar con las maneras de hablar de que Dios en ella usa, mayormente en la manifestación de misterios semejantes a este, donde la razón humana ni alcanza, ni puede, empero por conformarnos con toda la Iglesia de los píos, admitimos los nombres de Trinidad y de Persona, los cuales los padres de la Iglesia antigua usaron usurpándolos no sin grande necesidad para declarar lo que sentían contra los errores y herejías de sus tiempos acerca de este artículo.

5 Por esta confesión protestamos que somos miembros de la Iglesia Católica y que ningún comercio tenemos con ninguna secta o herejía antigua ni moderna que, o niegue la distinción de las Personas en la unidad de la divina natura, o confunda las propiedades y oficios de cada una de ellas, o quite a Jesús el Cristo o al Espíritu Santo el ser y dignidad de Dios, poniéndolos en el orden de las criaturas.

Capítulo II: De la creación de las cosas; de la providencia de Dios en todo lo creado; y del fin principal que Dios en ella pretendió y pretende.

1 Creemos asimismo que, siendo Dios de Su propia naturaleza[a] invisible, incomprensible e inefable, a fin de comunicarse y[b]

---

[a] Ex. 33:20–23; Deut. 4:12, 15; Job 9:10; Juan 1:18; 1 Tim. 6:16; 1 Jn. 4:12.
[b] Rom. 1:20.

manifestar los tesoros de Su potencia, bondad, sabiduría y de Su divino ser al hombre que después había de crear;[a] con la potencia de Su Palabra que es el Cristo, creó de la nada los cielos y la tierra y todo lo que en ello hay,[b] así visible como invisible; para que, poniendo el hombre los ojos en esta tan admirable obra de su Dios, viniese en conocimiento de su Creador y de sus condiciones; e inclinado por este conocimiento a amarle, reverenciarle, temerle, adorarle y perpetuamente obedecerle de todo su corazón, gozase de una vida de entero y lleno contentamiento en la comunicación familiar de su hacedor, durante el tiempo que Su providencia ordenase que viviese en este bajo mundo.

2 Ítem, creemos[c] que con la misma virtud de Su Palabra con la cual al principio dio ser a las cosas, lo mantiene y sustenta todo en el ser que tiene; y[d] con la providencia de Su sabiduría lo gobierna, rige y pone en admirable concierto,[e] de tal manera que sin Su voluntad ninguna cosa se haga ni pueda hacerse en el universo,[f] haciendo con Su infinito poder y sabiduría que todo sirva a Su gloria y a la utilidad de los suyos.

---

[a] Gén. 1:3; Sal. 33:6, 9; 8; 104:24, 30.

[b] Juan 1:3.

[c] Heb. 1:2–3.

[d] Sal. 19:1-9; 8; 104:1-30; 107.

[e] Isa. 45:7–8; 11–12; Lam. 3:37–38; Juan 1:3.

[f] Isa. 45:7–8; Jer. 18:5–10; Rom. 8:28; 9:6 (H: 9:17).

Capítulo III: De la creación del hombre y de su perfección, dicha otramente Justicia Original.

El hombre creado a imagen de Dios

1 Creemos asimismo que, después de haber Dios creado el mundo y todo lo que en él hay,[a] creó al hombre[b] inmortal[c] justo, bueno, sabio, benigno, misericordioso, santo, amador de la verdad y, en fin, tal que con los dones de que lo dotó[d] pudiese ser en el mundo una imagen y viva representación de Él que lo creó, en la cual, como en principal obra de sus manos hecha para este solo fin de ser por ella conocido y glorificado, resplandeciese su bondad, santidad, verdad, sabiduría, misericordia y limpieza; y como criatura tan excelente, fuese colocado en el más supremo grado de honra que todas las otras criaturas corporales, constituido por la mano de su Creador por superior y señor de todas; para que por todas partes quedase obligado a la reverencia, la obediencia, el temor y el amor de su Hacedor, y al perpetuo agradecimiento de tan grandes beneficios.

Justicia Original

2 Esta tan dichosa condición llamamos justicia original, porque de tal manera residió en el primer hombre, que de él se comunicara a todos sus descendientes con la misma naturaleza; y así podemos bien decir, que en él la poseímos todos.

---

[a] Gén. 2:7.
[b] Sab. 2:23.
[c] Ecl. 7:29.
[d] Gén. 1:26–27.

Capítulo IIII: De la caída del hombre; de la facultad del humano arbitrio antes y después del pecado original; y de las penas de él, y de la causa del mal.

Libre albedrío, propio don del estado de inocencia

1 Confesamos que, habiendo el hombre recibido de la mano de Dios en su creación fuerzas de sabiduría y entereza de voluntad con las que poder conocer, amar y servir a su creador permaneciendo en su obediencia (que es lo que comúnmente se llama libre albedrío),[a] recibió asimismo ley, en la obediencia de la cual ejercitase estos admirables dones;[b] la cual quebrantando de su libre voluntad, justamente fue despojado de la imagen de Dios, y de todos los bienes que le hacían a Él semejante; y de sabio, bueno, justo, verdadero, misericordioso y santo, fue vuelto ignorante, maligno, impío, mentiroso y cruel, vestido de la imagen y semejanza del demonio, a quien se alegó apartándose de Dios;[c] privado de aquella santa libertad en que fue creado, y hecho esclavo y siervo del pecado y del demonio.

Pecado original

2 A esta corrupción de la humana naturaleza (que, por estar entonces toda depositada en el primer hombre, fue toda corrompida) llamamos pecado original, por ser falta[d] que desde el primer hombre desciende, como de mano en mano, de

---

[a] Gén. 2:16–17.
[b] Gén. 3:6.
[c] Ecl. 7:29; 2 Ped. 2:19.
[d] Rom. 5:12, 16–19.

padres a hijos propagándose con la misma naturaleza en todos sin poder faltar.

Muerte

3 Con la misma[a] justicia, confesamos haber incurrido en la pena de muerte que en la misma ley le fue impuesta si la traspasase,[b] y en todas las demás calamidades que en el mundo se ven, las cuales entendemos haber tenido todas su principio allí y, habiendo sido dadas en castigo del pecado, quiere Dios que aún duren en testimonio de Su ira contra él y para un continuo ejercicio de penitencia.

Causa y origen del mal en el mundo

4 Este entendemos y confesamos haber sido el principio y la causa del mal en el mundo, y no tener otro ninguno,[c] al cual todos los hombres quedamos sujetos como ramas que nacimos de corrupta raíz, sucediendo por herederos en los males de nuestros padres en su corrupción y condenación, como lo fuéramos de sus bienes y de su integridad si permanecieran en aquella justicia.

5 Por esta confesión renunciamos a toda doctrina de hombres que enseñen otros principios del mal que el que aquí hemos confesado; o que nieguen la corrupción de la humana naturaleza por la razón dicha; o que a lo menos enseñen no ser tanta que no le queden al hombre fuerzas y facultad de libre albedrío con que poder de sí mismo o ser mejor o disponerse

---

[a] Gén. 2:16–17.
[b] Gén. 3:14–19; Rom. 5:12–17.
[c] Rom. 5:12–14.

para serlo delante de Dios; mayormente[a] habiéndonos el Señor enseñado que «es necesario nacer de nuevo».

Capítulo V: De las promesas de Dios y de la fe con que los pecadores son justificados y se levantan a mejor esperanza.

1 Esta tan miserable y, por fuerzas creadas del todo, irreparable caída de todo el linaje humano entendemos[b] haberla Dios tomado por ocasión para mayor manifestación de los abismos de Su poder, saber y bondad,[c] y especialmente de Su misericordia y caridad para con los hombres, haciendo que donde el pecado abundó, sobreabundase Su gracia y misericordia, a la cual sola tuviese recurso el hombre caído, que ya por su propia justicia era imposible salvarse.

Promesa de salud en Cristo
2 Esta Su misericordia primeramente se manifestó[d] dando promesa de eterna salud y bendición, en virtud de una bendita simiente que en el mundo nacería de mujer, así como de mujer había nacido la maldición:[e] la cual simiente sería tan poderosa que bastase a deshacer todo el reino del demonio; y de tanta santidad que[f] en Su nombre fuesen santificadas y benditas todas las gentes de la tierra.

---

[a] Juan 3:7.

[b] 1 Cor. 1:25–27; 2:4–5.

[c] Juan 3:16; Rom. 5:5; 1 Jn. 4:9–10 (H: 5:17, 20).

[d] Gén. 3:16.

[e] Gén. 3:16; 1 Jn 3:8.

[f] Gén. 12:2–3; 18:17; 22:17–18.

Fe en la promesa

3 La fe y la esperanza de esta promesa confesamos haber
venido, como de mano en mano, por todos los padres del
Viejo Testamento; por virtud de la cual sola recibieron salud
y bendición,[a] ni nunca hubo debajo del cielo otro nombre ni
otro camino por donde los hombres se salvasen.

Capítulo VI: De la ley y de la doctrina de los profetas; o del Viejo Testamento.

Viejo Testamento

1 Confesamos asimismo que, estando sepultada en el mundo
la memoria de esta promesa y asimismo la noticia de la manera
con que Dios justificaba y aceptaba por suyos los pecadores
justificados,[b] acordó de escoger de entre todas las naciones
de la tierra un pueblo para que en él naciese el libertador de
los hombres, y con él se diese entero cumplimiento a todas
Sus promesas;[c] con el cual pueblo hizo pacto o concierto,
renovando en él Su promesa y la justicia de fe; y dándole Su ley
escrita en tablas de piedra para que,[d] despertados por ella los
hombres al conocimiento de su corrupción,[e] lo fuesen asimismo
al deseo del remedio que consistía en el cumplimiento de
aquella bienaventurada promesa.

---

[a] Hech. 4:12.

[b] Gén. 12:2; Isa. 41:8–9; 46:13.

[c] Gén. 15:6, 18; Ex 19:5; 20:1–17.

[d] Rom. 4:13.

[e] Gál. 3:23–26.

Oficio y fin de la ley escrita

2 Para este solo fin entendemos haber Dios ordenado que sonase Su palabra en este pueblo por la boca de Sus profetas,[a] y que el pueblo fuese ejercitado en muchas y diversas maneras de mandamientos, de ceremonias y de figuras, para que siendo por la palabra de la ley argüido y convencido de su continuo pecado, y por la frecuencia de los sacrificios amonestado de la poca virtud de los mismos sacrificios para quitarlo del todo, fuese como forzado a entender, esperar y pedir con ardentísimo deseo la venida de aquel poderoso sacrificio, y de tanta virtud, que, siendo una vez ofrecido, bastase para dar perfecta y eterna santificación y limpieza; a fin de que de esta manera, a saber, con el ejercicio de aquella forma de culto y mucho más con el deseo del perfecto sacrificio, se preparase a conocerlo y a recibirlo cuando Dios lo enviase.

Capítulo VII: Del Cristo y del cumplimiento de las divinas promesas por Él hechas; o del evangelio.

1 Ítem confesamos[b] que, siendo cumplido el tiempo que Dios quiso para que Su pueblo fuese ocupado y ejercitado en esta forma de culto, en cumplimiento de Su promesa y para abolición de todas las ceremonias y sacrificios legales[c] y, mucho más, para deshacimiento del pecado y, por consiguiente, de la violencia de la ley, envió Su unigénito Hijo hecho de mujer, conforme al tenor de la promesa al principio hecha; el cual,

---

[a] Heb. 9:1–23; 10:1-8.
[b] Gál. 4:4; Ef. 1:9–10.
[c] Ef. 1:7–11; Col. 1:19–20; Heb. 9:24–26; 1 Jn. 3:5.

muriendo en la carne muerte de cruz, siendo sepultado, resucitando al tercer día de entre los muertos por Su propia virtud, y subiendo a los cielos en majestad de Dios, diese cumplimiento a todas las promesas de Su eterno Padre;[a] y en Su nombre fuese predicado a todo el mundo «penitencia y remisión de pecados» a todos los creyentes;[b] a los cuales fuese dado Espíritu Santo[c] y buena y sana voluntad, para poder amar y obedecer de corazón a Dios, teniendo esculpidas en sus corazones las divinas leyes por obra y beneficio del mismo Espíritu.

Nuevo Testamento

2 Esto entendemos ser aquel «nuevo testamento»[d] que Dios tenía prometido a Su pueblo,[e] ratificado y hecho firme para siempre con la muerte del Señor Jesús el Cristo y con la efusión de Su sangre; que es lo que por otro nombre llamamos evangelio,[f] que quiere decir, alegre nueva y anunciación de la paz y reconciliación que, por Jesús el Cristo, tenemos con Dios;[g] al cual evangelio y eterna alianza con Dios generalmente son llamados todos los hombres, y admitidos los que lo reciben con viva y eficaz fe.

---

[a] Mar. 16:15–18; Luc. 4:18–21; 24:47.

[b] Hech. 2:38.

[c] Luc. 2:14 (H: Rom. 2:14, pero F y L ponen Luc.).

[d] Jer. 31:31; Luc. 1:68–73; Heb. 8:8.

[e] Mat. 26:26–29; Mar. 14:22–25; Luc. 22:18–21; Heb. 9:15.

[f] Isa. 52:7; Mat. 10:7; Luc. 2:10; Rom. 2:10; 5:1; 14:17–19; Gál. 5:22; Ef. 2:13–14; Fil. 4:4–7; Col. 3:15; 1 Tes. 5:5.

[g] Mat. 28:19; Mar. 16:15.

Capítulo VIII: De la naturaleza y persona del Cristo.

El Cristo verdadero hombre

1 Confesamos y creemos firmemente en el autor de nuestra salud, que es el Cristo, en lo que a Su naturaleza y persona toca, ser verdaderamente hombre,[a] concebido por especial y maravillosa obra del Espíritu Santo, y nacido de María Virgen,[b] de la simiente de David y de los padres, según la carne, conforme a las divinas promesas a ellos hechas,[c] semejante en todo a nosotros, excepto en nuestra corrupción y pecado.

El mismo verdadero Dios

2 Asimismo creemos ser verdaderamente Dios,[d] pues en Su persona y subsistencia es la Palabra que era en el principio y estaba en Dios y la cual finalmente era Dios; y por la cual fueron hechas todas las cosas; y sin ella ninguna cosa fue ni pudo ser; y por cuya potencia y virtud son ahora y fueron siempre sustentadas en su ser, como arriba lo hemos confesado en el primero y segundo capítulo de esta nuestra confesión.

---

[a] Luc. 1:31–35; 2:7, 10–12.
[b] Rom. 1:3; 9:5.
[c] Fil. 2:7; Heb. 2:14–18; 4:15.
[d] Juan 1:1–3; Col. 1:16–17; Tito 2:11, 13; Heb. 1:2–3.

Capítulo IX: Del oficio y la dignidad del Cristo.[1]

Oficio del Cristo para con el Padre

1 En lo que a Su dignidad y oficio toca, entendemos ser en dos maneras. Primeramente, para con Dios Su eterno Padre; y segundamente para con nosotros. Su oficio para con Dios entendemos[a] haber sido buscar y procurar Su gloria, manifestando Su nombre y Su verdadera noticia en el mundo, y haciéndolo ilustre entre los hombres por la obra de nuestra redención y por la manifestación de Su evangelio. Por esta parte es llamado algunas veces en la divina Escritura[b] Ángel de Dios, quiere decir, ministro de Dios, otras veces claramente[c] Siervo de Dios,[d] Apóstol y Pontífice de nuestra fe.

Premio del Cristo en cuanto hombre por Su obediencia

2 [e]Por haber perfectamente obedecido al Padre en este caso hasta la muerte de cruz, creemos serle dado premio gloriosísimo. Lo primero,[f] que sea autor de eterna salud a todos los que en Él creyeren y lo invocaren. Lo segundo,[g] que tenga supremo nombre sobre todo lo que se puede nombrar en los cielos y en la tierra,[h] y que a Él y a Su nombre glorioso se

---

[1] L tiene un encabezamiento alternativo: «Del oficio de Cristo, de Su propio reino y sacerdocio; y del verdadero sacerdocio de los cristianos».

[a] Juan 8:54; 16:1–10

[b] Ex. 14:19; 23:20; 32:34; Mal. 2:7.

[c] Isa. 42:1; 49:3–6; 52:13; 53:11; Ezeq. 34:23–24; Zac. 3:5–6.

[d] Heb. 3:1.

[e] Luc. 24:26; Fil. 2:8.

[f] Isa. 53:10; Joel 2:32; Hech. 2:21; Rom. 10:13; Heb. 5:9.

[g] Ef. 1:21.

[h] Sal. 72:8; 9:7, 11; Fil. 2:9–10.

arrodille toda rodilla en el cielo y en la tierra y en los infiernos, como a supremo Monarca[a] establecido por la mano de Dios para serlo, no solamente de mar a mar y desde el gran río hasta los fines de la tierra,[b] más aún sobre todas las obras de las manos de Dios.

Oficio del Cristo para con nosotros

3 Su oficio para con nosotros, aunque es en muchas maneras según la diversidad de los bienes que por Su medio son comunicados a los suyos, empero[c] enseñados por la divina palabra; lo reducimos a dos partes principales, que son de Rey y de Sacerdote.

Reino del Cristo

4 Por la parte que es nuestro Rey, confesamos habernos primeramente librado de la tiranía del pecado, del demonio y de la muerte,[d] de los cuales triunfó en Su muerte rayendo la obligación de la ley, por la cual éramos justamente condenados a eterna maldición y muerte; y enclavándola consigo en la cruz[e] para que, libres ya de todo temor, no sirvamos al pecado ni al demonio,[f] mas al que nos libró de su poder, en justicia y en santidad de vida todos los días que nos restan de vivir.

---

[a] Sal. 2:6–8; 72:8; Hech. 4:10–12 (H: 4:24).

[b] Sal. 8; 1 Cor. 15:27; Heb. 2:6–9.

[c] Sal. 110:1–4; Heb. 7:15–17.

[d] Col. 2:14.

[e] Luc. 1:74.

[f] Rom. 6:19–22.

Cristo único libertador y redentor nuestro

5 Con el mismo poder creemos[a] que, estando a la diestra de la potencia de Dios, nos asiste, ampara y defiende;[b] y nos da secretas fuerzas de Su Espíritu contra todas las tentaciones, así interiores como exteriores, que nos vienen por parte de los mismos enemigos;[c] con los cuales ordenó la divina providencia que nos quedase continua pelea, aún después de libertados de ellos,[d] para humillación nuestra y para ejercicio de los dones que nos son dados, y asimismo para que en nuestra flaqueza se manifieste la virtud de Jesús el Cristo, que en nosotros pelea contra tan poderosos enemigos y los vence.

El Cristo en todos siglos defensor de su Iglesia

6 Ítem,[e] así como Él fue el que en todos los siglos defendió Su Iglesia contra la violencia del mundo, así también entendemos que ahora Él mismo es[f] el que la defiende y defenderá siempre de él; y en cuya potencia confortados, vencemos el mundo y esperamos alcanzar siempre victoria de Él hasta que finalmente triunfemos del todo con el mismo Cristo Rey nuestro,[g] cuando serán sujetadas debajo de Sus pies todas las potestades que en este siglo rebelde lo contradijeron; para que Su reino glorioso, comenzando de aquí,[h] sea perpetuo y nunca

---

[a] Mar. 16:19; Hech. 1:10–11; 7:55–56.

[b] Juan 15:26; Rom. 8:26.

[c] Rom. 7:14–20.

[d] Rom. 5:3–4; 2 Cor. 12:7–10; Sant. 1:2–3.

[e] Ex. 14:13–14; 23:20–22; 32:34; 1 Ped. 3:17–22.

[f] Juan 16:33; Ef. 6:10–17; 1 Jn. 5:4–5.

[g] Sal. 2:8–9; 8:6; 110:1–2; 1 Cor. 15:25.

[h] Luc. 1:33.

tenga ni pueda tener fin[a] conforme a las promesas que Dios tiene hechas de él.

Sacerdocio del Cristo. Cristo Intercesor nuestro

7 Por la parte que es nuestro Sacerdote, creemos lo primero haber sido siempre y ser el intercesor entre Dios y los hombres,[b] el cual por Su oración[c] y por el sacrificio de Su muerte y cruz, aplacó la ira de Dios y nos alcanzó no solamente perdón entero y cumplido de todos nuestros pecados,[d] mas también mérito y dignidad para poder aparecer delante de Él confiadamente. Asimismo, nos dio no solo[e] nombre de hijos de Dios, mas también que realmente lo seamos[f] comunicándosenos por la virtud de Su Espíritu naturaleza divina, en la cual regenerados lo seamos.[g] Por la misma razón, nos adquirió acción y derecho a la herencia de la gloria de Dios y de todos sus bienes juntamente consigo,[h] de que Él, como Primogénito y cabeza nuestra goza por sí y por todos Sus hermanos,[i] sentado a la diestra de la Majestad en las alturas, tanto superior a los ángeles cuanto le es dado más claro nombre sobre todos ellos, hasta tanto que (acabada nuestra

---

[a] Sal. 45:6, 17; 89:3–4.

[b] Heb. 5:7.

[c] Mat. 26:28; Mar. 14:24; Rom. 4:25; 5:1–2; 1 Cor. 11:25; Heb. 9:11—10:4.

[d] 2 Cor. 3:12; Ef. 3:12; Fil. 3:9.

[e] Juan 1:1; 1 Jn. 2:23; 3:1.

[f] 2 Ped. 1:4.

[g] Rom. 8:17; Gál. 3:14, 16, 19; Col. 3:24; Tito 3:7; Heb. 1:9, 14; 9:12, 14; 1 Ped. 2:4–5.

[h] 1 Cor. 15:20, 23; Col. 1:18; Apoc. 1:5.

[i] Heb. 1:3–4; Fil. 2:1–9.

peregrinación)[a] nos llame y junte a sí para gozar de esta
gloriosa herencia juntamente consigo.

La virtud del sacrificio del Cristo eterna
8 Asimismo confesamos que, por ser Su sacerdocio[b] eterno y
no haber expirado con Su muerte (pues Él tampoco con ella
no expiró, por cuanto era Dios,[c] ni fue posible ser detenido
en las prisiones de la muerte; antes, resucitando al tercer día,
eternamente vive), el valor y eficacia de su sacrificio[d] una vez
tan solamente ofrecido, también vive y[e] durará eternamente,
para hacer en Su Iglesia los efectos ya dichos; y sentado a la
diestra del Padre es aún nuestro Intercesor suficientísimo, que
perpetuamente ruega e impetra por nosotros.

El reino y el sacerdocio del Cristo hace reyes
y sacerdotes a los cristianos
9 Ítem, creemos que, así como la virtud y la dignidad de Su
reino no para solamente en Su persona particular, antes[f] llega
a hacernos a nosotros también reyes consigo; de la misma
manera la virtud y la dignidad de Su sacerdocio se extiende
hasta nosotros, haciéndonos también sacerdotes ungidos y
consagrados consigo y por sí, con el mismo óleo y bendición
del divino Espíritu con que Él lo es, para que nosotros por

[a] Mat. 26:26–29; Juan 14:12–14; 16:14–15, 23–24 (H: 16:14–15); 17:6 ss.
[b] Sal. 110:4; Heb. 7:15–25.
[c] Hech. 2:24.
[d] Heb. 9:12, 26, 28.
[e] ibíd.
[f] 1 Ped. 2:5, 9; Apoc. 5:8.

causa suya y en Su nombre ofrezcamos al Padre[a] sacrificio, primeramente de nosotros mismos, de nuestros cuerpos y de toda nuestra vida, consagrándola a la gloria de Su nombre, como Él consagró la suya a la gloria de Su eterno Padre para que nosotros viviésemos. Lo segundo,[b] sacrificio de alabanza fruto de labios que confiesen Su nombre. Lo tercero,[c] oración por la cual pidamos en Su nombre e impetremos,[d] no solo para nosotros mismos, más aún los unos por los otros, habiéndonos hecho dignos e idóneos Su dignidad incomparable para poderlo hacer así.

Sacerdocio del Nuevo Testamento

10 Entendiendo pues ser este el sacerdocio del Nuevo Testamento y el legítimo de los cristianos, así cuanto es de la parte del Señor como de los que pertenecen a Su pueblo, por esta nuestra confesión renunciamos primeramente a toda invocación de muertos, aunque santísimos, para ser invocados de nosotros o llamados para que intercedan por nosotros. Renunciamos asimismo a todo sacrificio, sacerdocio, pontificado y cualquiera otra manera de aplacar o de honrar a Dios fuera de esta, la cual sola entendemos ser la legítima y la aprobada delante de Dios, y cualquiera otra abominable y maldita; y[e] malditos asimismo y anatemas los que la enseñaren, por ser otro evangelio del que el Señor enseñó en el mundo y del que Sus apóstoles predicaron por él.

---

[a] Rom. 6:11–13; 12:1; Fil. 4:18.
[b] Heb. 13:13; 1 Ped. 2:9.
[c] Mat. 7:7–11; Juan 14:13–14; 16:23–26.
[d] Mat. 5:44; Fil. 1:3–4; 2 Tes. 1:11–12.
[e] Gál. 1:6–9.

El Cristo profeta, maestro y doctor nuestro
11 Por la misma parte que es nuestro sacerdote, entendemos convenirle lo segundo: ser también[a] nuestro profeta, a saber,[b] nuestro maestro y[c] enseñador de justicia,[d] no como Moisés, que cubierto el rostro con un velo enseñó al pueblo; antes por ser Él el resplandor de la gloria del Padre[e] y la natural imagen de Su substancia,[f] en Su rostro contemplamos cara a cara la majestad de nuestro Dios, no por contemplación ociosa y de ningún fruto,[g] mas tan eficaz que por ella seamos también nosotros transformados en imagen de Dios, creciendo de claridad en claridad por la fuerza de Su Espíritu.[1]

El evangelio, qué género de doctrina
12 [h]El enseñamiento que de él tenemos tampoco lo entendemos ser como el que por medio de la ley se administraba en el Viejo Testamento, la cual siendo escrita en tablas de piedra y quedándose siempre fuera del hombre, solamente servía[i] para mostrarle la verdadera justicia de la cual estaba desnudo y el pecado que en él reinaba; y, por

---

[a] Deut. 18:15; Hech. 3:22.

[b] Mat. 3:15; Juan 13:13–14.

[c] Isa. 30:20; Joel 2:27–28.

[d] 2 Cor. 3:13–18.

[e] Heb. 1:3.

[f] Juan 14:7; 2 Cor. 4:3–6.

[g] 2 Cor. 3:18; Abajo cap. 17.4.

[1] L sigue el párrafo así: «el cual Él mismo nos lo suministra con el mismo verbo de la vida».

[h] Heb. 12:7–11.

[i] Arriba cap. 6; Rom. 3:21–26.

consiguiente, la maldición y muerte a que estaba sujeto,[a] aumentándole antes el pecado de esta manera y la enfermedad, que poniéndole medicina. Confesamos pues[b] ser enseñamiento de toda verdad perteneciente a nuestra salud y al conocimiento de la voluntad de Dios, esculpido en los corazones de los fieles por la eficacia de Su Espíritu,[c] tan cierto que, de su parte ninguna necesidad tenga para su confirmación de algún exterior testimonio de nuevos milagros o de alguna humana o angélica autoridad, ni de otra cualquiera ayuda;[d] tan entero y cumplido que, aquel a quien Dios lo diere, no esté necesitado de algún otro humano magisterio, enseñamiento, ni doctrina para conocer a Dios[e] y la manera de que quiere ser servido.

Cómo se nos comunique la profecía del Cristo
13 De esta manera afirmamos derivarse en nosotros Su profecía, como hemos dicho de Su reino y de las otras partes de Su sacerdocio,[f] dándose por virtud de Su magisterio a todo hombre que de verdad perteneciere al pueblo cristiano,[g] que sea enseñado de Dios y[h] profetice, queremos decir, sepa declarar la divina voluntad en el mundo; el cual género de doctrina y forma de enseñamiento entendemos ser propio del Nuevo Testamento, o por mejor decir, ser la práctica misma de él.

---

[a] Rom. 7:5–13.
[b] Juan 14:26; 16:13; 1 Jn. 2:20, 27.
[c] 1 Jn. 1:1–3.
[d] 1 Jn. 2:27.
[e] Juan 4:22–24.
[f] Abajo cap. 17.
[g] Isa. 54:13; Juan 6:45.
[h] Joel 2:28; Hech. 2:17; 1 Cor. 14:1–5.

14 Por esta confesión renunciamos a todo humano magisterio y a toda humana doctrina para el caso del divino culto y de lo que concierne a nuestra salud; recibiendo a solo Jesús el Cristo, y a Su palabra y Espíritu por nuestro legítimo, verdadero y único maestro,[a] conforme a Su mandamiento; en lo cual no entendemos derogar ninguna cosa a la autoridad del externo ministerio del evangelio, ni de los demás exteriores medios que en la Iglesia del Señor se usan por institución y ordenación del mismo Señor, en cuyo magisterio se incluye también esto, como abajo trataremos[b] en su lugar.

Capítulo X: De la justificación por la fe.

La manera de conseguir la remisión de los pecados siempre fue la misma desde el pecado de Adán

1 Creemos que, como después de la general corrupción de toda la humana naturaleza por el pecado de nuestros primeros padres, y antes de la exhibición de la promesa y del Nuevo Testamento, ningún medio hubo por el cual los hombres fuesen justificados y reducidos al camino de salud, sino de su parte por verdadera penitencia y fe en la promesa de la bienaventurada simiente; y de la parte de Dios por Su sola misericordia y bondad[c] con que les aceptaba esta sola fe por entera justicia en virtud de la entera justicia del Cristo, en quien siempre estribó esta fe; de la misma manera, dado ya el cumplimiento de la promesa en el Cristo, no queda ni hay

---

[a] Mat. 23:8–11.
[b] Cap. 14.
[c] Gén. 15:6; Sal. 32:1–2; Rom. 4:3–8.

otra vía para ser los hombres justificados, salvos y admitidos a la alianza del Nuevo Testamento y a la participación de sus bienes, que por[1] penitencia (la cual es verdadero conocimiento, arrepentimiento, dolor y detestación del pecado, con verdadera abrenunciación de él y de la corrompida raíz de donde en el hombre nace) y verdadera y viva fe en la muerte y resurrección del Señor,[a] por el mérito y eficacia de la cual nos es dado perdón e imputada Su justicia e inocencia; y[b] asimismo nos es dada virtud y fuerza de Su Espíritu, para que muriendo con Él al pecado, resucitemos también con Él a nueva vida de justicia.

Purgatorio verdadero de los fieles

2 Por esta confesión renunciamos a todo humano mérito o satisfacción que a la divina justicia se enseñe poderse hacer para alcanzar perdón del pecado, fuera del mérito y satisfacción que el Señor tiene hecha por todos los que en Él creyeren; el cual solo entendemos ser[c] nuestro verdadero purgatorio[d] y plenaria indulgencia de los pecados de los suyos a culpa y a pena. Y tenemos por abominable y maldita, y por verdadero anticristo toda doctrina que contradiga en esta parte a la de esta nuestra confesión o enseñe otras maneras cualesquiera de remedio contra el pecado, fuera de la que se halla en solo Jesús el Cristo,[e] crucificado por nuestros pecados y resucitado para

---

[1] L añade las siguientes citas bíblicas: Sal. 51; Isa. 66:2; Mat. 3:2; Mar. 1:4; Hech. 3:19.

[a] Rom. 3:25; Gál. 3:22.

[b] Abajo cap. 17.

[c] Heb. 1:3.

[d] Isa. 53:4–12; Juan 3:16–18; Rom. 8:2–4; 1 Jn. 4:9–10.

[e] Rom. 4:25.

nuestra justificación; y se comunica a los hombres por el medio de la verdadera penitencia y viva fe, como está dicho.[1]

Asimismo condenamos la doctrina de los que enseñan que siempre el cristiano ha de estar dudoso de la remisión de sus pecados y de haber alcanzado justificación, por ser doctrina que atenta contra la doctrina del verdadero evangelio, el cual nos pide fe verdadera y firme; y contra el artículo del Símbolo Apostólico, «creo en la remisión de los pecados», como se dirá abajo en el capítulo 20.

Capítulo XI: De los sacramentos de la Iglesia cristiana

1 Entre los medios o instrumentos de nuestra justificación contamos[a] con el Señor y[b] con Sus apóstoles, los sacramentos de la Iglesia cristiana[c] por los cuales el Señor de Su parte nos aplica en particular, sella y confirma el beneficio de nuestra salud, y el cumplimiento de Sus promesas; y nosotros de la nuestra lo recibimos por la fe, y testificamos lo segundo: que somos de Su pueblo; asimismo profesamos lo que hemos de hacer para seguirle de verdad.

2 Acerca de esto creemos, primeramente, que así como[d] a solo Jesús el Cristo pertenece justificarnos y darnos la fe para ello, y el testimonio interior de nuestra justificación por Su Espíritu, así también a Él solo pertenece instituir los medios o instrumentos externos por los cuales se nos aplique este

---

[1] L omite el siguiente párrafo por completo.

[a] Mar. 16:16; Juan 3:5–8.

[b] 1 Ped. 3:21.

[c] Rom. 4:11–12; Gál. 3:27.

[d] Isa. 53:11; Juan 8:30–31; 14:16–17, 25–26 (L: Juan 13:7–11).

beneficio, como son los sacramentos y el ministerio de la Palabra y de ellos.

3 De estos, no hallamos en la divina historia (en cuanto a los verdaderos sacramentos toca) que Él haya instituido más de dos (que propiamente se puedan llamar sacramentos, instituidos y ordenados para el fin ya dicho), los cuales son[a] el bautismo y[b] la Santa Cena. Los demás que en este número han sido puestos o lo fueren de aquí adelante, los tenemos por adulterinos, si son invenciones de hombres que, con blasfemo atrevimiento, los inventaron (como se puede decir de la confirmación con el aparato con que hoy se ejercita en la Iglesia Romana); o si son ritos y costumbres que tengan algún fundamento en la divina Palabra, necesarias por ventura otro tiempo, empero que ahora serían superfluas (como se puede decir de la unción de los enfermos, ahora llamada extrema unción); o necesarias siempre y en todo tiempo en la Iglesia, empero que no son más que ritos, aunque sacros (como se puede entender de la penitencia, del orden del ministerio y del matrimonio); aunque los tenemos y observamos por ritos sacros y necesarios, instituidos de Dios, no los llamamos ni tenemos por sacramentos en la significación arriba dicha.

Capítulo XII: Del bautismo.

En el bautismo presentemente se efectúa lo que suenan las palabras y lo que representa la obra del lavar
1 En el bautismo, legítimamente administrado en simple y común agua, en virtud de la muerte y resurrección del Señor

---

[a] Mat. 28:19; Mar. 16:16; Juan 3:5–8.
[b] Mat. 26:26–29; Mar. 14:22–25; Luc. 22:14–20; 1 Cor. 11:23–28.

y en el nombre del Padre y del Hijo y del Espíritu Santo,[a]
conforme a la institución y al mandamiento del mismo Señor,
confesamos efectuarse el beneficio y darse juntamente firme
testimonio[b] de entero perdón de pecado, de entera justicia y
salud perdurable, de regeneración por el Espíritu Santo y de
entrada en el reino de los cielos a todos los creyentes, conforme
a la promesa del mismo Señor y[c] a las declaraciones del mismo
bautismo que el Espíritu Santo tiene dadas por los apóstoles en
la divina Escritura.

2 En la misma acción protestamos nosotros de nuestra parte[d]
perfecta abrenunciación del demonio, del pecado, del mundo y
de nosotros mismos; y finalmente desnudez, muerte y sepultura
de nuestro viejo hombre con todas sus obras y concupiscencias,
y vestidura del nuevo, que es creado a imagen de Dios en
justicia y en santidad; y finalmente resurrección con Cristo a
nueva y celestial vida.[e]

3 Y aunque no haya expresa mención en la divina Escritura
de que el bautismo se dé a los niños antes que tengan uso de
razón, nos conformamos empero con la Iglesia del Señor, que
tiene por más conforme a la misma Escritura dárselo, que dejar
de dárselo; pues que por beneficio del Señor y por Su promesa
no menos pertenecen a Su alianza que los padres.

---

[a] Mat. 28:19; Mar. 16:16.

[b] Juan 3:5–6; Gál. 3:26–27; Tito 3:5–7.

[c] En los mismos lugares; Rom. 6:3–4; 1 Ped. 3:21.

[d] En los mismos lugares.

[1] L omitió el siguiente párrafo en el primer borrador de la edición latina de
1560/61, pero luego fue incluido tanto en el borrador final de 1560/61 como en la
edición española de 1577.

Capítulo XIII: De la Santa Cena.

En la Cena del Señor presentemente se efectúa lo que suenan las palabras, y lo que representa toda la externa obra de ella

1 En la Santa Cena del Señor administrada legítimamente con verdadera fe, en pan común y en vino común[a] en memoria de la muerte del Señor y en la forma que por la santa historia consta haberla Él instituido y administrado y haberla usado Sus apóstoles, confesamos[1] darse a todos los creyentes en el pan, el mismo y verdadero cuerpo del Señor que fue entregado a la muerte por nosotros; y en el vino, Su propia sangre que fue derramada por el perdón de nuestros pecados, conforme a las palabras del mismo Señor: «Tomad, este es mi cuerpo; esta es mi sangre etc.».

2 En el mismo sacramento, confesamos darse a los mismos creyentes cierto y firme testimonio de Dios de que son admitidos a Su nuevo concierto y alianza, ratificada eternamente a Su pueblo en la mano del único Mediador Jesús el Cristo y firmada con Su muerte y sangre. Por virtud de la cual alianza,[b] son espiritualmente sustentados y mantenidos en la Santa Cena con el mantenimiento de Su cuerpo y sangre, para que asimismo participen de Su divina y eternal vida[c] siendo incorporados en Él, y[d] hechos carne de Su carne y huesos de Sus huesos.[2]

---

[a] Mat. 26:26–29; Mar. 14:22–24; Luc. 22:19–20; 1 Cor. 11:24–25.

[1] L no contiene el texto desde «confesamos» hasta «confesamos» en el siguiente párrafo.

[b] Juan 6:53–58; 1 Cor. 11:23–26.

[c] 1 Cor. 6:15; Ef. 4:15–16.

[d] Ef. 5:30.

[2] L sigue el párrafo así «[*f: Juan 8:42*]. Así pues, como el Padre que vive le ha enviado, y vive Él mismo por el Padre que vive, así vivirá por Él mismo y se hará

3 En la misma acción, protestamos de nuestra parte que somos del número de los que pertenecen a este nuevo y sacro concierto de Dios con Su pueblo,[a] en cuyos corazones Dios ha escrito Su Ley, y que[b] nos tenemos por miembros vivos de este sacrosanto cuerpo. Asimismo[c] prometemos solemnemente de mostrarlo así con la limpieza, la piedad y la santidad de toda nuestra vida; y especialmente[d] con la singular caridad, amor y unión que entre nosotros se hallará.

Capítulo XIIII: Del externo ministerio de la Palabra, y de la autoridad de los ministros.

Institución del externo ministerio de la Palabra

1 En el mismo orden de los exteriores medios de nuestra justificación, contamos también el externo ministerio de la Palabra, el cual confesamos[e] ser instituido del Señor a fin de que Sus escogidos, esparcidos por todo el mundo, sean llamados a Su aprisco con la voz de Su evangelio; y llamados, sean por ella justificados; y así se cumpla en ellos, cuanto a esta parte, el propósito[f] e intento de Dios que los escogió.

---

partícipe de la vida eterna y celestial del mismo cualquiera que se alimente de esta admirable y divina comida, [g: *Juan 3:5*] renacido del agua y del Espíritu Santo por la virtud y mérito de Su muerte».

[a] Jer. 31:33.
[b] 1 Cor. 10:16–17.
[c] 1 Cor. 11:28–32.
[d] 1 Cor. 12:25–27; 13.
[e] Mat. 10:16; 28:19–20; Mar. 3:13; 16:15–16; Luc. 6:12–16.
[f] Rom. 8:28–30.

Su oficio

2 Creemos[a] ser propio oficio del mismo Señor, como de Señor de la mies, llamar, autorizar y[b] hacer idóneos con Sus dones y Espíritu a los tales ministros del Nuevo Testamento[c] y enviarlos a que llamen a Su Iglesia; y llamada[d] la congreguen en unidad de fe y de caridad; la apacienten con el pasto de Su Palabra; y la mantengan con la misma en cristiano concierto y disciplina.

Su autoridad

3 Residiendo la autoridad del apostolado o ministerio de la palabra del evangelio *in solidum* en el único Apóstol, Ministro y Maestro de nuestra fe, el Cristo, y siendo ellos enviados en[e] Su nombre y lugar por Él, como está dicho, confesamos deberse tanto respeto y obediencia a la palabra que administran,[f] que quien a ellos obedeciere o menospreciare, sea visto obedecer o menospreciar al mismo Señor, cuyos legados son. Esto entendemos, siendo legítima su vocación al ministerio,[g] y no enseñando otro evangelio salvo el que el Señor enseñó y mandó que se predicase entre todas las gentes;[h] ni enseñoreándose con tiranía sobre las conciencias de aquellos[i] a quien antes deben servir, por ser propio reino y heredad del Señor.

---

[a] 1 Cor. 12:18.

[b] 2 Cor. 3:6; L añade 1 Cor. 12:4–11.

[c] Rom. 10:15–17.

[d] Hech. 20:28; 1 Ped. 5:2–5.

[e] 2 Cor. 5:18–20; Ef. 6:20.

[f] Mat. 10:11–15; Luc. 10:16; Juan 13:13–16; 1 Tes. 4:8.

[g] Gál. 1:8–9.

[h] Luc. 22:24–27; 2 Cor. 1:24; 1 Ped. 5:3.

[i] 2 Cor. 4:5.

Capítulo XV: De la eclesiástica disciplina.

1[1] Aunque por el ejercicio de la eclesiástica disciplina no seamos justificados, parece que con razón la debemos poner entre los medios externos de nuestra justificación, en cuanto por ella primeramente se procura retener a los fieles, que son congregados en algún cierto lugar en la justicia, limpieza de vida y asimismo en la unidad de fe, y consentimiento de doctrina que profesa la Iglesia Católica.

2 A esta disciplina gobernada por el Espíritu de Dios y por la regla de la divina Palabra, confesamos[a] deberse sujetar todo fiel, en cuanto la cristiana libertad lo permitiere y la caridad de los hermanos lo demandare. Y así nosotros nos sujetamos a ella de buena voluntad, deseando y pidiendo ser enseñados con caridad de los que mejor sintieren, y corregidos con la misma en las faltas que en nosotros, como en hombres, se hallaren.

---

[1] L añade lo siguiente en los márgenes derecho e inferior: «Las leyes de la disciplina eclesiástica se han de buscar por todos principalmente a partir de los diez órdenes desde ambas epístolas a Timoteo» y luego añade: «Y todas ellas han de aplicarse en sus lugares con el consejo de la Caridad y la Prudencia. Saldrán al paso algunas que parecerán que requieren sumo derecho; en otras se ha de tener en cuenta la consideración de los tiempos y de la nación libre; y esto tiene lugar ante todo en los ritos eclesiásticos, en los cuales se han de perdonar debido al tiempo muchas faltas no solo conforme enseña la Caridad sino también conforme enseñaron los mismos apóstoles. Pero sobre todo se ha de tener en consideración la misma naturaleza del Nuevo Testamento, la cual a nadie obliga, aunque sí aconseja. Con suavidad, blandura y amor actúa y se alegra más que con aquel estrictísimo y horrendo juicio de la ley. Mientras tanto, avisa Pedro, tú que manejas el timón de esta disciplina, no lo olvides y evita ser también tú el manejado».

[a] Mat. 18:15–17.

Capítulo XVI: Del magistrado político.

Institución del político magistrado

1 En este mismo orden de la eclesiástica disciplina ponemos el político magistrado en la Iglesia cristiana; el cual entendemos[a] ser ordenación de Dios; y serle dado de Su mano el cuchillo para mantener en paz y en reposo la república, defendiéndola de los enemigos, castigando a los malhechores y honrando y premiando a los virtuosos, todo para adelantamiento del reino del Cristo y de Su gloria.

El deber del pueblo para con él

2 Por este oficio entendemos[b] que toda persona de cualquier estado o condición que sea, le debe respeto, tributo y sujeción,[c] entretanto que no mandare cosa contra la voluntad de Dios y Su Palabra; la cual deuda entendemos debérsele[d] aunque sea infiel.

El cristiano magistrado es cabeza de la eclesiástica disciplina

3 Asimismo entendemos que, aunque en la Iglesia cristiana sean diferentes los oficios del magistrado y del ministro de la Palabra, como también son cosas diferentes el gobierno de la policía y el eclesiástico orden, empero por cuanto la Iglesia de los fieles congregados en algún lugar no es otra cosa que una cristiana república o policía, entendemos que, siendo fiel el político magistrado,[e] es cabeza de la eclesiástica disciplina y que

---

[a] Sab. 6:3; Rom. 13:1–4; 1 Ped. 2:13–17.

[b] En los lugares ya citados.

[c] Hech. 4:25–30; L añade Hech. 5:39.

[d] Mat. 22:16–22; 17:24–27; 1 Ped. 2:13–17.

[e] En los lugares citados.

tiene la suprema autoridad para hacer poner en ejecución todo
lo que al reino del Señor y al adelantamiento de Su gloria se
hallare pertenecer, no solo en lo que toca a la humana policía,
más también y principalmente en lo que tocare al divino
culto. Ni entendemos haber en la Iglesia de los fieles más de
una sola jurisdicción, cuyas leyes son la divina Palabra y las
que con ella se conformaren; y el supremo juez en la tierra el
cristiano magistrado.[1]

Capítulo XVII: Del Espíritu Santo. Y de la vida de los cristianos.

Fin para el cual somos justificados
1 Dios tiene declarado en Su santa Palabra que el fin por el
cual Él libra al hombre del pecado, de la muerte y del demonio

---

[1] L añade lo siguiente en los márgenes superior, derecho e izquierdo: «Los
ejemplos de este dogma se han de extraer tanto de la historia sagrada como de la
nuestra. De entre los Reyes de Israel si algunos piadosos de entre todos (ciertamente
fueron escasísimos) se recomiendan a estos hombres en especial, porque practicaron
cultos impíos, restitución legítima de lo impío o pésimamente unido a esto
únicamente, porque, descuidado el Culto legítimo, admitieron razones extranjeras
para dar culto a Dios. Es ilustre la piedad de Constantino el Grande, de Teodosio
y especialmente de Recaredo, rey de España, porque fueron diligentísimos en las
cuestiones del culto divino conforme lo exigía aquella época. Es más, si se repasan
también los ejemplos extranjeros, eran también tareas de todos y cada uno cualquiera
de los Magistrados preocuparse por el culto de los dioses. Son conocidos en la obra
de Livio los ejemplos de Rómulo, de Numa, de Camilo», y luego añade: «Busca la
exposición de ejemplos de esto en los reyes tanto de la historia judaica como de la
nuestra» (la frase «porque practicaron [...] dar culto a Dios» es una traducción fiel
del latín, pero parece contradecir el argumento de Reina. Quizá falta una palabra o
frase en el manuscrito).

es[a] para que le sirva en justicia y en santidad de vida, todos los días que viviere. El fin[b] por el que lo regenera y lo hace nueva criatura por Su Espíritu es para que, dejada la imagen del viejo y terreno Adán, vista la del nuevo y celestial que es Cristo. El fin por el que[c] lo mata por el rigor de Su Ley y[d] lo sepulta con Cristo es para que, por fuerza de la fe, en Él resucite y suba a los cielos con Él, y[e] dejando ya de procurar las cosas del siglo,[f] muerto a él,[g] procure las del cielo y viva una vida celestial[h] con la cual Dios sea conocido y glorificado entre los hombres como autor de tan maravillosa obra[i] y el mundo sea convencido de su corrupción y pecado, y[j] como forzado a conocer, por la celestial vida de los fieles, la virtud de Jesús el Cristo y la eficacia de Su muerte y resurrección; y asimismo la ventaja que la religión cristiana hace a todas las falsas sectas y supersticiones del mundo.

Efectos del Espíritu Santo en los verdaderos fieles

2 Por tanto, creemos y confesamos[k] ser condición necesaria de todos los que de verdad son justificados por verdadera penitencia y fe, recibir el Espíritu Santo, por cuya virtud[l] son santificados

---

[a] Luc. 1:73–74; 1 Ped. 4:1-2.

[b] Juan 3:3–8; 1 Cor. 15:45–49; Col. 3:9–10.

[c] Os. 6:5; Rom. 7:13; 2 Cor. 3:7.

[d] Rom. 6:3–11.

[e] Rom. 12:2; 1 Cor. 7:17–34 (H: 7:32–34); Tito 2:11–14.

[f] Gál. 6:14; 1 Jn. 2:12–17.

[g] Col. 3:1–3.

[h] Mat. 5:16; 1 Cor. 6:19–20; 1 Ped. 2:9.

[i] Fil. 2:15.

[j] Sant. 3:13; 1 Ped. 2:12; 3:10–12.

[k] Mat. 3:11; Juan 7:37–39; Hech. 2:38.

[l] Rom. 1:4.

y[a] guiados por su instinto en el conocimiento de toda verdad, y[b] gobernados en todas sus empresas y obras;[c] y esforzados y consolados en todas sus aflicciones.[d] Él mismo los enhiesta y levanta en esperanza cierta de la celestial patria; enciende en sus corazones ardientes deseos de la propagación del reino y gloria de Dios; los exhorta a continua oración, les enseña, dicta, prescribe y ordena sus peticiones; y les da osadía para presentarse delante de Dios a mostrarle sus necesidades como a verdadero Padre y esperar de Él el cumplimiento de sus peticiones.

3 Por la fuerza[e] del mismo Espíritu abniegan y renuncian de todo corazón a sí mismos, es a saber, y a los deseos, sabiduría, consejo y determinaciones o intentos de su carne, en cuya mortificación trabajan sin cesar con toda diligencia y estudio, deseando, esperando y pidiendo con vivos gemidos la venida de aquel glorioso día en que les ha de ser dada cumplida y perfecta redención, entera y llena santidad y limpieza,[f] siguiendo entretanto por única regla la de la divina voluntad para conocer, así tanto lo que han de mortificar en sí, como lo que han de retener y avivar, la divina Palabra y la luz del divino Espíritu que la escribe en sus corazones para que puedan perseverar con gozo celestial en esta santa obediencia,[g] no como siervos temerosos, mas como hijos santamente confiados en el eterno y firme amor de su celestial Padre.

---

[a] Juan 16:13; 1 Jn. 2:20–21.

[b] Rom. 8:13–14, 26.

[c] Juan 15:18—16:2; Rom. 8:16–17.

[d] Rom. 8:12–17; 2 Cor. 1:22; Ef. 1:11–14.

[e] Rom. 8:1–14.

[f] Sal. 19:7–11; 8; 119:1–16.

[g] Rom. 6:16–19.

El Cristo ejemplar y dechado eficaz de nuestra reformación

4 [a]Para este mismo propósito les sirve el ejemplo vivo del Cristo, al cual toman por único, natural y legítimo patrón de la divina imagen, a cuya semejanza han de ser reformados, en el cual teniendo perpetuamente puestos los ojos para aprender de Él verdadera mansedumbre, humildad, paciencia, obediencia y sujeción a la voluntad del Padre celestial, celo verdadero y perpetuo de Su gloria, verdadera caridad y amor sin doblez ni ficción entre sí, abnegación y verdadero menosprecio de este siglo y de todo lo que en él se ve, solicitud pía y lealtad en la vocación en que Dios se quiere servir de ellos, con todas las demás virtudes que pertenecen a la espiritual y celestial vida,[b] se van transformando en Él de mayor claridad en mayor claridad, sacando de Él todas estas virtudes, no como de otro cualquiera ejemplo o patrón exterior, mas como de fuente y cabeza a ellos muy conjunta y unida por la virtud de la fe y amor que los juntó con Él indisolublemente, en quien todas están depositadas para derivarse de allí en todos sus miembros.

El Espíritu Santo eficaz en solo los verdaderos fieles

5[1] Por estos efectos[c] es conocido el Espíritu Santo en el gobierno de la Iglesia del Señor; y el pueblo cristiano asimismo es conocido entre todas las gentes del mundo por pueblo a quien Dios bendijo y por plantas de Su mano para Su gloria, conforme

---

[a] Mat. 11:27; Juan 13:15; Rom. 15:5; 2 Cor. 3:17–18; 4:4; Fil. 2:2–5; Heb. 12:2; 1 Ped. 2:21.

[b] Arriba capítulo 11; Juan 1:8–9; Ef. 4:15–16; Col. 2:6–7.

[1] En el margen izquierdo se encuentra la siguiente frase: «Y por esa razón sea conocido en el mundo el Espíritu Santo».

[c] Arriba capítulo 1.

a lo que de Él estaba prometido[a] por los profetas. Esta manera de vida es llamada en la Escritura: santa vida según el Espíritu, vida espiritual, vida de fe, andar conforme al Espíritu y no conforme a la carne, conversación en los cielos o vida celestial, por ser propia de solo aquellos que de verdad recibieron verdadero evangelio y tienen fe viva y eficaz, y que recibieron el Espíritu Santo el cual es en ellos eficaz producidor de tales efectos.

Capítulo XVIII: De la santa Iglesia universal y de la comunión de los santos.

La verdadera Iglesia ningún comercio espiritual tiene con los hipócritas

1 Confesamos y creemos, esta santa compañía ser sola Iglesia del Señor Jesús el Cristo, en la cual,[b] aunque exteriormente sean contados muchos hipócritas y miembros de anticristo, permitiéndolo así el Señor para ejercicio de los suyos hasta la consumación del siglo, ninguna cosa deroga esto a Su santidad, pues que con los tales ningún comercio tiene en lo que toca a la viva fe y al Espíritu con que solo los verdaderos hijos de Dios son regenerados.

No tiene en la tierra cierto asiento, porque lo tiene en el cielo

2 Ítem confesamos, este santo y bienaventurado pueblo[c] no tener en el mundo cierto lugar señalado; antes[d] ser en

---

[a] Abd. 2:3–4; Isa. 60:21; 61:3–9; Rom. 1:17; 8:1–11 (H: 8:9–11); 1 Cor. 2:12–13; Heb. 10:38.

[b] Mat. 13:18–30; 25:32–33.

[c] Mar. 16:15.

[d] 1 Ped. 1:1–2.

él peregrino y estar esparcido por todo él; lo cual tampoco deroga a su unidad y unión,[a] por tener todos los que a Él legítimamente pertenecen un mismo Padre en los cielos, ser animados y vivificados con un mismo Espíritu del Cristo, tener una misma cabeza que es el mismo Cristo y profesar una misma fe en Él; las cuales condiciones entendemos ser de tanta eficacia para la unidad de la verdadera Iglesia del Señor, que no solo no la divida la diversidad y distancia de los lugares, mas ni aún la de las edades o siglos; ni esto solamente en el tiempo del Nuevo Testamento, más aún en el del viejo y antes de él; comprendiendo este santo pueblo todos los justos que han sido, son y serán en el mundo desde Adán hasta el postrer hombre.

Es congregación de todos los píos de bajo de una fe, y de una cabeza que es el Cristo. Comunión de los Santos
3 Por virtud[b] de esta unión y del eterno e indisoluble vínculo de caridad con que todos los miembros de este sagrado cuerpo están ligados en Cristo, confesamos haber entre ellos[c] una secreta comunicación no solo de los espirituales y corporales bienes, que cada miembro en particular recibe,[d] más aún de los males y aflicciones que padecen en el mundo;[e] por la cual comunicación enferman con el que enferma, se escuecen con el que se escandaliza,[f] lloran con el que llora y se alegran con el que se alegra, siendo entre ellos comunes así los males como los

---

[a] Ef. 4:4–6.

[b] Juan 17:6–11; 1 Cor. 6:15–19.

[c] 1 Cor. 12:13; Ef. 4:15–16.

[d] Heb. 10:32–36.

[e] 2 Cor. 11:29.

[f] Rom. 12:15.

bienes; porque el fuerte e indisoluble vínculo de amor con que en el Cristo están unidos, no sufre otra cosa; ni la distancia de los lugares ni la diversidad de las naciones puede impedir a lo menos el sentimiento ni el socorro de la oración con que oran los unos por los otros, aunque impida el corporal socorro.

Capítulo XIX: De algunas señales por las cuales la externa Iglesia puede ser conocida en el mundo; y de otras que señalan a los que infaliblemente pertenecen a la espiritual e invisible, ahora esté en la externa congregación de los fieles, ahora no.

No tiene en el mundo grande apariencia como ni Cristo la tuvo (Isa. 53). La externa Iglesia tiene ciertas notas por las cuales es conocida

1 Esta santa compañía, aunque por ser reino espiritual y compañía no según la carne, sea invisible a los ojos corporales y al juicio de la humana razón, confesamos tener algunas señales y notas tomadas de la divina Palabra por las cuales pueda ser conocida en el mundo cuando corporalmente aconteciere juntarse en algún cierto lugar.

1ª nota: Limpieza de doctrina (arriba cap. 7, 9, 10)
2 La primera es la pura predicación del evangelio, sin mezcla de humanas doctrinas o constituciones, para en el caso de la salud de los hombres y del divino culto.

2ª nota: Legítima administración de sacramentos (arriba cap. 11, 12, 13)

3 La segunda es la administración y uso legítimo de los sacramentos, con aquella sinceridad y limpieza de humanas adiciones que por la divina palabra parecen haber sido instituidos del Señor y usados de Sus apóstoles.

3ª nota: santa disciplina (arriba cap. 15, 17)

4 La tercera es la eclesiástica y cristiana disciplina, ejercitada por el orden y por los fines que arriba hemos declarado.

Notas perpetuas e infalibles de la Iglesia espiritual[1]

5 Mas porque puede ser que, aun habiendo estas mismas señales, no todos los que en ellas convinieren exteriormente pertenezcan a la verdadera y espiritual Iglesia del Señor (así como también por el contrario, aun habiendo en ellas algunas faltas tolerables por la humana flaqueza, no por eso luego serán exclusos de la verdadera Iglesia los que en ellas comunicaren, permaneciendo en el fundamento que es el Cristo), entendemos haber otras[2] por las cuales los verdaderos miembros del Señor Jesús el Cristo, no solo ellos se podrán certificar en sus conciencias de que lo

---

[1] L tiene un encabezamiento alternativo: «Ni todos los que hayan estado de acuerdo sobre la base de las señales más arriba indicadas ha de considerarse que son la Iglesia de Cristo, ni los que no hayan estado de acuerdo han de considerarse fuera de ella».

[2] L añade lo siguiente en el margen izquierdo: «Señales infalibles de la Iglesia de Cristo, que en ningún caso llaman a error; de qué manera los piadosos deben inquirir la certidumbre de la gracia y benevolencia de Dios» (la frase no parece ser clara ni coherente, pero sí que es una traducción fiel del latín; quizá falta una palabra o frase del manuscrito).

son, más aún podrán conocerse los unos a los otros cuando se toparen en la tierra de su peregrinación; y asimismo podrán hacer diferencia entre los hijos del reino del Cristo y los hijos del siglo o del anticristo, por muy cubiertos que estén con títulos y apariencia de religión.

1ª nota: El testimonio interno del Espíritu Santo manifestado de fuera por Sus frutos (arriba cap. 7)

6 La primera es el testimonio del Espíritu Santo habitante en los corazones de todos los fieles sin poder faltar (como arriba dijimos en el cap. 7), el cual Espíritu Santo es imposible que, donde estuviere, deje de manifestarse por de fuera[a] por limpieza y santidad de vida. Esta señal nos es dada por el Espíritu Santo en Isaías capítulo 59, donde dice así: «Ésta será mi alianza con ellos (a saber, con los píos de Su pueblo), mi Espíritu que está en ti» (habla con el Mesías); y en el capítulo 61 dice: «Y ha de saberse en las gentes su simiente y su nación en medio de los pueblos; todos los que los vieren los conocerán ser pueblo a quien Dios bendijo». Más clara aún nos la pone el Señor cuando dice:[b] «Por sus frutos los conoceréis. […] No puede el buen árbol llevar malos frutos, ni el árbol podrido llevar frutos buenos, etc.».

2ª nota: La palabra

7 Aunque esta señal ya dicha tenga lugar generalmente en todas las partes de la vida del hombre cristiano,[c] por ser

---

[a] Gál. 5:12–23.
[b] Mat. 7:16–18.
[c] Sal. 1:3; Jer. 17:8.

árbol que plantado a las corrientes de las aguas de la divina
Palabra y del Espíritu de Dios da sus frutos en abundancia y
en toda sazón, hay empero algunos de estos frutos, los cuales
antes de todos los otros se señalan y se muestran a los ojos de
los que miran en ellos. De estos el primero es la palabra, la
cual así como[a] en el hombre impío o mundano es blasfema
contra la divina majestad o mentirosa o injuriosa contra los
hombres, o por lo menos vana; en el hombre pío y de veras
regenerado, comúnmente es palabra de verdad, honradora de
la divina majestad, llena de enseñamiento pío y de edificación y
provecho espiritual para los que la oyen o leen. Será pues esta
la segunda señal del hombre pío y de verdad perteneciente al
pueblo de Dios,[b] la cual nos es puesta en el mismo lugar de
Isaías arriba citado; donde del Espíritu de Dios y del Cristo
como de raíz, luego viene a las palabras como a primer fruto
diciendo: «Y mis palabras, que puse en tu boca, no faltarán de
tu boca, y de la boca de tu simiente, y de la boca de la simiente
de tu simiente, dijo el Señor, desde ahora y para siempre». Por
el contrario, el impío o mundano de la mala abundancia de su
corazón habla, como el Señor dice. De aquí son las continuas
amonestaciones del apóstol a los fieles:[c] «Si alguno hablare,
hable palabra de Dios».[d] «Ninguna palabra mala salga de
vuestra boca etc.». Por el contrario, en el hombre impío[e] de la
abundancia mala del corazón la boca habla, etc.

---

[a] Sal. 9:13; 17:10 (L Sal. 14:1); 35:20; 59:12; 72:15; 115:5, 7; 135:16–17; L añade
Sal. 5:9–10.

[b] Isa. 59:21.

[c] 1 Ped. 4:11.

[d] Ef. 4:29; Col. 3:8; 4:6.

[e] Mat. 12:34.

3ª nota: Afición a la divina Palabra

8 La tercera señal es una ardiente afición y codicia insaciable de la divina Palabra, y un estudio continuo de oírla, entenderla y tractarla; como, por el contrario,[a] el fastidio y aborrecimiento de ella declara el ánimo del hombre impío y mundano, que ni la busca, ni la ama, ni ofrecida por ocasión que Dios le presenta la puede sufrir. El Señor nos pone esta señal diciendo: «El que es de Dios oye la Palabra de Dios, etc.». David en Salmo 1: «En la ley de Dios medita de día y de noche». Salmo 119: «¡Cuán dulces son tus palabras a mi garganta, como la miel, a mi boca, etc.».

4ª nota: Misericordia y mansedumbre

9 La cuarta señal es misericordia, con la cual singularmente los hijos de Dios[b] representan el ingenio del Padre celestial y le parecen, el cual hace (como dice el Señor) salir su sol sobre buenos y malos, y llueve sobre justos e injustos. Por el contrario, que es crueldad, amor de sangre, etc., reconoce el Señor y da a conocer a los suyos a los fariseos por hijos de Satanás. Él (dice) homicida era desde el principio, etc. Se concierta con esta señal la semejanza[c] de la oveja con que la naturaleza e ingenio de los hijos de Dios es perpetuamente notada en la divina Escritura; y la del lobo, dragón, león y de otras semejantes crueles bestias con que es notada la del demonio y de todos sus hijos:[d] «El metió la muerte en el mundo (dice el Eclesiástico) y a él imitan todos los que son de su bando».

---

[a] Prov. 1:22–25; Juan 8:47; 1 Jn. 3:10–11.

[b] Luc. 6:27–36; Juan 8:44; Ef. 4:32; Col. 3:12–13; 1 Ped. 3:8–9; 1 Jn. 3:11–17.

[c] Sal. 44:11; 74:1; 79:13; 80:1; Isa. 11:6; 40:11; Mat. 18:10–14; Juan 10:2–4; 21:15–17.

[d] Sab. 2:24.

5ª nota: Amor para con los enemigos

10 La quinta señal es amor y toda manera de beneficencia
para con los enemigos. Ésta también nos pone el Señor por
singular marca de los hijos de Dios,[a] en el lugar alegado en la
señal procedente: «Amad (dice) a vuestros enemigos; haced
bien a los que os aborrecen, rogad por los que os calumnian y
persiguen, porque seáis hijos de vuestro Padre celestial». Ni hay
argumento que más convenza a los hijos del siglo a entender
que hay en los píos otra naturaleza más que humana que el de
ver que, donde ellos esperaban enemistad contra enemistad,
injuria contra injuria, fuerza contra fuerza (como tienen en
su derecho: «Es lícito apartar la fuerza con fuerza, etc.»),
hallen misericordia, amor y beneficio, como el apóstol testifica
diciendo: «Haciendo esto, amontonarás carbones de fuego
sobre su cabeza».

6ª nota: Verdadera caridad con los hermanos

11 La sexta señal es verdadero amor y caridad indisoluble de
los unos para con los otros; tal que se manifieste por de fuera
con testimonios no fingidos, y no se menoscabe o rompa con
livianas ocasiones. Finalmente, entendemos de la caridad de
que habla el apóstol en 1 Cor. 13, que sufre, espera y soporta
todas las cosas; que es paciente, benigna, no ambiciosa, ni busca
sus particulares provechos, etc., y que se debe anteponer a todas
las otras virtudes, aunque sea a la misma fe, por ser[b] (como el
mismo apóstol dice) el remate de la cristiana perfección. Esta
señal nos pone el Señor por infalible y perpetua marca de los

---

[a] Mat. 5:44–45; Luc. 6:27–28; 1 Ped. 2:18–21.

[b] Juan 13:34–35; 14:15; 15:12; 16:27; 17:26; 1 Cor. 3:3; Col. 3:14.

suyos en San Juan capítulo 13: «En esto (dice) conocerán los hombres que sois mis discípulos, si tuvieres amor los unos con los otros». Por la falta de esta arguye el apóstol a los corintios que no son más que hombres: «Entretanto (dice) que hay entre vosotros contiendas y rencillas, ¿por ventura no sois hombres?». Y de aquí toma la ocasión para exhortarles tan copiosamente a la caridad.

7ª nota: Cruz

12 La séptima señal es cruz y aflicción en el mundo,[*] habiendo incurrido en enemistad irreconciliable y odio perpetuo con él por la profesión de la verdadera piedad, y por la confesión del nombre del Señor;[a] a la cual cruz Dios tiene ordenado que Su Iglesia sea perpetuamente sujeta en este mundo por las razones que el Espíritu Santo revela en Su Palabra.[b] El Señor en muchos lugares señala esta marca a los suyos: «En verdad en verdad os digo que lloraréis, y lamentaréis vosotros, y el mundo reirá»; «En el mundo tendréis angustia»; «Si a mí me persiguieron, a vosotros también perseguirán»; «No hay discípulo mayor que el maestro»; «Si fueseis del mundo, el mundo amaría lo que es suyo»; Mateo 10-11.[c] El apóstol en muchos lugares señala lo mismo. Él mismo, a los gálatas, por última prueba de su apostolado, alega esta señal como por legítima firma y sello de él diciendo: «De aquí adelante nadie me sea molesto; porque yo las marcas del Señor Jesús traigo impresas en mi cuerpo».

---

[*] Juan 15:18–25; 1 Jn. 3:13.

[a] Rom. 5:3–5; 8:18; 2 Cor. 4:8–9; 5:2–4; Sant. 1:2–4; 1 Ped. 4:12–19.

[b] Juan 13:16; 14:17; 15:19–20; 16:20, 33.

[c] Gál. 6:17; 2 Cor. 4:8–9; Fil. 1:29–30; 2 Tim. 3:11–12; Heb. 10:32–34.

13 Estas (y si hay otras algunas que con ellas lo puedan ser)
entendemos ser las señales perpetuas y legítimas con que Dios
marcó a Su Iglesia en todos los tiempos; las cuales, aunque
por el presente estado (que tiene aún mezcla de corrupción,
y no ha llegado ni llega a la suma perfección, antes se vive
aún en esperanza de ella, cuyo cumplimiento será, como el
apóstol enseña en muchos lugares, en la resurrección de los
muertos y no antes) no se hallen tan cumplidas como aquí las
hemos pintado y es de desear, se han empero de hallar todas
necesariamente en la conversación del cristiano, aunque sea
con sus imperfecciones y faltas; las cuales faltas suplirá en él el
ardiente deseo y continuo estudio de tenerlas en su perfección.
Y pues las hemos puesto por tan legítimas y necesarias señales
de los hijos de Dios y de Su verdadero pueblo, no refusamos de
ser examinados por ellas para ser reconocidos de la Iglesia del
Señor por legítimos miembros de ella.

Capítulo XX: De la remisión de los pecados; de la potestad de las claves y de su legítimo uso.

Llaves del reino de los cielos

1[1] Confesamos haber en esta santa compañía[a] potestad para
ligar y soltar pecados, la cual autoridad[b] el Señor llama llaves

---

[1] L añade lo siguiente en el margen izquierdo: «¿Qué son las llaves del Reino? Las
escuelas del Papa enseñaron que eran dos, la Llave del saber & la Llave del poder.
Nosotros, en cambio, la Llave del retener, la cual también puede llamarse tanto de
cubrir como de abrir, y de perdonar. El poder de las Llaves se pone en Cristo. Más
arriba, cap. 14, secc. 3».

[a] Juan 20:23; L añade Mat. 16:19.
[b] Mat. 18:18.

del reino de los cielos.[1] Esta entendemos no ser otra cosa que
la pura anunciación del evangelio, por la cual se da remisión
de todos los pecados[2] a culpa y a pena, e imputación de entera
y verdadera justicia a todos los creyentes en virtud de la muerte
y resurrección del Señor; y[a] se denuncia eterna maldición e ira
de Dios sobre todos los impenitentes, rebeldes e incrédulos a
esta gloriosa nueva.

2 Esta autoridad entendemos residir primera e inmediatamente[b]
en Cristo, único Pontífice, Sacerdote y Pacificador nuestro; y por
Su comisión[c] en todos los legítimos ministros de Su evangelio,[d]
a la palabra del cual está ligada la dicha potestad, en el uso de la
cual ninguna reservación hay de casos de los unos ministros para
los otros ni la puede haber, por tenerla todos[e] en igual grado; o
para dar por absueltos delante del divino juicio enteramente a
todos los que por verdadera penitencia y fe juzgaren ser capaces
del perdón; o para dar por condenados en el mismo juicio a
todos los impenitentes e incrédulos.

3[3] Asimismo, confesamos servir este remedio en la Iglesia del
Señor, no solo para la absolución de los pecados pasados a
los que de nuevo son admitidos a ella, más aún ser en ella
perpetuo[f] para todas las veces que después de ser hechos

---

[1] L añade las siguientes citas bíblicas: Isa. 61:1–3; Luc. 4:18–19.

[2] L añade las siguientes citas bíblicas: Isa. 53:4–6; Rom. 8:1.

[a] Rom. 1:18–20; 2:5–8; Mat. 10:14–15.

[b] Isa. 22:22; Apoc. 1:18; 3:7.

[c] Mat. 18:15–20; Juan 20:22–23.

[d] Isa. 61:1–3; Luc. 4:18–19.

[e] Juan 20:23.

[3] L añade lo siguiente en el margen derecho: «Uso perpetuo de las Llaves en la Iglesia de Cristo».

[f] Mat. 18:21–22; 1 Juan 2:1–2; L añade Zac. 13:1.

una vez miembros de Jesús el Cristo les aconteciere caer de cualquier suerte de pecado que sea,[a] por ser perpetua nuestra corrupción y el peligro de caer todo el tiempo que en esta vida vivimos; y asimismo[b] eterna la divina misericordia para recibirnos a perdón, y[c] el sacerdocio del Señor Jesús y el valor de Su sacrificio también eterno para interceder por nosotros delante del celestial Padre.

Capítulo XXI: De la resurrección de los muertos; del juicio final; de la vida eterna de los píos; y de la eterna muerte de los impíos.

Gemido perpetuo de los hijos de Dios en esta peregrinación

1 Confesamos que vivimos[d] en esperanza de una gloriosa y entera restauración de todas las cosas,[e] por la cual gemimos con todas las criaturas que, sujetadas a vanidad y corrupción por el pecado del hombre, esperan también su restauración en la entera redención de los hijos de Dios,[f] en la cual esperamos alcanzar entera perfección de justicia y de santidad, asolado de todo el reino del pecado y de la muerte en el mundo, y[g] puesto fin a toda nuestra corrupción así corporal como espiritual, y a todas las aflicciones que los hijos de Dios padecen[h] sujetadas ya

---

[a] Rom. 7:21–24; Gál. 5:19–20; 1 Jn. 1:8.

[b] Sal. 130:4; Isa. 53:4–6 (H: 55:7); Joel 2:13.

[c] Arriba capítulo 9:8.

[d] Mat. 24:29–30; Mar. 13:24–26; Luc. 21:25–28.

[e] Rom. 8:18–25.

[f] 2 Cor. 5:1–4; Gál. 5:1–5.

[g] Isa. 25:8; 1 Cor. 15:14, 51–55; Apoc. 7:13–14; 21:4.

[h] 1 Cor. 15:24–28; Heb. 2:8–9.

todas las cosas al Cristo; el cual entregará el reino al Padre, y Dios será todas las cosas en todos nosotros.[a] Este es el reino de Dios, por el cual suspiramos[b] y pedimos con ardiente oración cada día al Padre celestial que venga.

2 Esta[c] entera redención creemos que se nos dará en la resurrección final, donde creemos[d] que resucitará toda carne así de malos como de buenos; aunque así como para diversos fines, así también por diferentes principios. Los píos,[1] por estar pendiente su resurrección de Jesús el Cristo como de primera causa, creemos que resucitarán en su misma carne a vida eterna[e] por virtud de la simiente de divinidad que en ellos se sembró por la divina[f] Palabra y por la fe;[g] a causa de la cual simiente es imposible que perpetuamente sean detenidos en las prisiones de la muerte; por la misma razón que tampoco el Señor Jesús lo pudo ser, en cuya resurrección[h] tienen prenda certísima de la suya; y experiencia infalible de lo que para en este caso podrá la naturaleza divina de que por Su Espíritu son

---

[a] Mat. 25:34; Luc. 21:31; 5 (H: omite); 22:16.

[b] Mat. 6:10.

[c] Col. 3:1; 1 Jn. 3:2.

[d] Job 19:26–27; Ezeq. 37:1–6; 1 Cor. 4:8.

[1] L añade lo siguiente en el margen izquierdo al mismo nivel que la línea en la cual se encuentra esta palabra: «Y si el Espíritu del que resucitó a Jesús de entre los muertos habita en vosotros, el que resucitó a Jesucristo de entre los muertos vivificará también vuestros cuerpos mortales por obra de Su Espíritu que habita en vosotros. Rom. 8».

[e] Juan 6:40; 11:25; Rom. 8:9–11.

[f] Mar. 4:14–20; Luc. 8:11–15; Juan 5:24–29; Fil. 2:13–17; Sant. 1:18 (H: Sant. 2:5); 1 Ped. 1:21; 1 Jn. 1:2.

[g] Hech. 2:24.

[h] 1 Cor. 15:20; Col. 2:12–13; 1 Tes. 4:14–17.

ya participantes. Asimismo creemos que los impíos resucitarán en su misma carne, mas no por virtud de Espíritu del Cristo ni de simiente de divinidad que en sí tengan (pues nunca lo recibieron), mas por la potencia de Dios que, como los creó de nada, los levantará de la muerte para que en cuerpo y en ánima sostengan eternalmente el castigo de Su ira.

3 Confesamos que después de esta universal resurrección de buenos y malos, Jesucristo, a quien el Padre[a] tiene dada la administración del reino, y por consiguiente[b] el juicio,[c] se mostrará visible en potencia y majestad de Dios; delante del cual será presentada toda carne,[d] para recibir sentencia final de su eterno estado según sus obras. Donde[e] los buenos, unidos con Dios, recibirán premio de eterna vida[f] y serán admitidos a la participación de Su gloria con Cristo, como lo fueron acá por Su mérito a la participación de Su naturaleza y justicia, y asimismo de Su cruz; para que de esta manera tenga su entero cumplimiento[g] el divino consejo: que en Cristo los predestinó desde antes del siglo, los llamó y justificó a su tiempo en Él mismo para al fin glorificarlos.[h] Los malos, comprendidos de la eterna maldición, serán diputados a eterna privación de la vista de Dios, lo cual les será eterno dolor y tormento en compañía de Satanás, de cuya naturaleza participaron y cuyas

---

[a] Arriba capítulo 9:6.

[b] Sal. 72:1–2; Juan 5:27–30.

[c] Mat. 26:64; Mar. 13:26; 14:62; Luc. 21:27; Hech. 1:6.

[d] Hech. 17:31; 1 Tim. 5:24–25.

[e] Mat. 25:34–40.

[f] 1 Ped. 5:1, 4.

[g] Mat. 25:34; Rom. 8:28–30; Ef. 1:4; 1 Ped. 1:21.

[h] Mat. 25:41, 46.

obras hicieron; con el cual serán sepultados en el infierno[a] en compañía de la muerte, que con ellos será encerrada[b] para que perpetuamente mueran, donde su gusano no morirá, ni su tormento tendrá fin.

Esta es (hermanos en Cristo) nuestra fe; la cual entendemos no alcanzarse por humano enseñamiento ni diligencia; antes[c] ser puro don de Dios, comunicado por Su sola misericordia y liberalidad graciosamente al mundo; y plantado por la virtud de Su Espíritu en los corazones de los que por Jesús el Cristo han de ser salvos. Nos hemos al presente contentado con declarar y confesar los principales artículos de ella, a fin de que por esta confesión seamos conocidos por miembros de la verdadera Iglesia del Señor, y admitidos entre los que también lo fueren. Mas por cuanto conocemos también que en este divino enseñamiento[d] ninguno puede haber tanto aprovechado que no le quede mucho más por aprender entretanto que se vive en esta vida, por ser el conocimiento del Cristo (que es el principio de esta celestial sabiduría)[e] tesoros de sabiduría divina que no se pueden agotar. Por tanto, rogamos con toda humildad primeramente al Señor, cuyo propio oficio es darla, la aumente y arraigue cada día más en nuestros ánimos, hasta que lleguemos a la perfección[f] que en el Cristo nos es señalada, a la cual aspiramos. En segundo, rogamos y exhortamos por el Señor a todos los que en esta fe nos son hermanos, que

---

[a] Isa. 25:8; Apoc. 7:16–17; 21:4.

[b] Sal. 49:14; Isa. 66:24.

[c] Ef. 2:4–8.

[d] Ef. 2:19–21; 4:13; Col. 1:9–10; 1 Ped. 2:2; 2 Ped. 3:18.

[e] Col. 1:19; 2:2–3.

[f] Ef. 4:13.

soporten con caridad nuestras faltas, así todas las demás, como las que en esta nuestra confesión podrán notar; y con la misma caridad nos enseñen en lo que faltamos.

Para más claridad de nuestra fe, damos en suma de nuestra confesión a toda la Iglesia universal su común símbolo de fe, por el cual: Creemos en Dios, Padre, Todopoderoso, Creador del cielo y de la tierra. Y en Jesús el Cristo su Hijo, Único Señor nuestro, el cual fue concebido del Espíritu Santo y nacido de María Virgen. Padeció en tiempo de Poncio Pilato; fue crucificado, muerto y sepultado. Descendió a los infiernos. Al tercer día resucitó de los muertos. Subió a los cielos; está sentado a la diestra de Dios Padre Todopoderoso. De allí ha de venir a juzgar a vivos y muertos. Creemos en el Espíritu Santo. La santa Iglesia universal. La comunión de los santos. La remisión de los pecados. La resurrección de la carne. La vida eterna. Amén.

Apéndice al lector

E sta es (amigo lector) la suma de toda la doctrina cristiana revelada de Dios a los hombres; primeramente por Sus profetas, y después por Su unigénito Hijo, al cual solo manda a los hombres oír, como a aquel que solo conoció y conoce enteramente toda Su voluntad y ante todos tiene el cargo de anunciarla en el mundo, para que por ella sepan los hombres el camino del cielo y de la eterna vida, y se salven los que la abrazaren de todo corazón, y con verdadera fe ordenaren por ella toda su vida, quedando todos los demás en eterna muerte y perdición. Esta es la doctrina del verdadero evangelio que el Señor predicó y confirmó con todos Sus milagros, y al fin con Su misma muerte y resurrección; y la cual en Su subida a los cielos encomendó a Sus apóstoles y discípulos, que enseñasen a los hombres como la habían oído de Él, dándoles asimismo potestad de confirmarla con milagros y señales de tal poder que testificasen de su verdad y certidumbre. Esta es la que ellos predicaron por todo el mundo y la que Dios selló y confirmó a Su predicación ([a] como el apóstol dice) con señales y prodigios, maravillas y con dones evidentes del Espíritu Santo, conforme a Su voluntad.

Contra esta doctrina se armó todo el mundo, y[b] lo más poderoso y aparente de él, como lo hizo contra el Maestro y autor de ella Cristo, mientras Él la predicó, hasta ponerlo en la cruz por causa de ella. Pero lo que el mundo sacó de esta su blasfema y loca empresa, fue lo mismo que sacaron los que por ella crucificaron al Señor, que fue confirmarla más y hacer que, con su más pertinaz resistencia, a ella se aparejase trofeo más ilustre y glorioso de eterna victoria.

Esta doctrina así enseñada por el Señor Jesús, propagada por Sus apóstoles, testificada y confirmada no solamente con tantos y tan prodigiosos milagros, más aún con tanta sangre de mártires, quedó en el mundo por único tesoro de la Iglesia cristiana, y ha quedado hasta hoy y permanecerá aún después que pereciere el mundo, porque por ser, como es, Palabra de Dios, su natural es,[c] como enseña el profeta, permanecer eternamente. Enfurézcase el mundo cuanto quisiere contra ella,[d] conspire, concierte, acuerde, maquine, ponga en efecto todos sus consejos, que todos serán disipados y vueltos en humo, sin poder llegarlos al fin que desea, «Porque con nosotros Dios»; y la promesa del Cristo es más firme que los mismos cielos: «las puertas del infierno no prevalecerán contra ella».

---

[a] Heb. 2:3–4.

[b] Sal. 2:2; Hech. 4:26.

[c] Isa. 40:8.

[d] Isa. 8:9–10.

Este aviso ha sido menester darte aquí (lector amigo), para que nadie te haga entender que esta es doctrina nueva que comenzó con Lutero, etc. Mentira es, blasfema contra Dios y contra Su Cristo, que (como por el discurso de ella se ve claro) es su verdadero autor y defensor, el cual por Su grande misericordia y por el cumplimiento de Su promesa, que le tiene hecha de eternidad, la ha querido restaurar y restituir en nuestros tiempos de tanta inmundicia y estiércol de humanas invenciones y malditas supersticiones, con que la ignorancia y temeridad de los falsos pastores y enseñadores de la Iglesia la han sepultado, como parece claro por sus indulgencias, jubileos, cuentas benditas, perdonanzas, purgatorios, obsequias, aniversarios, invocaciones de santos, idolatrías enormes e inexcusables, profanación de sacramentos, con todos los demás abusos y engaños que aquí no podríamos recitar sin muy luengo discurso. Para limpiar Su Iglesia de tanta suerte de inmundicias, plugo al Señor servirse de Lutero, o de este hombre o del otro; eso nada quita ni pone en el negocio de la reformación, el cual por sí solo debe ser considerado y estimado atacarnos, es a los instrumentos de que Dios usa, a los cuales aún debemos agradecimiento por sus trabajos, reverencia y obediencia a su ministerio como al del mismo Cristo, cuando se nos probare ser nuestro el error y la tiniebla, y de Dios la merced y la misericordia de sacarnos de él por tales instrumentos, cuales a Él plugo tomar para tan ilustre obra.

Si el mundo ahora resiste a esta doctrina, no es maravilla, porque no hace nada de nuevo o extraño a su condición, como lo haría si la abrazase sin contradicción alguna. Mucho menos nos debe espantar su grande diligencia en perseguirla, sus inquisidores, sus familiares, sus cárceles, más duras que la misma muerte, sus tormentos, sus sambenitos, mordazas, fuegos y lo que al juicio de la carne es más que todo: la vergüenza de haber caído en sus manos a título de herejes. Porque todos estos son aspavientos y visajes vanos con que el diablo (que por ellos y en ellos obra) pretende espantar a los que tentaren a salirse de su miserable cautiverio a la libertad de hijos de Dios que Cristo los gane. Que si el Señor, después de habernos hecho partícipes de Su luz, fuere servido de llegar nuestra fe a tales pruebas, escogiéndonos por mártires y testigos fieles de Su verdad, beneficio singular suyo es, por el cual le debemos nuevo agradecimiento. Las mercedes y regalos especiales que nos comunicará en medio de tales pruebas serían más que bastante recompensa de nuestro padecer, cuando no hubiese de haber otra. Pues ¿cuál premio será el de haber sido compañeros de su vergüenza y cruz?[a] Salgamos, salgamos con Él fuera de los reales, llevando alguna parte del oprobio que Él llevó por nosotros, asegurados de que si con Él padeceremos, con Él también reinaremos. A Él sea gloria y señorío eterno, que con el Padre y Espíritu Santo reina en los cielos, donde nos espera. Amén.

Fin.

---

[a] Heb. 13:12–13.

El Catecismo

❧❧❧

1. Introducción

En 1578, Reina fue invitado para ser el pastor de la iglesia luterana de habla francesa en Amberes. Como parte de su carga pastoral, una de las primeras cosas que hizo fue escribir un catecismo, que fue lo habitual en aquellos días y que sigue siendo lo habitual en muchas tradiciones cristianas. Se publicó la primera edición en 1580[1] y otra en 1583, con otra posible edición entremedias. El «Privilegio» de la edición holandesa dice que los autores tenían el derecho de publicarlo en cuatro idiomas (latín, francés, holandés y alemán), de los cuales hay constancia de que fue imprimido en los primeros

---

[1] En su carta a Ritter que data del 1 de marzo de 1580, Reina dice que ya tenía el catecismo en francés y que estaba preparado para ser pasado a la imprenta. Según el «Privilegio» de la edición holandesa de 1580, la primera edición del catecismo fue imprimido el día 25 de abril de 1580.

tres mencionados. Como dice al final de la presente obra, no empezó desde cero, sino que tomó como punto de partida los catecismos de Martín Lutero y de la iglesia de Estrasburgo.

Según el propio testimonio de Reina, parece que su catecismo no fue bien recibido por todos, y Reina se vio obligado a añadir un «Apéndice apologético» al final de la edición de 1583, en el que defiende su obra e incluye los avalos de otros pastores y teólogos luteranos de la primera edición, algunos de los cuales eran entre los más influyentes, como Johann Marbach y Martín Chemnitz, por ejemplo.

2. Notas sobre la edición

La traducción fue realizada por Francisco Ruiz de Pablos y revisada por el editor (haciendo algunas pocas modificaciones) con base en la edición latina de 1583. La traducción misma es fiel a la edición latina, pero hemos realizado algunos cambios en la presentación. Aquí presentamos a los lectores algunos de los cambios más importantes:

Primera. Había muchos errores de puntuación en la edición latina y que hemos subsanado. Además, algunas palabras están en mayúsculas en el texto de Reina, pero en minúsculas en nuestra edición (p. ej., Santa Iglesia Católica vs. santa Iglesia católica). Los cambios realizados no afectan en ningún sentido el significado del texto.

Segunda. Hacen falta varios comentarios sobre las citas bíblicas. En primer lugar, había muchos errores de citas bíblicas: algunos solo son errores aparentes, debido al hecho de que aparentemente Reina estaba citando de la Vulgata, pero otros son errores de verdad. Hemos señalado los errores en las notas a pie de página. En segundo lugar, a veces el texto principal no señala las citas bíblicas que aparecen en el margen. En tales casos (que son relativamente pocos) hemos incorporado las citas en el lugar donde la cita bíblica parece incorporarse mejor. En tercer lugar, Reina utilizó cuatro señales gráficas (*, †, ‡ y ˜) para señalar las citas bíblicas.[2] Pero como incluyó tantas citas bíblicas, puede ser confuso para los lectores, pues puede haber dos, tres o más de las mismas señales en el margen. Por tanto, y pensando en crear cierto vínculo con la *confesión* de Reina, hemos utilizado el mismo sistema que la *confesión* de Reina, es decir, las pequeñas letras volantes (p. ej., [a], [b], etc.). En cuarto lugar, en las citas bíblicas en los márgenes, a veces Reina solo cita el primer versículo del pasaje, y no el pasaje entero. Por ejemplo, cuando está hablando de cómo Dios da provisión a todos, tanto a justos como a no justos, solo cita Mateo 6:25. Pero dicho pasaje solo es el primer versículo del pasaje entero, que incluye por lo menos el v. 26. Por tanto, en dichas ocasiones, hemos añadido una «s», que significa «siguiente», para alertar a los lectores a seguir leyendo el texto (p. ej., Mateo 6:25 s.). Hemos señalado como «errores» los lugares en los que las citas bíblicas son posteriores a los versículos clave. A fin de cuentas, aunque en la mayoría de los casos las citas bíblicas son fiables, los lectores deberían estar alertos de que el pasaje que Reina tenía en mente puede encontrarse un poco antes o después del versículo que citó en los márgenes. Y en quinto lugar, aunque en la gran mayoría de los casos Reina usó el sistema de versículos al que estamos acostumbrados hoy, en algunas

---

[2] Excepto en un caso; comp. «Tabla de la vida cristiana…», «Primera parte», respuesta 6: usa una pequeña «v» cursiva.

ocasiones utilizó el mismo sistema que en su *confesión*, es decir, pequeñas letras volantes (a–d o incluso a–g) que dividen los capítulos en secciones de aproximadamente la misma longitud. Por tanto, en estas ocasiones hemos dejado las letras, pero también incluido los versículos entre paréntesis que creemos que corresponden al texto que Reina tenía en mente.

Tercera. Hemos incorporado los encabezamientos marginales al texto principal. También, en el Apéndice apologético al final de la obra, hemos incluido los breves comentarios marginales como encabezamientos, porque sirven a tal fin y ayudan a dividir dicho Apéndice. Esto fue por el simple motivo de la maquetación.

Cuarta. Algunos comentarios sobre la traducción de algunas frases. Primero, la frase traducida en esta edición como «temer y amar» (latín: *temere ac diligere*), que aparece tanto en las Predicaciones 4–7 que tratan los Diez Mandamientos, podría traducirse como «temer y honrar» (comp. Mal. 1:6). Segundo, la traducción «infiernos» (latín: *inferos*) viene del propio Reina en la edición española de su *confesión*. Reina no quiere decir que Cristo sufrió en el infierno como otros pecadores, sino que bajó allí para librar a los justos.

Quinta. Esta edición no es una edición crítica, sino una edición basada en la versión latina de 1583. Sin embargo, cuando el latín no estaba claro, o cuando creímos haber encontrado un error (sobre todo en las citas bíblicas), recurrimos primero a la edición francesa de 1580, y si aún no se aclaró, a la edición holandesa de 1580 (la edición francesa tiene más citas bíblicas en los márgenes, y, por tanto, es de más ayuda que la edición holandesa). En algunos sitios nos han ayudado a clarificar el texto latín, y en no pocos casos resolver los errores de las citas bíblicas. En el segundo caso, siempre hemos dejado constancia de su testimonio por las letras «F» (edición francesa) y «H» (edición holandesa) que aparecen entre corchetes.

Sexta. Algunos nombres que aparecen en el Apéndice los hemos dejado en su forma original (latín) sin traducirlos al español. Esto por la simple razón que sus identidades quedan desconocidas.

3. Una valoración breve del *Catecismo* de Reina

Igual que con la *confesión* de Reina, no hay suficiente espacio para entrar en una evaluación profunda del *Catecismo* de Reina, así que nos limitamos a algunas observaciones orientativas.

Primera. El *Catecismo* de Reina es un catecismo luterano. Se pueden notar varias peculiaridades luteranas a lo largo de la obra, de las cuales notamos dos: 1) a diferencia del orden histórico de comenzar con el Credo apostólico, Lutero prefirió empezar con los Diez Mandamientos (ley) como preparativo para el Credo apostólico (gracia). Reina sigue este orden en su *Catecismo*; 2) los luteranos (igual que los católicos romanos) tenían otra la enumeración de los Diez Mandamientos. Desde una perspectiva reformada, se diría que se «combinan» los dos primeros mandamientos, es decir, el mandamiento de no tener otros dioses y el de no hacer imágenes es visto como un solo mandamiento, y «dividen» el último mandamiento, es decir, el décimo mandamiento está «dividido» en dos, tal que hay dos mandamientos que hablan del codicio. Reina sigue esta enumeración en su *Catecismo*.

Segunda. Aunque su *Catecismo* fue escrito para una iglesia luterana, es curioso notar que no es un catecismo «netamente» luterano, sino que o usa lenguaje que sería aceptable a cristianos no luteranos o calla totalmente en los temas debatibles. Llamamos la atención de los lectores a tres ejemplos de este fenómeno: 1) el *Catecismo* solo habla de dos sacramentos (el bautismo y la Santa Cena), y no tres (la confesión, este último aparece en el Catecismo Menor de Lutero y la Confesión de Augsburgo, § XI y XXV; 2) la sección que habla de la Santa Cena puede armonizarse con la Concordia de Wittenberg, es decir, que no toma una postura exclusivamente luterana (ver el Apéndice). Por último, y lo más sorprendente de todos, el *Catecismo* no menciona el paedobautismo (se menciona en el Catecismo mayor de Lutero, § 4.47–86 y la Confesión de Augsburgo, § IX. No significa necesariamente que Reina era partidario del credobautismo, pero la ausencia del paedobautismo es muy llamativa.

Tercera. Quedan dos observaciones sobre el uso de la Biblia en el *Catecismo.* Una es que se debería notar la gran cantidad de citas bíblicas: más de mil textos bíblicos son citados. A diferencia de sus citas bíblicas es el hecho de que solo cita a un autor no bíblico (Agustín) en una sola ocasión. Otra es que Reina cita desde varios libros apócrifos: Sabiduría, Tobías, Sirac (Eclesiástico), la Historia de Susana y 2 Macabeos. Sin embargo, dichas citas son relativamente infrecuentes y en el siglo XVI muchos protestantes seguían debatiendo el uso de los libros apócrifos en obras teológicas.

Catecismo, esto es: breve instrucción acerca de los principales capítulos de la doctrina cristiana, a través de preguntas y respuestas, en pro de la iglesia de Amberes, que profesa la Confesión de Augsburgo.

(EMBLEMA)

1ª Pedro 2:2
Desead, como niños recién nacidos, la leche racional, y que es sin engaño, para que por ella crezcáis en salud.

Amberes
En la imprenta de Arnout s'Coninx
Año 1583
Con Privilegio para un cuatrienio.

Prefacio

S aludo al lector cristiano.

Cuán necesario es en la Iglesia el uso del catecismo cristiano, no lo ignora nadie que de alguna manera esté deseoso de la piedad. Pues es necesario que quien desea que se propague la Iglesia de Cristo, presente primero los fundamentos sólidos de la religión, y aquellos como simplicísimo, y que en ella sean instituidos antes que nada quienes dan nombre a Cristo, los rudos, tanto niños como adultos. Estos fundamentos o capítulos primarios de nuestra religión y fe son fuentes, tanto de la sabiduría como de la vida cristiana, por la que (conforme al oráculo primero profético, luego apostólico) el justo no solo vive de la fe, sino que además vivirá.[1] Hay muchos catecismos más puros y simples que otros, algunos también de los que

---

[1] Hab. 2:4; Rom. 1:7; Gál. 3:11; Heb 10:38.

el niño o el imprudente lector saca más veneno que salud. Y por eso no es beneficio vulgar de Dios si alguien viene a caer en uno tal que conste de palabras de Dios simplicísimas sin ningún comentario humano,[2] fuera del orden, del método y de la concordancia que es necesaria para transmitir cualquier disciplina.[3] Qué hemos conseguido en esta parte nosotros en este nuestro catecismo, lo juzgará el prudente y cándido lector. Ciertamente, hemos procurado, por lo que de nosotros dependió, seguir esta misma prescripción,[4] a saber, que, omitidas todas las otras cuestiones de religión, tratásemos solamente aquellas cosas que inician a los rudos en Cristo y no pueden ignorarse por nadie sin discriminación de salvación.[5] Después, cuando la cuestión sea la de meter el fundamento de nuestra fe, metiésemos la misma Palabra simplicísima y pura de Dios: para que la fe de los que han de iniciarse no se apoyase en otro fundamento que en el de los apóstoles y profetas,[6] a saber, en la misma piedra angular Cristo Jesús en que toda edificación construida crece para templo de Dios por el Espíritu Santo.[7]

Encomendamos, pues, a todos los que tienen el encargo de instruir a los más rudos, a los pastores, maestros de escuela, pedagogos y finalmente padres de familia, que ellos mismos en primer lugar mantengan firmemente y tengan siempre presentes estos fundamentos de la religión cristiana. Después, que los transmitan a los encomendados a su cuidado con

---

[2] Deut. 4:2; 12:32; Prov. 30:6; Mat. 15:4 s.
[3] Heb. 5:13.
[4] 2 Tim. 2:15.
[5] Heb. 6:1.
[6] Rom. 10:17; 1 Cor. 3:9; Gál. 1:18 (error: v. 8 [F]); Ef. 2:19 s.; Apoc. 21:14.
[7] Ef. 4:16; 1 Ped. 2:4.

tal fidelidad, simplicidad y cuidado, que los que los reciben entiendan que ellos, con esta fe,[8] en primer lugar, libres de los vínculos del pecado y de la muerte, vivirán por Cristo; en segundo lugar (puesto que viven para Cristo y no para sí),[9] que lo que queda para ellos de vida se debe ordenar también conforme a esta norma de doctrina cristiana. Y que aquí Cristo se les entrega de tal modo que lo imiten y sigan,[10] no solo como redentor, sino también como ejemplar en la totalidad de Su vida, en todos Sus afectos y acciones.[11] Él se hizo por Dios para nosotros sabiduría, justicia, santificación y redención,[12] de forma que quien se gloría, solamente en Él se gloríe.[13] A Él el honor, la gloria, la alabanza y el poder por la eternidad.
Amén.

---

[8] Mar. 9:22 s; Luc. 7:50; Hech. 15:9.

[9] Os. 6:3; 13:14; Juan 11:25; Rom. 14:7; 2 Cor. 15:4; 5:15; Gál. 2:20; Col. 3:4; Heb. 10:38.

[10] 1 Ped. 4:2 (error: 1 Ped. 4:1 [F]).

[11] Rom. 8:12.

[12] 1 Cor. 1:30.

[13] Isa. 65:15 s.; Jer. 9:23 s.

Oración cristiana

D ios omnipotente, misericordioso, eterno, Padre celestial,[1] que con paternal cuidado constituiste a tus santos ángeles en protectores y defensores de los niños, a los que también el mismo Hijo tuyo amado nuestro Señor Jesucristo acogió para sí con estas amantísimas palabras: «Dejad que los niños vengan a mí y no se lo prohibáis; pues de ellos es el reino de los cielos. Y procurad no despreciar ni ofender a ninguno de estos niños».[2] Te rogamos: derrama generosamente sobre nosotros tu misericordia, y concédenos que jamás te ofendamos en nada de tal modo que seamos separados de ti; sino que, apartando tú todas las pequeñas ofensas y aportando las cosas que son buenas y saludables, las retengamos y podamos perfeccionarlas por el poder del Espíritu Santo; por nuestro Señor Jesucristo.[3] Amén.

---

[1] Sal. 34:8 (error: Sal. 34:7); 91:11; Mat. 18:20 (error: Mat. 18:10 [F]); Heb. 1:14.

[2] Mat. 18:6 (error: Mat. 18:10 [H]); Mar. 10:4 (error: Mar. 10:14 [F]).

[3] Fil. 1:6; 2:13.

Los seis capítulos principales de la doctrina cristiana

Predicación 1.

El maestro pregunta.

1. ¿Eres cristiano?

El discípulo responde.

Lo soy.[1]

2. Pregunta. ¿De dónde lo sabes?

Respuesta. Porque estoy bautizado en el nombre de Dios el Padre, el Hijo y el Espíritu Santo;[2] y profeso la fe de Cristo.[3]

3. Pregunta. ¿Qué crees sobre Dios el Padre, el Hijo y el Espíritu Santo?

---

[1] Hech. 12:16 (error: Hech. 11:26 [F]).

[2] Mat. 28:19; Mar. 16:16; Hech. 11.

[3] Mat. 10:32; Mar. 8:38.

Respuesta. Lo que se contiene en los elevados y principales capítulos de la doctrina cristiana que el mismo Señor transmitió y ordenó enseñar a los apóstoles.[4]

4. Pregunta. ¿Cuántos son los capítulos de esta doctrina?

Respuesta. Seis.

5. Pregunta. ¿Cuál es el primero?

Respuesta. 1. Los Diez Mandamientos de la ley divina.

6. Pregunta. ¿Cuál es el segundo?

Respuesta. 2. El Símbolo de los apóstoles.

7. Pregunta. ¿Cuál es el tercero?

Respuesta. 3. La Oración del Señor.

8. Pregunta. ¿Cuál es el cuarto?

Respuesta. 4. Las palabras de institución del sacrosanto bautismo.

9. Pregunta. ¿Cuál es el quinto?

Respuesta. 5. Las palabras de institución de la sacrosanta Cena del Señor.

10. Pregunta. ¿Cuál es el sexto?

Respuesta. 6. Las palabras de Cristo sobre la potestad de las llaves y la disciplina eclesiástica.

Capítulo primero

1. Pregunta. ¿Cuáles son las palabras del primer capítulo de los Diez Mandamientos de la ley de Dios?

Respuesta. 1 Yo soy tu eterno Dios, que te saqué de la tierra de Egipto, de casa de servidumbre.[5] No tendrás dioses ajenos delante de mí. No te harás imagen, ni ninguna semejanza de

---

[4] Mat. 28:20.

[5] Ex. 20:1 s.; Deut. 5:6.

las cosas que están arriba en el cielo, ni de las cosas que están abajo en la tierra, ni de las cosas que están en las aguas debajo de la tierra. No te inclinarás a ellas, ni las honrarás, porque yo soy tu eterno Dios, fuerte, celoso, que visita la maldad de los padres sobre los hijos, hasta la tercera y cuarta generación, de los que me aborrecen. Y haciendo misericordia hasta mil generaciones a los que me aman y guardan mis mandamientos.

2 No tomarás el nombre de tu eterno Dios en vano, porque el Señor no dará por inocente al que tomare su nombre en vano.

3 Te acordarás del día del sábado para santificarlo, seis días trabajarás y harás toda tu obra. Más el séptimo día es sábado para tu eterno Dios. No hagas en aquel día ninguna obra, tú, ni tu hijo, ni tu siervo, ni tu criada, ni tu bestia, ni el extranjero que está dentro de tus puertas. Porque en seis días hizo el Señor los cielos y la tierra, el mar y todas las cosas que hay en ellos, y en el día séptimo reposó. Por tanto, bendijo el Señor el día del sábado y lo santificó.

4 Honra a tu padre y a tu madre, para que tus días sean alargados en la tierra que tu eterno Dios te da.

5 No matarás.

6 No cometerás adulterio.

7 No hurtarás.

8 No hablarás contra tu prójimo falso testimonio.

9 No codiciarás la casa de tu prójimo.

10 No codiciarás la mujer de tu prójimo, ni su siervo, ni su criada, ni su buey, ni su asno, ni cosa alguna de todas las cosas que son de tu prójimo.

Capítulo segundo

1. Pregunta. ¿Cuáles son las palabras del segundo capítulo, es decir, del Símbolo apostólico?

Respuesta. Creo en Dios, Padre todopoderoso, creador del cielo y de la tierra. Y en Jesucristo, su único Hijo, Señor nuestro; que fue concebido del Espíritu Santo, nació de María Virgen; padeció bajo Poncio Pilato, fue crucificado, muerto y sepultado, descendió al lugar de los muertos; al tercer día resució de entre los muertos; subió a los cielos, está sentado a la diestra de Dios Padre todopoderoso; desde allí ha de venir a juzgar a los vivos y a los muertos. Creo en el Espíritu Santo; creo en la santa Iglesia católica, la comunión de los santos; el perdón de los pecados; la resurrección de la carne; la vida eterna. Amén.

Capítulo tercero

1. Pregunta. ¿Cuáles son las palabras del tercer capítulo, a saber, de la Oración del Señor?

Respuesta. Padre nuestro, que estás en los cielos, santificado sea tu nombre. Venga tu Reino. Hágase tu voluntad, como en el cielo así también en la tierra. Danos hoy nuestro pan de cada día. Y perdónanos nuestras deudas, así como nosotros perdonamos a nuestros deudores. Y no nos dejes caer en la tentación. Mas líbranos del mal. Porque tuyo es el reino, el poder y la gloria por los siglos de los siglos. Amén.[6]

Capítulo cuarto

1. Pregunta. ¿Cuáles son las palabras del cuarto capítulo, a saber, de la institución del bautismo?

---

[6] Mat. 6:69 (error: Mat. 6:9 s. [F]); Luc. 11:25 (error: Luc. 11:2 s. [F]).

Respuesta. Habló Jesús a sus discípulos diciendo: Me ha sido dada toda potestad en el cielo y en la tierra. Id, pues, y enseñad a todas las gentes, y predicad el evangelio a toda criatura,[7] bautizándolas en el nombre del Padre, del Hijo y del Espíritu Santo y enseñándoles a observar todas estas cosas que os he mandado a vosotros. El que creyere y fuere bautizado, será salvo. El que no creyere, será condenado.[8] He aquí que yo estoy con vosotros hasta la consumación del siglo.[9]

Capítulo quinto

1. Pregunta. ¿Cuáles son las palabras del quinto capítulo, a saber, de la institución de la Cena del Señor?

Respuesta. El Señor Jesús, en aquella noche en que fue entregado, tomó el pan y, habiendo hecho gracias, lo partió y dio a sus discípulos, diciendo: «Tomad, comed. Esto es mi cuerpo que se entrega por vosotros. Haced esto en conmemoración mía».[10]

Del mismo modo y acabada la cena, tomó el vaso y, habiendo hecho gracias, les dio a sus discípulos diciendo: «Bebed todos de él. Porque esto es mi sangre del nuevo testamento,[11] la cual es derramada por vosotros para remisión de los pecados. Siempre que bebiereis, haced esto en conmemoración mía».

---

[7] Mat. 28:18; Mar. 16:15.

[8] Mar. 16:16.

[9] Mat. 28:20.

[10] Mat. 26:26; Mar. 14:12 (error: Mar. 14:22 [F]); Luc. 22:19; 1 Cor. 11:22 s.

[11] O como dicen Pablo y Lucas: Este vaso es el nuevo testamento en mi sangre.

Capítulo sexto

1. Pregunta. ¿Cuáles son las palabras del sexto capítulo, a saber, de la potestad de las llaves y de la disciplina eclesiástica?[12]
Respuesta. Dijo Cristo a Sus discípulos, Juan 20: «Como me envió el Padre, así también yo os envío. Y como hubo dicho esto, sopló en ellos, y dijo: "Recibid el Espíritu Santo. A los que perdonéis los pecados, les son perdonados; a los que los retuviereis, les son retenidos"». Y en Mateo 18 dice lo mismo: «Si tu hermano pecare contra ti, ve y redargúyelo entre ti y él solo; si te oyere, has ganado a tu hermano.[13] Mas si no te oyere, toma aún contigo uno o dos, para que en boca de dos o tres testigos consista cada palabra. Y si no oyese a ellos, dilo a la iglesia. Y si no oyere a la iglesia, tenlo por un étnico y un publicano. De cierto os digo, que todo lo que ligareis en la tierra, será ligado en el cielo; y todo lo que desatareis en la tierra, será desatado en el cielo. De nuevo os digo, que, si dos de vosotros consintieren en la tierra, de toda cosa que pidieren, les ha de ser hecho por mi Padre que está en los cielos. Porque donde están dos o tres congregados en mi nombre, allí estoy en medio de ellos».

Declaración de los seis capítulos precedentes principales del Catecismo

Predicación 2

1. Pregunta. Declara los seis capítulos principales de la doctrina cristiana. ¿De qué trata el capítulo primero?

---

[12] Mat. 16:19; Luc. 17:2 s.; Juan 20:23.
[13] Lev. 19:17; Mat. 18:15.

Respuesta. Las diez palabras o mandamientos de la ley divina.[14]

2. Pregunta. ¿Con qué fin dio Dios aquellos Diez Mandamientos?[15]

Respuesta. Para que, a partir de ellos, aprendamos a conocer Su voluntad,[16] y desde la misma sepamos qué debemos hacer u omitir.

3. Pregunta. ¿Cómo se divide la ley?

Respuesta. En dos tablas,[17] la primera de las cuales contiene los tres primeros mandamientos, que nos enseñan el culto que debemos rendir a Dios. La segunda comprende los otros siete mandamientos, que nos enseñan de qué modo debemos comportarnos para con nuestro prójimo.

4. Pregunta. ¿Cuál es el primer mandamiento de la primera tabla?

Respuesta. 1. Yo soy tu Dios eterno, que te sacó de la tierra de Egipto, de casa de siervos. No tendrás dioses ajenos delante de mí. No te harás imagen, ni ninguna semejanza de las cosas que están arriba en el cielo, ni de las cosas que están abajo en la tierra, ni de las cosas que están en las aguas debajo de la tierra. No te inclinarás a ellas, ni las honrarás, porque yo soy tu eterno Dios, fuerte, celoso, visitando la maldad de los padres sobre los hijos, hasta la tercera y cuarta generación, a los que me aborrecen, y haciendo misericordia hasta mil generaciones, a los que me aman y guardan mis mandamientos.[18]

---

[14] Ex. 34:28; Deut. 4:13; 10:4.

[15] Deut. 5:32; 6:2; 10:12.

[16] Ex. 31:18; 32:15; 34:1; Jer. 31:34.

[17] Deut. 4:13; 5:6 (error: Deut. 5:22 [F]); Agustín, *De quaest. vet. testament.*, tomo 4, libro 2, cap. 71.

[18] Ex. 20; Deut. 5.

5. Pregunta. ¿Qué significa esto?

Respuesta. Debemos temer y amar a Dios sobre todas las cosas y confiar en Él para que rehuyamos a toda idolatría y falso culto de Dios,[19] y para que, fuera del único y vivo Dios Padre en Cristo Jesús, juntamente con el Espíritu Santo, no tengamos nada a lo que implorar auxilio o de lo que esperar consolación, o de otro modo temamos algún mal, puesto que todas las cosas están bajo el poder de Dios, el cual solo quiere ser honrado y adorado en espíritu y en verdad; y detesta toda adoración o culto a Él rendido o pretendido en cualquier imagen o semejanza hecha por la mano del hombre.[20]

Predicación 3

6. Pregunta. ¿Cuál es el segundo mandamiento?

Respuesta. 2. No tomarás el nombre de tu eterno Dios en vano, porque no dará por inocente el Dios eterno al que tomare su nombre en vano.[21]

7. Pregunta. ¿Qué significa?

Respuesta. Debemos temer y amar a Dios, para que no maldigamos, juremos, hagamos encantamientos, mintamos o engañemos con dolo por Su nombre, sino que, al contrario, lo invoquemos en toda necesidad, lo adoremos, lo confesemos, lo alabemos con acción de gracias y, cuando lo pide la necesidad grave, juremos por Él con suma reverencia.[22]

---

[19] Deut. 32:16; Est. 2 (posible error: comp. Dan. 2); Isa. 42:8; 43:10–11; Juan 4:23.

[20] Sab. 14:27; Juan 5:20 (error: 1 Jn. 5:20 [F]); Rom. 1:23, 25; 1 Cor. 8:10; Apoc. 9:20; 14:9; 21:8.

[21] Lev. 24:16; Mat. 5:34; Rom. 2:24; Sant. 2:7.

[22] Lev. 1:12; Deut. 6:13; Sal. 50:15; Isa. 45:23; 48:2; 65:15; Jer. 4:2; Hech. 2:21; Col. 3:17; Sant. 5:12; Heb. 13:15.

8. Pregunta. ¿Cuál es el tercer mandamiento?

Respuesta. 3. Te acordarás del día del sábado, para santificarlo. Seis días obrarás y harás toda tu obra. Más el séptimo día es sábado para tu eterno Dios. No hagas en ese día obra ninguna, tú, ni tu hijo, ni tu siervo, ni tu criada, ni tu bestia, ni tu extranjero que está dentro de tus puertas. Porque en seis días el eterno Dios hizo el cielo, la tierra, el mar y todas las cosas que hay en ellos, y en el día séptimo reposó. Por tanto, bendijo el Señor el día del sábado y lo santificó.

9. Pregunta. ¿Qué se manda aquí?

Respuesta. Debemos temer y amar a Dios, para que no despreciemos la predicación de Su divina Palabra[23] ni descuidemos el uso de los sacramentos,[24] sino que consideremos santa aquella Palabra, la oigamos y la aprendamos gustosamente[25] y hagamos dignamente uso de los sacramentos; y según estas cosas, instituyamos nuestra vida, y pasemos toda nuestra vida, y especialmente el día del sábado, con santos ejercicios de piedad.[26] Y este es el fin de la primera tabla.

Predicación 4

10. Pregunta. ¿Cuál es el cuarto mandamiento que es el primero de la segunda tabla?

Respuesta. 4. Honra a tu padre y a tu madre, para que tus días sean alargados sobre la tierra que el Señor tu Dios te da.

11. Pregunta. ¿Qué se manda en este mandamiento?

---

[23] Luc. 10:16; Juan 10:27.

[24] Hech. 2:38; 22:16; (añadir 1 Cor. 11 [F]).

[25] 1 Cor. 11 (borrar [F]; ver nota anterior); Gál. 4:14; 1 Tes. 2:13.

[26] Ef. 4:1; Col. 1:10; 1 Tes. 2:12.

Respuesta. Debemos temer y amar a Dios para que no despreciemos a nuestros padres[27] y señores,[28] o también a los maestros, magistrados y superiores,[29] ni los impulsemos a la ira, sino que los tratemos con afecto, los sirvamos y los atendamos con amor y les proporcionemos a cada uno de ellos las debidas obligaciones con piedad.[30]

12. Pregunta. ¿Cuál es el quinto mandamiento?

Respuesta. 5. No matarás.

13. Pregunta. ¿Qué se ordena en este mandamiento?

Respuesta. Debemos temer y amar a Dios para que de ningún modo incomodemos la vida u honor de nuestro prójimo,[31] ni le hagamos mal, ni le pongamos asechanzas, ya sea de pensamiento,[32] palabra u obra,[33] sino que lo amemos, lo ayudemos y promocionemos en todas las cosas necesarias para la vida[34] en proporción a nuestra posibilidad y su necesidad.

Predicación 5

14. Pregunta. ¿Cuál es el sexto mandamiento?

Respuesta. 6. No cometerás adulterio.

15. Pregunta. ¿Qué significa esto?

---

[27] Mat. 15:4; Ef. 6:1.

[28] Ef. 6:5; Col. 3:22; 1 Tim. 6:1; Tito 2:9; 1 Ped. 2:18.

[29] Rom. 13:1; 1 Ped. 2:13.

[30] Rom. 13:7.

[31] Tob. 4:12; Mat. 7:2; 1 Tes. 4:6; 1 Ped. 3:9.

[32] Deut. 19:11; Zac. 7:10; 8:17; Mat. 9:4.

[33] Sir. 28:19; Mat. 55:12 (error: Sal. 55:12 [F]); 57:5 (error: 57:4); 64:4 (error: 64:3).

[34] 1 Ped. 2:15; 1 Jn. 3:18.

Respuesta. Debemos temer y amar a Dios para que vivamos con pudor, castos en las palabras y en las obras,[35] y para que cada uno ame y honre a su único y propio cónyuge.

16. Pregunta. ¿Cuál es el séptimo mandamiento?

Respuesta. 7. No hurtarás.

17. Pregunta. ¿Qué significa esto?

Respuesta. Debemos temer y amar a Dios para que no quitemos de nuestro prójimo su dinero u otros bienes,[36] ni los arrastremos a la fuerza hacia nosotros con mercancías falsas o impostura, sino que, al contrario, seamos bondadosos para con él cuando la situación lo pide, y le prestemos ayuda para que sus bienes, en lo que de nosotros dependa, se conserven y la condición de estos se vuelva mejor.

Predicación 6

18. Pregunta. ¿Cuál es el octavo mandamiento?

Respuesta. 8. No hablarás contra tu prójimo falso testimonio.

19. Pregunta. ¿Qué significa esto?

Respuesta. Debemos temer y amar a Dios para que en juicio o fuera de juicio no cerquemos con mentiras al prójimo, ni lo deshonremos, ni lo traicionemos o lo perjudiquemos con alguna infamia,[37] sino que lo excusemos si algo malo le ocurriere, hablemos bien de él,[38] y en cuestiones dudosas interpretemos todo en la mejor parte por caridad cristiana.[39]

---

[35] Tob. 4:9 (error: Tob. 4:13 [F]); Sir. 7:21; Mat. 12:36; Col. 3:5, 18; 1 Tes. 4:3–4; Heb. 13:4; Ef. 5:4 (error: Ef. 5:3), 22, 25; 1 Ped. 3:1, 7.

[36] Lev. 19:11; Prov. 20:10, 23; 21:6; Juan 12:6; Ef. 4:28; 1 Tes. 4:6.

[37] Hist. Sus. (Dan. 13); Ex. 23:1; Deut. 19:16; Prov. 25:18; 21:28; Prov. 19:5, 9; Ef. 4:25.

[38] Lev. 19:11; Sir. 7:13; Prov. 12:22; Sab. 1:11; Ef. 4:25; Col. 3:9; Gál. 6:1.

[39] Sir. 19:b–c (vv. 7–12).

20. Pregunta. ¿Cuál es el noveno mandamiento?

Respuesta. 9. No codiciarás la casa de tu prójimo.

21. Pregunta. ¿Qué significa esto?

Respuesta. Debemos temer y amar a Dios para que no solamente no tomemos la heredad o la casa del prójimo con dolo malo,[40] ni las agreguemos a nuestras facultades por la fuerza o bajo apariencia de rectitud, sino también para que ni siquiera lo deseemos, sino que, al contrario, colaboremos atentamente para que sus bienes se conserven.[41]

22. Pregunta. ¿Cuál es el décimo mandamiento?

Respuesta. 10. No codiciarás la mujer de tu prójimo, ni su siervo, ni su criada, ni su buey, ni su asno, ni cosa alguna de tu prójimo.

23. Pregunta. ¿Qué significa esto?

Respuesta. Debemos temer y amar a Dios para que no solamente no enajenemos o sustraigamos del prójimo ya sea la esposa,[42] los siervos, las criadas o sus bestias, pero que ni siquiera los deseemos,[43] sino que, al contrario, les aconsejemos y ayudemos a que permanezcan y cumplan diligentemente con su obligación.

Predicación 7

24. Pregunta. ¿Y qué dice el Señor de todos estos mandamientos?

Respuesta. Dice así: «Yo soy tu eterno Dios, fuerte, celoso,[44] visitando la maldad de los padres sobre los hijos, hasta la tercera y cuarta generación, a los que me aborrecen, y haciendo

---

[40] Lev. 19:13; 1 Rey. 21:2.

[41] Sir. 19:1; Mat. 25:24; Rom. 7:7.

[42] Gén. 39:7; 2 Sam. 11:2.

[43] Jer. 5:8; Mat. 5:28; 2 Ped. 2:14.

[44] Ex. 20:5.

misericordia hasta mil generaciones a los que me aman y guardan mis mandamientos».[45]

25. Pregunta. ¿Qué significa esto?

Respuesta. Dios amenaza con la pena a todos aquellos que transgreden esos mandamientos.[46] Debemos, por tanto, temer profundamente y temblar ante la ira de Dios y no intentar nada contra esos mandamientos. Por el contrario, Él promete Su gracia y toda clase de bienes a todos aquellos que guardan Sus mandamientos.[47] Con razón debemos nosotros amar a Dios y confiar en Él, y ordenar cuidadosa y diligentemente toda nuestra vida conforme a Sus mandamientos.

26. Pregunta. ¿Por qué estas palabras, si pertenecen a todos los mandamientos de la ley, fueron añadidas especialmente en el texto al primer mandamiento?[48]

Respuesta. Por dos causas: la primera es porque, así como se peca más peligrosamente contra aquello que es el mayor mandamiento de la ley, así también se hubo de rodear en primer lugar de aquellas graves amenazas por singular decisión de Dios. La segunda es porque aquel mandamiento es fuente y origen de toda la ley.[49]

27. Pregunta. ¿Por qué añades a la declaración de cada uno de los mandamientos aquella frase: «Debemos temer y amar a Dios»?

Respuesta. A saber, porque del mismo modo que todos los demás mandamientos surgen del primero como de una fuente,

---

[45] Deut. 7:9–10.
[46] Ex. 34:7; Deut. 7:10.
[47] Deut. 7:9; Sal. 103:13.
[48] Ex. 20:5.
[49] Mat. 22:37.

así también la observación y obediencia de todos ellos debe surgir del único y verdadero temor y amor de Dios como de la fuente de toda sabiduría y virtud.[50]

28. Pregunta. ¿Tienes[51] alguna suma auténtica de esta ley?

Respuesta. La tiene,[52] y ciertamente luminosísima y resumidísima, puesto que en apenas dos palabras comprende con admirable y completamente divino artificio no solo esta ley, sino todas de la Ley de Dios y los comentarios de los profetas sobre las mismas.

29. Pregunta. ¿Cuál es esa suma?

Respuesta. *Amarás a tu Dios eterno* con *todo tu corazón,* con *toda tu alma* y con *toda tu mente* y con *todas tus fuerzas.*[53] Este es el mayor y principal mandamiento. El segundo es semejante a este: Y a tu prójimo como a ti mismo.[54] De estos dos mandamientos depende toda la ley y los profetas. Estas palabras las dijo Cristo, Mateo 22 y Lucas 10, y Deuteronomio 6.

30. Pregunta. ¿Podemos con nuestras fuerzas cumplir la ley y con ello salvarnos?

Respuesta. No podemos;[55] y esto por la perpetua debilidad de nuestra carne,[56] la rebelión y las reliquias del pecado.[57]

31. Pregunta. ¿Para qué, pues, nos aprovecha propiamente la ley?

---

[50] Mal. 1:6.

[51] NB: la ed. latina pone «tiene», pero la francesa pone «tienes».

[52] NB: la ed. latina pone «tienes», pero la francesa pone «tiene».

[53] Deut. 6:5; Mat. 22:36 s.; Luc. 10:27; Deut. 6:5 (borrar [F]; error de repetición).

[54] Lev. 19:18; Rom. 13:9.

[55] Gál. 3:11.

[56] Sal. 130:3; 143:2; Rom. 3:20; Gál. 2:17; 3:22; Heb. 7:18.

[57] Rom. 7:18; 8:3.

Respuesta. Nos aprovecha, en primer lugar, para esto, para que nos manifieste y nos haga sentir el pecado,[58] la maldición,[59] la muerte[60] y la condenación a la que estamos sometidos desde el nacimiento físico.[61] En segundo lugar, para que nos obligue a pedir justicia fuera de nosotros mismos o de nuestras obras,[62] a saber, de solo Cristo,[63] como nos atestigua el evangelio. Acerca de ello tenemos sobre todo una determinada frase singular y sucinta en San Pablo a los Romanos 10, a saber, «el fin de la ley es Cristo, para dar justicia a todo aquel que cree».[64] En tercer lugar, para que nos enseñe, ya justificados y renacidos en Cristo, con qué método y con qué leyes ha de instituirse la vida cristiana,[65] para que ante Dios y los hombres debamos testificar y probar nuestra fe y justificación por Cristo.[66]

Declaración del Símbolo de los apóstoles

Predicación 8
1. Pregunta. ¿Qué contiene el segundo capítulo de la doctrina cristiana?
Respuesta. El Símbolo de los apóstoles, o la doctrina de la fe cristiana.

---

[58] Rom. 3:20; 4:15; 7:7.
[59] Gál. 3:10.
[60] 2 Cor. 3:10.
[61] Juan 3:6.
[62] Rom. 3:28; Gál. 3:13, 24; Fil. 3:8–9; Heb. 7:18.
[63] Hech. 4:32 (error: Hech. 4:12 [F]); 13:18 (error: 13:38 [F]); 10:43.
[64] Rom. 10:4.
[65] Rom. 3:31; 6:4; 8:12; 13:9; Tito 3:8.
[66] Mat. 5:16; 2 Ped. 1:10.

2. Pregunta. ¿Qué es la fe?

Respuesta. La fe es el conocimiento cierto y firme de Dios por Su misma Palabra,[67] unido a la verdadera confianza en el Dios verdadero y viviente,[68] Padre de nuestro Señor Jesucristo, dirigida por el Espíritu Santo.

3. Pregunta. ¿Para qué aprovecha la fe al hombre cristiano?

Respuesta. Aprovecha, en primer lugar, para esto, para que por medio de ella conozcamos verdaderamente a Dios y tengamos sentimientos sobre Él, no por ningunos comentarios humanos,[69] sino conforme a Su Palabra transmitida a nosotros en los libros sagrados, tanto del Viejo, como sobre todo del Nuevo Testamento;[70] por la cual también somos instruidos en cuanto a la forma del verdadero culto,[71] con el que Él mismo quiere que le rindamos culto.[72] En segundo lugar, qué debemos esperar y recibir de Él.[73] Además, la viva fe en Cristo, fundada en Su evangelio, ejerce en nosotros fuerza y eficacia, para que, justificados de los pecados y renacidos en hombres nuevos mediante la misma fe, según la medida de los dones del Espíritu Santo, cumplamos con filial obediencia aquellos preceptos que Dios requiere de nosotros en la ley.[74]

4. Pregunta. ¿Cuántos son los principales artículos de nuestra fe comprendidos en el Símbolo de los apóstoles?

---

[67] Heb. 11:1.

[68] Isa. 63:14; Juan 17:3; 1 Jn. 5:12.

[69] 1 Cor. 2:14.

[70] Isa. 8:11.

[71] Deut. 6:1; 2 Tim. 3:16.

[72] Juan 4:23.

[73] Rom. 8:23; 1 Cor. 2:9.

[74] Ezeq. 36:27; Mat. 7:17; 12:23 (error: 12:33 [F]); Luc. 1:69 s.; Ef. 4:7; 1 Jn. 3:6, 9.

Respuesta. Son doce.

5. Pregunta. ¿Cómo los divides?

Respuesta. En tres partes principales conforme a las tres personas de la Divinidad y Sus funciones o atributos.

Predicación 9

6. Pregunta. ¿Cuál es la primera parte?

Respuesta. Es sobre Dios el Padre y la creación de las cosas, la gobernación y la providencia de Dios.

7. Pregunta. ¿Cuántos artículos le atribuyes?

Respuesta. 1. El primero, a saber: Creo en Dios, Padre todopoderoso, creador del cielo y de la tierra.

8. Pregunta. ¿Qué significa esto?

Respuesta. Creo que Dios, que con Su todopoderosa palabra creó de la nada este mundo, los cielos y la tierra[75] y todo lo que en ellos se contiene,[76] y con Su providencia admirable[77] lo conserva y gobierna,[78] también me creó como hombre racional,[79] y me eligió en Cristo y me adoptó como hijo,[80] miró por mí copiosamente hasta ahora, con la misma providencia paternal en todas las cosas necesarias, tanto para el alma como para el cuerpo,[81] y me protegió frente a todos los peligros,[82] y

---

[75] Gén. 1:3; 2:1; Sal. 33:6; Jer. 32:17; Juan 1:3; Col. 1:16.

[76] Heb. 11:3.

[77] Sab. 9:2.

[78] Heb. 1:3.

[79] Gén. 2:7; Sir. 17:11.

[80] Juan 1:12; Rom. 8:15; 9:8.

[81] Sal. 145:15.

[82] Sab. 14:3; Mat. 6:16 (error: Mat. 6:26 [F]).

me guardó de todo mal,[83] e incluso en el futuro ha de mirar por mí y protegerme y guardarme,[84] y eso por Su sola virtud divina y Su mera benevolencia paternal y misericordia, no por ningún auxilio, ni mérito ni dignidad míos ni de ninguna criatura.[85] Y por todas esas razones, debo alabarlo[86] y darle gracias inmortales y servirle por derecho perpetuamente, descansando completamente en Su providencia paternal, esperando de Él, no solo todos los bienes, sino además, cuando fuere necesaria, la saludable corrección paternal.[87] Esta exposición no admite dudas.[88]

Predicación 10

9. Pregunta. ¿Cuál es la segunda parte de este Símbolo?
Respuesta. 2. Es sobre el Hijo de Dios, y Dios verdadero, Jesucristo, y sobre la redención de la raza humana realizada por Él.
10. Pregunta. ¿Cuántos artículos contiene?
Respuesta. Seis.
11. Pregunta. ¿Cuáles son ellos?
Respuesta. (1) Creo en Jesucristo, único Hijo de Dios, Señor nuestro; (2) Que fue concebido del Espíritu Santo, nació de María Virgen; (3) Padeció bajo Poncio Pilato, fue crucificado, muerto y sepultado, descendió al lugar de los muertos; (4) Al tercer día resucitó de entre los muertos; (5) Subió a los cielos,

---

[83] Sal. 91:15; Zac. 2:5, 8.

[84] 2 Cor. 1:10.

[85] Ef. 2:5–7; Tito 3:5.

[86] Sal. 117:1; 103:1; 106:1; 136:1.

[87] 2 Mac. 6:13; Heb. 12:5.

[88] Tito 3:8.

está sentado a la diestra de Dios Padre todopoderoso; (6) Desde allí ha de venir a juzgar a los vivos y a los muertos.

12. Pregunta. ¿Qué significa esto?

Respuesta. Creo en los cuatro primeros artículos que Jesucristo, que es verdadero Dios[89] engendrado por Dios el Padre[90] antes de los siglos y también verdadero hombre nacido de María Virgen en el tiempo,[91] es mi Señor que a mí, hombre perdido y condenado, me rescató de la muerte y me liberó de todos los pecados y del poder de Satanás,[92] no ciertamente con oro ni plata, sino con Su santa y preciosa sangre,[93] y con su inmerecida pasión y muerte, para que yo fuese propiamente suyo y viviese bajo Él en Su reino, y liberalmente le sirviese en perpetua justicia e inocencia,[94] del mismo modo que Él resucitó de la muerte[95] y vive y reina eternamente.[96] Esta exposición es ciertísima.[97]

13. Pregunta. ¿Cómo se te aplican a ti los beneficios de la remisión de los pecados y de la donación de justicia, puesto que son comunes?

Respuesta. Por la verdadera y viva fe en Él, y en Su muerte y resurrección,[98] que sufrió muerte de cruz[99] para preparar todo

---

[89] Juan 1:1; Rom. 1:4.

[90] Sal. 2:7; Hech. 13:33.

[91] Luc. 1:27; 2:7.

[92] Rom. 5:8; Gál. 4:5; Col. 1:21.

[93] 1 Cor. 6:20; 1 Ped. 1:18; 1 Jn. 1:7; Apoc. 1:5.

[94] Luc. 1:69 s.

[95] Ef. 1:20.

[96] Rom. 14:9.

[97] Tito 3:8.

[98] Rom. 4:25; 10:9; Gál. 2:16.

[99] Fil. 2:8; Juan 19:18.

eso para todos los creyentes en Él, hecho víctima por nuestros pecados delante de Dios.[100]

14. Pregunta. Explica mejor esta viva fe en Él.

Respuesta. Es decir, que, conocido por la ley de Dios mi pecado[101] y justa y merecida condenación,[102] recurro a Él mismo con verdadero arrepentimiento de ello y seria detestación,[103] y repudiada toda mi justicia y mérito,[104] llamándome hacia sí con sumo amor;[105] y colocando yo en Su sacrificio único mi expiación, salvación y vida,[106] lo reconozco como mi único Salvador, lo invoco y lo abrazo con total confianza y descanso[107] en Su única salvación.[108]

15. Pregunta. ¿Confiado en qué palabra de Dios haces esto?

Respuesta. En todo Su evangelio, el cual no contiene nada con más frecuencia que esta doctrina;[109] pero principalmente en el testimonio singular del mismo Cristo cuando dice en Juan 3: «De tal manera amó Dios al mundo, que haya dado a su Hijo unigénito, para que todo aquel que cree en Él, no se pierda, mas haya vida eterna».[110]

---

[100] Ef. 5:2, 25; 2 Cor. 5:14.

[101] Rom. 3:20; 4:15; 7:7.

[102] Deut. 27:27 (error: Deut. 27:26).

[103] Mar. 1:15.

[104] Isa. 64:19 (error: Isa. 63:19); Fil. 3:9.

[105] Mat. 11:28; Juan 7:38.

[106] Ef. 5:2; Heb. 10.

[107] Sab. 2:18.

[108] Rom. 5:1; 8:1.

[109] Isa. 53:7–8; Rom. 4:25; 5; Gál. 3:13, 22; Heb. 9:14; 10:19; 1 Jn. 1:7, 9; 5:12–13; Apoc. 1:5.

[110] Juan 3:16, 36.

Predicación 11

16. Pregunta. ¿Qué entiendes además en el artículo quinto sobre Su ascensión a los cielos?

Respuesta. Creo que Él, concluido el asunto de nuestra redención,[111] para el que nos había sido dado por el Padre, subió por encima de todos los cielos;[112] en primer lugar, para recoger el premio de Su obediencia;[113] en segundo lugar, para interceder por nosotros ante el Padre,[114] y para prepararnos el reino y el ingreso en los cielos[115] entre los seres celestiales y el asentamiento con Él,[116] recibida del Padre la gloria y el honor,[117] y la igual potestad con Él mismo en los cielos y en la tierra;[118] significamos dicha majestad, gloria y potestad cuando en este mismo artículo decimos por la Palabra de Dios que está sentado a la diestra de Dios.[119]

17. Pregunta. ¿Qué, pues? ¿Piensas que, por Su ascensión a los cielos, está ausente de nosotros?

Respuesta. Ciertamente, quizás está ausente para el juicio humano,[120] que pensará que marchó al extranjero desde tan grandes intervalos geométricos, pero en realidad en la gobernación de Su Iglesia está tan presente y lo seguirá estando

---

[111] Juan 17:4; 19:30.

[112] Ef. 4:10; Heb. 5:1 (error: Heb. 4:14 [F]); 7:26.

[113] Fil. 2:9; Heb. 2:9.

[114] Rom. 8:34; Heb. 7:25; 9:24; 1 Jn. 2:1.

[115] Juan 14:23 (error: Juan 14:2–3 [F]); 17:24.

[116] Ef. 2:5 s.

[117] Dan. 7:14; Juan 17:5; Apoc. 5:12–13.

[118] Mat. 28:18.

[119] Sal. 110:1; 139:9 (error: 139:8); Mat. 26:63 s.; Heb. 1:3.

[120] Isa. 55:9; Sal. 57:11; 103:11.

hasta la consumación de los siglos, como nunca jamás viviente alguno estuvo presente en el mundo.

18. Pregunta. ¿En qué palabra de Dios aprendiste eso?

Respuesta. Del mismo Cristo que consuela a Su Iglesia por su marcha de este mundo[121] y la certeza del regreso de Su presencia,[122] con estas palabras: «He aquí que yo estoy con vosotros todos los días hasta la consumación de los siglos.[123] No os dejaré huérfanos, me voy y vengo a vosotros».[124] El Apóstol también: «El Señor, dice, está cerca»;[125] como si dijera: «No está ausente, no está lejos».

19. Pregunta. ¿Qué hay en el sexto artículo?

Respuesta. Creo que regresará en la misma especie y gloria visible en la que fue arrebatado al cielo de la vista humana,[126] y se mostrará al mundo entero para juzgar[127] a los vivos y a los muertos[128] y dar premios o infligir penas a ambos por sus hechos.[129]

20. Pregunta. ¿De dónde te consta esto?

Respuesta. Del primer capítulo de Hechos, donde se dice esto: «Este Jesús que ha sido tomado de vosotros arriba al cielo, así vendrá, como lo habéis visto ir al cielo»;[130] y Juan, capítulo 5: «El Padre a nadie juzga, mas todo el juicio dio al Hijo, etc.».[131]

---

[121] Juan 16:10, 28.

[122] Mat. 18:20; Luc. 24:14 s.; Juan 14:28; Hech. 9:3; 26:14; 1 Cor. 15:8; 9:1.

[123] Mat. 28:20.

[124] Juan 14:18.

[125] Fil. 4:5.

[126] Luc. 21:25 s.; Hech. 1:9, 11; Col. 3:4.

[127] Mat. 24:30.

[128] Rom. 14:9; 1 Ped. 4:5; Apoc. 1:9 (error: Apoc. 1:7 [F]).

[129] Mat. 5:25, 34 (posible error: comp. Mat. 25:34 [F]); Rom. 14:10; 2 Cor. 5:10.

[130] Hech. 1:11.

[131] Juan 5:22.

Predicación 12

21. Pregunta. ¿Qué contiene la tercera parte del Símbolo?

Respuesta. 3. La fe sobre el Espíritu Santo, tercera persona en la Divinidad, y sobre la santificación de la Iglesia y sobre el fin de su santificación.

22. Pregunta. ¿Cuántos artículos tiene esta parte?

Respuesta. Cinco.

23. Pregunta. Recítalos.

Respuesta. (1) Creo en el Espíritu Santo; (2) Creo en la santa Iglesia católica, la comunión de los santos; (3) El perdón de los pecados; (4) La resurrección de la carne; (5) La vida eterna. Amén.

24. Pregunta. ¿Qué significa esto?

Respuesta. Creo en el Espíritu Santo, único y mismo verdadero Dios con el Padre y con el Hijo Jesucristo,[132] que, al no poder yo con mi propia razón y mis propias fuerzas confiar en mi Señor Jesucristo,[133] o de ningún modo acceder a Él, me llamó a través del evangelio, me iluminó con Sus dones, me santificó con la fe correcta[134] y me conservó, como suele llamar a Su Iglesia en la tierra, congregarla, iluminarla,[135] santificarla[136] y conservarla mediante una fe correcta en Jesucristo.[137] Y en esa Iglesia perdona libremente a mí y a todos los creyentes cada día todos los pecados,[138] y

---

[132] Mat. 28:19; Juan 14:26; 15:26; Hech. 1:16; 28:25; 2 Ped. 1:21; 1 Jn. 5:7.

[133] Mat. 16:17; 1 Cor. 2:10, 14; 12:3.

[134] Juan 14:26; 16:8; Hech. 13:2; 18:5; 20:28.

[135] Hech. 16:14; Ef. 1:17–18.

[136] 2 Tes. 2:13.

[137] Ef. 3:16; 2 Tim. 1:14.

[138] Hech. 15:8–9; Rom. 8:14–15.

me resucitará a mí y a todos los hombres de la muerte en el último día,[139] para darme a mí y a todos los que creen en Cristo vida eterna,[140] siendo los malos e incrédulos condenados a la muerte eterna.[141] Esto es certísimo.[142]

Declaración de la Oración del Señor
Mateo 6. Lucas 11

Predicación 13.
1. Pregunta. ¿De qué trata el tercer capítulo de la doctrina cristiana?
Respuesta. De la oración.
2. Pregunta. ¿Puedes tú, por consiguiente, orar a Dios?
Respuesta. Puedo con Su favor.
3. Pregunta. ¿Qué es orar a Dios?
Respuesta. Invocar por Cristo a Dios nuestro Padre celestial ardientemente y con fe firme en Sus promesas, y pedirle y esperar de Él bienes de todo género.
4. Pregunta. ¿Qué es lo que debe moverte a orar ante todo?
Respuesta. Tres cosas. Sentir dicha necesidad, el mandamiento de Dios de invocarle solo a Él en la tribulación y las promesas de ser oídos.
5. Pregunta. ¿Cuáles son el mandamiento y las promesas?

---

[139] Job 19:25; Dan. 12:12 (error: Dan. 12:2 [F]); Mat. 24:32 (error: Mat. 24:31 [F]); Rom. 8:11; 1 Cor. 15:52; 1 Tes. 4:16.
[140] Mat. 25:34; 1 Tes. 4:14.
[141] Rom. 2:6.
[142] Tito 3:8.

Respuesta. «Llámame en el día de la angustia; te libraré y me honrarás»,[143] Salmo 50. Igualmente, Cristo dice, Juan 16: «Si algo pidiereis al Padre en mi nombre,[144] lo haré.[145] Pedid y recibiréis, para que vuestro gozo sea cumplido».[146]

Predicación 14

6. Pregunta. ¿De qué modo oras a Dios?

Respuesta. Como el mismo Cristo nos enseñó: «Padre nuestro, que estás en los cielos, santificado sea tu nombre. Venga tu reino. Hágase tu voluntad, como en el cielo así también en la tierra. Danos hoy nuestro pan de cada día. Y perdónanos nuestras deudas, así como nosotros perdonamos a nuestros deudores. Y no nos dejes caer en la tentación. Mas líbranos del mal. Amén».[147]

7. Pregunta. ¿Qué significan aquellas palabras: «Padre nuestro, que estás en los cielos»?

Respuesta. Con este pequeño prefacio, Dios nos invita amablemente a que creamos verdaderamente que Él es nuestro Padre verdadero, y que nosotros somos Sus hijos verdaderos, para que acudamos a Él llenos de confianza y lo interpelemos[148] del mismo modo que vemos que los hijos piden algo con confianza cierta a sus padres.[149]

8. Pregunta. ¿Cuántas peticiones contiene la Oración del Señor?

---

[143] Sal. 50:15.

[144] Juan 16:23.

[145] Juan 14:23 (error: Juan 14:13 [H]).

[146] Juan 16:24.

[147] Mat. 6:9; Luc. 11:2.

[148] Juan 16:13 (error: Juan 16:23 [F]); 14:13; Rom. 8:16.

[149] Mat. 21:22; Mar. 11:24; 1 Tim. 2:8; 1 Jn. 5:14.

Respuesta. Siete.

9. Pregunta. ¿Cuál es la primera?

Respuesta. 1. Santificado sea tu nombre.

10. Pregunta. ¿Qué significa esto?

Respuesta. El nombre de Dios ciertamente es santo,[150] pero con esta petición rogamos que sea santificado también entre nosotros.

11. Pregunta. ¿Cómo se hace eso?

Respuesta. Cuando la Palabra de Dios se enseña con pureza y sinceridad,[151] y nosotros, como compete a los hijos de Dios, vivimos piadosamente conforme a ella,[152] ayúdanos en eso Padre óptimo, que estás en los cielos. En cambio, el que enseña o vive de otra manera que según la Palabra de Dios,[153] ese profana entre nosotros el nombre de Dios.[154] Pero, Padre óptimo que estás en los cielos, provee que eso no ocurra.

12. Pregunta. ¿Cuál es la segunda petición?

Respuesta. 2. Venga tu reino.

13. Pregunta. ¿Qué significa esto?

Respuesta. El reino de Dios viene ciertamente por sí mismo,[155] sin nuestra oración, pero con esta petición oramos para que venga también a nosotros.

14. Pregunta. ¿Cómo se hace eso?

Respuesta. Cuando el Padre celestial nos da Su Santo Espíritu para que creamos por Su gracia en el evangelio de Jesucristo[156]

---

[150] Lev. 20:3; 22:32; Sal. 105:3; 106:47; Sir. 47:12; Isa. 57:15; Ezeq. 20:39.

[151] Gál. 1:8–9.

[152] Col. 3:13; 1:10; 2 Tim. 2:21; 1 Ped. 2:24; 4:2, 6.

[153] 2 Cor. 4:2.

[154] Rom. 2:24.

[155] Luc. 8:10; 11:20; Mar. 1:15.

[156] Juan 14:26; Ef. 1:17–18; 3:16.

y en Su divina Palabra, y pasemos piadosamente en este mundo la vida temporal,[157] para después vivir eternamente en el cielo.

15. Pregunta. ¿Cuál es la tercera petición?

Respuesta. 3. Hágase tu voluntad, como en el cielo así también en la tierra.

16. Pregunta. ¿Qué significa esto?

Respuesta. La buena y misericordiosa voluntad de Dios se hace también sin nuestra oración;[158] pero con esta petición rogamos que también se haga entre nosotros y en nuestros corazones.

17. Pregunta. ¿De qué forma se hace eso?

Respuesta. Cuando Dios rompe e impide todo mal consejo y voluntad,[159] que impiden que nosotros santifiquemos el nombre de Dios y que Su reino venga a nosotros, como es la voluntad del mundo[160] y de nuestra carne y del diablo.[161] En segundo lugar, cuando nos conforta y nos mantiene firmemente con Su Palabra y verdadera fe, para que conforme a Su voluntad declarada en Su Palabra,[162] toda nuestra vida y voluntad sean dirigidas hasta el fin de nuestra vida.[163] Esta es la misericordiosa y buena voluntad de Dios.

Predicación 15

18. Pregunta. ¿Cuál es la cuarta petición?

Respuesta. 4. Danos hoy nuestro pan de cada día.

---

[157] Luc. 1:70 s.; Rom. 8:13–14; 1 Ped. 1:15.

[158] Gén. 50:19; Sal. 33:9; Prov. 19:21; Isa. 46:10; Luc. 22:42; Hech. 21:14; Rom. 9:19.

[159] Sal. 33:10; Isa. 8:2 (error: Isa. 8:10 [F]); 19:11; Prov. 21:30.

[160] Ef. 6:12.

[161] Luc. 11:22; 1 Ped. 5:8.

[162] Rom. 13:9; 6:4; 8:12.

[163] Mat. 12:50; 1 Tes. 4:3.

19. Pregunta. ¿Qué significa esto?

Respuesta. Dios ciertamente da el pan de cada día a todos los hombres, incluso a los malos,[164] aunque no lo pidamos. Pero con esta petición rogamos que conozcamos que es dado por Dios, y así recibamos de Él nuestro pan de cada día con acción de gracias.[165]

20. Pregunta. ¿Qué significa «pan de cada día»?

Respuesta. Significa todo aquello que pertenece a la necesidad y al sustento de nuestra vida, como la comida,[166] el vestido, el techo, los campos, los ganados, el dinero, las riquezas, la esposa honrada,[167] los hijos buenos,[168] los siervos fieles, el magistrado honrado y fiel,[169] el buen estado de la república, la temperatura saludable del aire, la paz, la sanidad, las buenas costumbres, los honores, los amigos fieles, los vecinos buenos y las otras cosas de ese género.

Predicación 16

21. Pregunta. ¿Cuál es la quinta petición?

Respuesta. 5. Y perdónanos nuestras deudas, así como nosotros perdonamos a nuestros deudores.

22. Pregunta. ¿Qué significa esto?

Respuesta. En esta petición pedimos la condonación de todos los delitos que cometemos[170] cada día contra nuestro Padre

---

[164] Mat. 5:45; 6:25 s.

[165] Mat. 15:36; 26:27; Mar. 8:6; 1 Cor. 10:31.

[166] Sal. 145:15; Mat. 6:25–26.

[167] Prov. 19:14.

[168] Sal. 127:3; 128:3.

[169] Jer. 29:7; Rom. 13:1; 1 Tim. 2:2.

[170] Sal. 31:6 (error: Sal. 32:6 [F]).

celestial,[171] para que no quiera mirarlos o, a causa de ellos, denegar lo que le pedimos,[172] puesto que no somos dignos de ningunas cosas que le pedimos y no podemos merecer nada,[173] sino para que desee condonarnos de todos,[174] porque cada día pecamos en muchas maneras, y no merecemos nada si no la pena,[175] entonces también nosotros, respectivamente, condonaremos de corazón la culpa a aquellos que han pecado contra nosotros,[176] y de buena gana les beneficiaremos.[177]

23. Pregunta. ¿Cuál es la sexta petición?

Respuesta. 6. Y no nos dejes caer en la tentación.

24. Pregunta. ¿Qué significa esto?

Respuesta. Ciertamente Dios no tienta a nadie para la ruina,[178] sino para la salvación.[179] Por eso con esta petición rogamos que Él nos conserve y nos guarde, para que no nos engañe Satanás,[180] ni el mundo ni nuestra carne[181] y nos lleven desde la correcta fe a la superstición,[182] la desesperación[183] y otros graves delitos y escándalos,[184] y aunque seamos por ellos solicitados

---

[171] Prov. 24:16; Sir. 7:21 (error: comp. Sir. 7:11; Ecl. 7:21 s.); Sant. 3:2.

[172] Dan. 9:5, 19; Sal. 106:6; Lam. 3:4, 2 (error: Lam. 3:42 [H]).

[173] Dan. 9:18.

[174] Mat. 18:24; Luc. 17:10.

[175] Deut. 27:26; Sant. 2:10.

[176] Col. 3:13.

[177] Mat. 5:44.

[178] Lam. 3:33; 1 Cor. 10:13; Sant. 1:15 (error: Sant. 1:13 [F]).

[179] Gén. 22:1.

[180] 1 Ped. 5:8.

[181] Gál. 5:17; Sant. 1:14.

[182] 2 Cor. 2:13 (posible error: comp. 2 Cor. 2:11 [F]; 2 Cor. 11:3).

[183] Gén. 4:13; Mat. 27:5.

[184] 2 Sam. 11:2 s.; 24:13 s.

en máximo grado, sin embargo, no sucumbamos, sino que finalmente venzamos y triunfemos sobre ellos.[185]

25. Pregunta. ¿Cuál es la séptima petición?

Respuesta. 7. Mas líbranos del mal.

26. Pregunta. ¿Qué significa esto?

Respuesta. Con esa petición oramos como de manera sumaria, para que nuestro Padre[186] que está en los cielos nos libre del diablo y de toda clase de males,[187] ya sean corpóreos, espirituales, de honor o de bienes, y para que, finalmente, cuando llegare el tiempo de la muerte, nos conceda una feliz salida de vida, y por Su gratuita bondad nos acoja en el cielo ante sí desde este valle de miserias.[188]

27. Pregunta. ¿Por qué añades: «Porque tuyo es el reino, el poder y la gloria por los siglos, etc.»?

Respuesta. Cuando, como se dijo, invocamos a nuestro Padre celestial en la verdadera fe, en espíritu y en verdad,[189] y al mismo tiempo consideramos que es necesario que Él mismo tenga entre nosotros Su reino,[190] todo el poder y la gloria, se nos aumenta el consuelo y la confianza de que Dios ha de confirmar entre nosotros Su reino (como pedimos) y nos ha de prestar auxilio cierto y fiel en todo lugar,[191] para que reconozcamos más y más Su gloria y la celebremos por toda la eternidad.

---

[185] 2 Cor. 2:16 (error: 2 Cor. 2:14 [F]); Ef. 6:13; 1 Juan 5:4.

[186] Deut. 32:6.

[187] Sal. 91:4; Rom. 16:19 s.

[188] 2 Cor. 5:1.

[189] Juan 4:24.

[190] Luc. 27:20–21 (error: Luc. 11:11 (error: 11:20 [F]; 17:20–21 [F]); Rom. 14:17.

[191] Sal. 68:29; 1 Ped. 5:10.

28. Pregunta. ¿Cómo concluyes esta oración?

Respuesta. Añadiendo la palabra: «Amén».

29. Pregunta. ¿Eso qué significa?

Respuesta. La certeza de ser escuchados,[192] para que, cuando oramos, estemos ciertos de que tales peticiones a nuestro Padre celestial han sido aceptadas y escuchadas a través de Cristo, puesto que Él mismo nos encargó que oremos de este modo,[193] y prometió que Él nos escucharía a través de Cristo y por Cristo;[194] Amén, Amén, esto es, Ciertamente, Ciertamente, estas cosas así se harán y se cumplirán.

Declaración de la doctrina del sagrado bautismo

Predicación 17

1. Pregunta. ¿De qué trata la cuarta parte de la doctrina cristiana?

Respuesta. El sacramento del sacrosanto bautismo.

2. Pregunta. ¿Qué es, pues, un sacramento?

Respuesta. Un signo de algo sagrado o de la promesa de la gracia divina instituido directamente por el mismo Cristo, que consta de Palabra y de elemento.

3. Pregunta. ¿Adónde nos llevan los sacramentos?

Respuesta. A excitar y confirmar en nosotros la fe, y a cerciorarnos de la promesa divina y de la gracia ofrecida en Cristo,[195] como sellos y señales ciertas por las que nuestra

---

[192] Mat. 21:23 s.; Juan 14:13; 15:7; 16:23.

[193] Sal. 50:15; Jer. 29:12.

[194] Mat. 21:23 s.; Mar. 11:24; Luc. 11:9.

[195] Mat. 26:25 s; 28:19; Mar. 14:22; 16:16; Luc. 22:19; 1 Cor. 11:22 s.

redención y comunión de Jesucristo se nos ofrecen, y se aplican a la vida eterna.

4. Pregunta. ¿Cuántos son los sacramentos propiamente así llamados en la Iglesia cristiana?

Respuesta. Dos, a saber, el bautismo y la Cena del Señor.[196]

5. Pregunta. ¿Qué es el bautismo?

Respuesta. El bautismo no es simplemente agua, sino que es la ablución en agua encargada por Dios y unida con Su Palabra.[197]

Predicación 18

6. Pregunta. ¿Dónde está, pues, este encargo y palabra de Dios?

Respuesta. En el último capítulo de Mateo, Cristo dice a Sus discípulos: «Id por todo el mundo y enseñad a todas las gentes; bautizándolos en el nombre del Padre, del Hijo y del Espíritu Santo».[198]

7. Pregunta. ¿Para qué fin fue instituido el sacramento del bautismo?

Respuesta. Para que Dios, mediante este rito sacramental, testifique que el bautizado es recibido por Él por el mérito de Cristo en Su alianza de gracia,[199] es donado del Espíritu Santo[200] y hecho heredero de la vida eterna.[201]

8. Pregunta. ¿Cómo lo pruebas?

---

[196] Juan 19:34; 1 Cor. 18:13 (error: 1 Cor. 12:13 [F]); 1 Jn. 5:6, 9.

[197] Ef. 5:26; Gál. 3:37 (error: Gál. 3:27 [F]); Tito 3:5; Heb. 10:23 (error: Heb. 10:22 [F]); 1 Ped. 3:21.

[198] Mat. 28:29 (error: Mat. 28:19 [F]).

[199] 1 Ped. 3:21.

[200] Hech. 2:39 (error: Hech. 2:38 [F]); Tito 3:7 (error: Tito 3:6 [F]).

[201] Tito 3:7.

Respuesta. Mediante aquellas palabras ya previamente indicadas en Mateo 28. Pues ser bautizado en el nombre del Padre, del Hijo y del Espíritu Santo significa propiamente esto mismo.[202]

Predicación 19

9. Pregunta. ¿Qué obra en nosotros el bautismo?

Respuesta. Obra la remisión de los pecados,[203] libra de la muerte[204] y del diablo y da la felicidad eterna a todos los que creen esto, que Dios promete en Su Palabra.[205]

10. Pregunta. ¿Cuáles son esa palabras y promesas divinas?

Respuesta. Cuando nuestro Señor Jesús dice en Marcos, en el último capítulo: «El que creyere, y fuere bautizado, será salvo; mas el que no creyere, será condenado».[206]

11. Pregunta. ¿Cómo puede el agua hacer tan grandes cosas?

Respuesta. En verdad el agua sola no lo hace, sino la Palabra de Dios,[207] que se une con la misma ablución externa, y la fe que cree en esta Palabra en el bautismo;[208] porque sin la Palabra de Dios el agua es simplemente agua, y no bautismo, pero con la Palabra de Dios es bautismo, esto es, agua salvífica de vida y lavado de regeneración en el Espíritu Santo.[209]

12. Pregunta. ¿Dónde está escrito esto?

---

[202] Mat. 28:19.
[203] Hech. 2:38; Ef. 5:26; Col. 2:11 s.
[204] Hech. 22:16; Rom. 6:3 s.; 1 Ped. 3:21.
[205] Gál. 3:27 s.; Tito 3:5.
[206] Mar. 16:16.
[207] Ef. 5:26; 1 Ped. 3:21.
[208] Mar. 16:16; Hech. 8:37.
[209] Gál. 3:27; Tito 3:5.

Respuesta. San Pablo dice en Tito capítulo 3: «Por su misericordia,[210] Dios nos salvó por el lavamiento de regeneración y renovación del Espíritu Santo,[211] el cual derramó abundantemente en nosotros por Jesucristo, nuestro Salvador;[212] para que, justificados por Su gracia,[213] seamos hechos herederos según la esperanza de la vida eterna». Esta exposición no admite dudas.

Predicación 20
13. Pregunta. ¿Qué significa esa inmersión en agua?
Respuesta. Aquello mismo que efectúa; o sea, que nuestro [†] hombre viejo, juntamente con sus actos de pecado por la muerte y sepultura de Cristo, muere y es sepultado, hasta la[214] acusación y juicio de Dios, y considerados justos para con Él mismo,[215] emergemos también para la vida.[216] En segundo lugar, que también el viejo Adán y el cuerpo de pecado[217] mediante asidua penitencia y mortificación ha de ser enseguida sumergido por nosotros y extinguido con todas sus concupiscencias,[218] para que por la misma virtud resurjamos como hombres nuevos[219] que vivamos en santidad y justicia[220]

---

[210] Tito 3:4 s.
[211] Juan 3:5.
[212] Ezeq. 36:25 s.
[213] Hech. 15:11; Ef. 2:4.
[†] Rom. 6:6; Col. 2:12.
[214] Rom. 8:1.
[215] Tito 3:7.
[216] Rom. 6:14; 8:11; 2 Cor. 5:15.
[217] Rom. 6:6, 12.
[218] Luc. 3:3; Hech. 2:38; 26:20.
[219] Ef. 4:23; Tito 3:8.
[220] Luc. 1:70 s.

delante de Dios, lo que nos queda de vida,[221] y después en la vida eterna.[222]

14. Pregunta. ¿Dónde está escrito esto?

Respuesta. El apóstol Pablo escribe en Romanos capítulo 6: «Somos sepultados juntamente con Cristo en la muerte por el bautismo,[223] para que, como Él resucitó de los muertos por la gloria del Padre,[224] así también nosotros andemos en novedad de vida».[225]

Declaración de la doctrina de la Cena del Señor

Predicación 21

1. Pregunta. ¿De qué trata la quinta parte de la doctrina cristiana?

Respuesta. El sacramento de la Santa Cena del Señor de nuestro Jesucristo.

2. Pregunta. ¿Qué es la Cena del Señor?

Respuesta. No es simplemente pan y vino, sino que es el comer y el beber del verdadero y sustancial cuerpo y sangre de Cristo en el pan y en el vino, instituido y mandado por el mismo Cristo para nosotros cristianos.

3. Pregunta. ¿Dónde está escrito esto?

Respuesta. Así lo escriben los santos evangelistas Mateo, capítulo 26, Marcos 14, Lucas 22 y el apóstol Pablo,[226]

---

[221] 1 Ped. 2:11.

[222] 1 Tes. 4:17.

[223] Rom. 6:3 s.

[224] Ef. 1:20; 2 Cor. 13:4.

[225] Ef. 4:13 (error: Ef. 4:23 [F]); Col. 3:9; Heb. 9:14.

[226] Mat. 26:25 s.; Mar. 14:22; Luc. 22:19; 1 Cor. 11:22 s.

1 Corintios 11: «Nuestro Señor Jesucristo, en aquella noche en la que fue entregado, tomó pan en medio de la cena, lo partió y lo dio a sus discípulos diciendo: "Tomad, comed; esto es mi cuerpo, que es partido por vosotros, haced esto en conmemoración mía". Del mismo modo, y acabada la cena, tomó el cáliz, y habiendo dado gracias, lo dio a sus discípulos diciendo: "Bebed de él todos. Este es el cáliz del nuevo testamento en mi sangre, la cual es derramada por vosotros para el perdón de los pecados; haced esto, cada vez que bebáis, en conmemoración mía"».[227]

Predicación 22
4. Pregunta. ¿Con qué fin fue instituido el sacramento de la Cena?
Respuesta. Para que Cristo, en este rito sacramental instituido para memoria de Él, comunicase con Su muerte y derramamiento de Su sangre en la cruz[228] para con el santo Dios Su nuevo testamento a Su Iglesia,[229] con una comunicación sustancial del mismo cuerpo suyo ofrecido en la cruz, y de Su sangre derramada para remisión de los pecados, y lo confirmase también para con ella.[230]
5. Pregunta. ¿Cómo lo pruebas?
Respuesta. Por las palabras ya indicadas, donde Cristo dice: «Esta es mi sangre del nuevo testamento»,[231] o «Este es el

---

[227] Mat. 26:25 s.
[228] Zac. 9:11.
[229] Ex. 24; Heb. 9:10, 23.
[230] 1 Cor. 10:16.
[231] Mat. 26:27 s.; Mar. 14:24.

cáliz del nuevo testamento con mi sangre;[232] haced esto en conmemoración mía».[233]

6. Pregunta. ¿De qué nos aprovechan, pues, a nosotros aquel comer y beber en el testamento de Cristo?

Respuesta. Esto nos lo indican aquellas palabras: «Mi cuerpo es dado por vosotros, y mi sangre se derrama por vosotros,[234] para remisión de los pecados». O sea, que a nosotros en este sacramento se nos conceda y se nos confirme la remisión de los pecados,[235] como el tesoro principal del Nuevo Testamento, y por tanto la vida y la salvación;[236] pues donde hay remisión de los pecados, allí hay también vida y salvación.

Predicación 23

7. Pregunta. ¿Cómo pude el comer y el beber corporal causar efectos tan grandes?

Respuesta. Ciertamente el comer y el beber por sí no lo hacen, sino que aquellas palabras que se emplean «que es dado por vosotros»,[237] y «que se derrama por vosotros para remisión de los pecados»,[238] las cuales palabras, conjuntas con el comer y el beber sacramentales, son como el capítulo principal de este sacramento y la suma misma de la promesa del Nuevo Testamento,[239] la cual se sella propiamente en nosotros por el

---

[232] Luc. 22:20; 1 Cor. 11:24 s.
[233] Luc. 22:19; 1 Cor. 11:23–24.
[234] Mat. 26:27 s.
[235] Jer. 31:34; Rom. 11:27; Heb. 8:12; 10:17.
[236] Rom. 4:7; 5:10; Heb. 9:28.
[237] Luc. 22:19; 1 Cor. 11:23 s.
[238] Mat. 26:27 s.; Mar. 14:24; Luc. 21:21 (error: Luc. 22:20 [F]).
[239] Jer. 31:34.

comer y el beber de este sacramento, y quien cree y confía en esas palabras, celebrando adecuadamente la memoria de Cristo, aquella persona tiene aquello a lo que suenan las palabras y denotan por sí mismas, a saber, la remisión de los pecados con el mismo cuerpo y sangre de Cristo,[240] y al mismo tiempo se nutre con vida espiritual y celestial por el mismo cuerpo de Cristo crucificado y sangre derramada, y se une al mismo Cristo, y se junta a la vida eterna.[241]

Predicación 24

8. Pregunta. ¿Quién recibe dignamente este sacramento? Respuesta. Ayunar y preparar su cuerpo es ciertamente una externa y buena disciplina,[242] y el verdaderamente digno y bien preparado es aquel que, arrepintiéndose verdaderamente de sus pecados,[243] también verdaderamente cree en estas palabras: «es dado por vosotros, y se derrama para remisión de los pecados»,[244] y decide seriamente enmendar su vida. Pero el que no se arrepiente y no cree en estas palabras o duda de ellas, ese es indigno y no está preparado; porque estas palabras («por vosotros»)[245] requieren corazones creyentes, y sin verdadera penitencia no puede haber constancia de esa fe.[246]

---

[240] Mat. 26:27 s.

[241] Juan 6:53; Rom. 12:5; 1 Cor. 10:17; 12:17; Ef. 5:30.

[242] Tob. 12:11 (error: Tob. 12:8 [F]); Dan. 9:3.

[243] 1 Cor. 11:27 s., 30 s.

[244] Mat. 26:17 (error: Mat. 26:28); Luc. 22:19.

[245] 1 Cor. 11:23 s.

[246] Mar. 1:15.

Declaración de las palabras sobre la potestad de las llaves y la disciplina eclesiástica
Mateo 18 y Juan 20

Predicación 25

1. Pregunta. ¿Cuál es el sexto capítulo de la doctrina cristiana?
Respuesta. La potestad de las llaves y la disciplina de la Iglesia usada piadosa y legítimamente.

2. Pregunta. ¿Cuál es la potestad de las llaves?
Respuesta. Es la facultad de aplicar y cumplir el ministerio de la Palabra entregada a los apóstoles y verdaderos ministros del evangelio,[247] tanto para anunciar la salvación[248] y gracia de Cristo a los penitentes y verdaderamente creyentes, como para anunciar la ira de Dios y la muerte eterna a los incrédulos y rebeldes.[249]

3. Pregunta. ¿El uso de esa facultad debe ser solo en la asamblea común de la iglesia, o también para con individuales?
Respuesta. De ambos modos, pero principalmente su uso es para con individuales,[250] cuando a la consciencia herida por el sentido del pecado y del juicio divino, pero que, sin embargo, sigue creyendo en Cristo, se aplica su beneficio; y, por el contrario, al que rechaza y no se arrepiente, se le anuncia la muerte eterna y la ira de Dios.[251]

4. Pregunta. ¿Dónde fue dada esta facultad y potestad?

---

[247] Luc. 24:46 s.

[248] Mar. 16:15; Hech. 13:38; 2 Cor. 2:12.

[249] Mat. 10:14; Rom. 1:18; 2:4; 1 Cor. 5:3.

[250] Mat. 9:2; Luc. 7:48; Juan 8:11; Hech. 9:17.

[251] Hech. 8:19 s.; 13:10; Rom. 1:32; 1 Tim. 1:20; 3 Jn. 9.

Respuesta. En Juan capítulo 20, donde Cristo dice a Sus discípulos: «Como me envió el Padre, así también yo os envío.[252] Y como hubo dicho esto, sopló en ellos y dijo: "Recibid el Espíritu Santo; a los que soltareis los pecados, les serán sueltos; a los que los retuviereis, les serán retenidos"».[253]

Predicación 26

5. Pregunta. ¿Dónde fue instituida la disciplina eclesiástica?
Respuesta. En Mateo capítulo 18, donde Cristo dice: «Si tu hermano pecare contra ti, ve y redargúyelo entre ti y él solo; si te oyere, has ganado a tu hermano. Mas si no te oyere, toma contigo uno o dos, para que en boca de dos o de tres testigos conste toda palabra. Y si no oyere a ellos, dilo a la iglesia; y si no oyere a la iglesia, tenlo por gentil y publicano, etc.».[254]

6. Pregunta. ¿Qué nos enseña Cristo con estas palabras?
Respuesta. Puesto que todos los creyentes han sido injertados en nuestro Señor Jesucristo por el bautismo[255] como miembros de un único cuerpo,[256] e hijos y herederos de Dios,[257] y hechos ciudadanos del reino de los cielos,[258] y tienen entre ellos comunión de bienes eternos;[259] por eso, desde el verdadero y mutuo amor, deben a su vez también amonestarse sobre la piedad, y conservarse mediante la piadosa disciplina y

---

[252] Juan 20:21 s.
[253] Mat. 16:19.
[254] Mat. 18:15 s.
[255] 1 Cor. 12:13.
[256] Rom. 12:15; 1 Cor. 12:17 s.; Ef. 5:36 (error: Ef. 5:30).
[257] Tito 3:7.
[258] Ef. 2:18 s.
[259] Ef. 4:4 s.

corrección en el deseo de la verdadera piedad y en la pureza de la profesión cristiana, y por eso fortalecerse contra el infierno y la condenación eterna, y servir a sí mismo de mutua ayuda para agarrar el reino de Dios y la vida eterna.[260]

7. Pregunta. ¿Pero cómo se hará eso?

Respuesta. A los más débiles en la fe,[261] si por casualidad están preocupados por alguna caída, por la que, sin embargo, se duelen y están tristes, los mismos más perfectos deben sobrellevarlos,[262] instituirlos con espíritu de mansedumbre,[263] consolarlos y levantarlos con la promesa evangélica.[264] Pero a los pertinaces e impenitentes[265] que rehúsan escuchar a la iglesia que los amonesta bien,[266] y sin embargo han ofendido al resto de la asamblea de fieles con delitos enormes y notorios y dignos de excomunión, a esos hay que señalarlos públicamente y corregirlos[267] para que, avergonzados, desistan de sus pecados y se conviertan en serio.

8. Pregunta. ¿Cómo, pues, se debe avanzar hacia esta corrección fraterna?

Respuesta. Para obtener el auxilio del Espíritu Santo, hay que hacer previamente una invocación seria y ardiente a Dios en el nombre de Jesucristo, y después se han de hacer las cosas conforme a la prescripción de Cristo[268] en el pasaje antes

---

[260] Sant. 5:20.
[261] Rom. 14:1; Gál. 6:3; 1 Tes. 5:14; 2 Tim. 2:25.
[262] Luc. 22:32; Rom. 15:1; 1 Cor. 9:22.
[263] Gál. 6:3 (error: Gál. 6:1).
[264] 1 Tes. 5:14.
[265] 1 Cor. 5:3.
[266] Mat. 18:17.
[267] 2 Cor. 10:8; 13:2, 11 (error: 13:10 [F]); Tito 3:10.
[268] Mat. 18:15 s.

aludido, con suma humildad, mansedumbre y circunspección, para que se le preserve la estimación del prójimo y no se le haga ninguna injuria, y no se observe nada en los que corrigen, excepto que desean y buscan la enmienda y salvación del prójimo.

9. Pregunta. ¿Pero cuántas veces debe corregirse así a un hermano caído?

Respuesta. Tantas como haya esperanza de que con este remedio pueda mirarse por su salvación.[269]

10. Pregunta. ¿Quién tiene potestad de excomulgar?

Respuesta. La iglesia con sus ancianos y ministros ordinarios.[270]

11. Pregunta. ¿Cuántas veces debe perdonarse al hermano la culpa?

Respuesta. Cuantas veces[271] él mismo acude tocado por la verdadera penitencia y dice: «Me arrepiento».[272]

12. Pregunta. ¿Cuál será la pena de satisfacción?

Respuesta. No recaer en la vida anterior,[273] sino alejarse de toda ocasión de pecar, y después vivir en la iglesia irreprensiblemente y sin ofensa de los otros.[274]

Fin.
Alabanza a Dios por los siglos.

---

[269] 2 Cor. 13:10.

[270] Mat. 16:19; 18:17.

[271] Mat. 18:22.

[272] Luc. 17:4.

[273] Juan 5:14; 8:11.

[274] 2 Cor. 6:3; Fil. 2:15.

Tabla de la vida cristiana que propone preceptos a cada uno de los órdenes de la Iglesia cristiana, conforme a los cuales ha de vivir cada quien en su vocación

Primera parte

De los obispos, los pastores, los predicadores y otros ministros de la Iglesia

1. Pregunta. ¿Cómo deben comportarse en su vocación el obispo, el pastor, el predicador y los otros ministros de la Iglesia?

Respuesta. Siendo irreprensible tanto en su ministerio como en su vida.

2. Pregunta. ¿Cómo debe ejercer su ministerio?

Respuesta. Debe enseñar la Palabra de Dios[1] y el santo
evangelio piadoso[2] y sinceramente,[3] administrar puramente
los sacramentos[4] según la institución de Cristo, redargüir los
pecados,[5] interceder ante Dios con preces asiduas[6] por la
necesidad de toda la Iglesia y ponerse a prueba a sí mismo para
todos como operario y dispensador fiel[7] e irreprochable de Dios.[8]
3. Pregunta. ¿Dónde está escrito esto?
Respuesta. Pablo en 2 Timoteo capítulo 4 escribe así: «Que
prediques la Palabra, que apresures a tiempo y fuera de tiempo;
redarguye, reprende duramente, exhorta con toda blandura
y doctrina. Porque vendrá tiempo que no sufrirán la sana
doctrina, antes teniendo las orejas sarnosas, se amontonarán
maestros que les hablen conforme a sus concupiscencias; y así
apartarán de la verdad el oído y se volverán a las fábulas».[9]
4. Pregunta. ¿Cómo debe vivir el mismo?
Respuesta. Como se prescribe en 1 Timoteo capítulo 3: «El
obispo debe ser irreprensible, marido de una sola mujer, solícito,
templado, compuesto, hospedador, apto para enseñar, no amador
del vino, no heridor, no codicioso de ganancias torpes, mas
moderado, no litigioso y ajeno de avaricia, que gobierne bien su
casa, que tenga sus hijos en sujeción con toda honestidad».[10]

---

[1] 2 Tim. 4:2.

[2] Mar. 16:15; 1 Ped. 4:11.

[3] 2 Cor. 2:17; Tito 1:9.

[4] Mat. 28:19; Mar. 16:16.

[5] Isa. 58:1; 2 Tim. 4:2.

[6] Ef. 3:14; 1 Tes. 3:10; 2 Tim. 1:3.

[7] 1 Cor. 4:1.

[8] 2 Tim. 2:15.

[9] 2 Tim. 4:2 s.

[10] 1 Tim. 3:2 s.; Tito 1:7 s.

5. Pregunta. ¿Cuándo peca contra su vocación el ministro de la Palabra?

Respuesta. Cuando no enseña pura y sinceramente la Palabra de Dios y Su santo evangelio,[11] y no administra puramente los sacramentos de Dios, sino que, en lugar de la Palabra de Dios, transmite la doctrina de los demonios,[12] y adultera los sacramentos de Dios a base de añadir o quitar; y cuando lleva una vida deshonesta[13] y ofende a los demás hombres con su mal ejemplo.[14]

De los oyentes de la Palabra

6. Pregunta. ¿Qué es lo que le conviene en su vocación al oyente de la Palabra divina?

Respuesta. El oyente de la Palabra de Dios debe reverenciar,[15] escuchar[16] y seguir a su obispo, pastor y predicador,[17] y someterse con reverencia a sus advertencias[18] y ayudarlos en su vida.[19]

7. Pregunta. ¿Dónde está escrito esto?

Respuesta. El apóstol Pablo dice así en Hebreos 13: «Obedeced a vuestros superiores, y sujetaos a ellos, porque ellos velan por vuestras almas, como aquellos que han de dar la cuenta; para que lo hagan con alegría y no gimiendo; porque esto no os sería útil».[20]

---

[11] 1 Cor. 9:16; 2 Cor. 2:17; 4:2; 1 Tim. 6:3–4.

[12] 1 Tim. 4:1.

[13] 2 Tim. 4:10; 1 Ped. 5:2; 2 Ped. 2:1.

[14] Mal. 2:8; Mat. 18:7; 2 Cor. 6:3.

[15] Gál. 4:14; 1 Tes. 2:13.

[16] Luc. 10:16.

[17] 1 Cor. 4:16; 11:1; Fil. 3:17.

[18] Heb. 13:17.

[19] Sir. 7:33; 1 Cor. 9:11; Gál. 6:8 (error: Gál. 6:6 [F]).

[20] 1 Tes. 5:12; 1 Tim. 5:17; Heb. 13:17.

Y de eso escribe en 1 Corintios 9: «El Señor ordenó que los que anuncian el evangelio, deben vivir del evangelio».[21] Y en Gálatas 6: «El que es instituido en la Palabra, comunique todos los bienes al que los instituye».[22] Porque digno es el obrero de su jornal.[23]

8. Pregunta. ¿Cuándo actúan los oyentes contra su vocación?
Respuesta. Cuando son perezosos y negligentes en escuchar la Palabra de Dios,[24] e insumisos y refractarios para con sus pastores,[25] o ingratos y amargados para con ellos,[26] y no enmiendan jamás su vida mediante la Palabra de Dios ni las advertencias de aquellos,[27] sino que siempre permanecen impenitentes.[28]

Segunda parte

Del magistrado civil

1. Pregunta. ¿Qué debe hacer el magistrado civil en su vocación?
Respuesta. En primer lugar, el magistrado civil debe, por su obligación, promover, defender y mantener la gloria, la Palabra y el nombre de Dios,[29] puesto que hace las veces de Él.[30] En segundo lugar, estar presente en las causas del pobre lo mismo

---

[21] Mat. 10:10; Luc. 10:7; 1 Cor. 9:14; 1 Tim. 5:18.
[22] Gál. 6:8 (error: Gál. 6:6 [F]).
[23] Luc. 10:7; 1 Tim. 5:18.
[24] Heb. 10:25.
[25] 2 Tim. 4:3.
[26] 3 Jn. 9.
[27] Isa. 53:4 (error: Isa. 53:1 [F]); Juan 12:4 s; Rom. 10:16.
[28] Rom. 2:4.
[29] Sal. 2:10 s; Isa. 49:23.
[30] Sal. 82:6; Sab. 6:5.

que en las del rico,[31] defender a los buenos y librarlos de los peligros, y castigar a los malos.[32]

2. Pregunta. ¿Dónde se lee esto escrito?

Respuesta. Pablo en Romanos 13 escribe así: «No hay potestad sino de Dios, y las que son, de Dios son ordenadas. Pues no porta en vano la espada, sino que es ministra de Dios y vengadora para la ira contra aquel que hiciere mal».[33]

3. Pregunta. ¿Cuándo no cumple el magistrado su obligación?

Respuesta. Cuando rechaza o descuida su propia vocación y acepta otros mandamientos no encomendados a él,[34] como cuando los eclesiásticos quieren administrar la gobernación civil,[35] los civiles la eclesiástica;[36] cuando los que ejercen la magistratura se dejan influir por los afectos privados,[37] de tal manera que tienen acepción de la dignidad de las personas,[38] y de la amistad, de los regalos,[39] del favor,[40] y de los demás detalles por los que se impide la justicia.[41]

De los súbditos

4. Pregunta. ¿Qué deben hacer los súbditos en su vocación?

---

[31] Isa. 1:17.

[32] 1 Ped. 2:14.

[33] Sab. 6:4; Rom. 13:1 s.

[34] Sal. 82:2, 5; Sab. 6:5; Isa.1:23.

[35] Mat. 26:50 s.; Luc. 22:26; 2 Tes. 2:4.

[36] 1 Sam. 13:8 s.; 1 Rey. 12:18 (error: 1 Rey. 12:28 [H]); 2 Cro. 26:16, 18.

[37] Sab. 5:6; His. Sus. 1:5.

[38] Deut. 1:17; 17:2 (error: Deut. 16:19 [F]); Sir. 10:41 (error: Sir. 20:31).

[39] Ex. 23:8; Deut. 17:2 (error: Deut. 16:19 [F]); 1 Sam. 8:3; Prov. 18:5; 24:23; 28:21; Sir. 20:31.

[40] Hech. 25:3, 9.

[41] Isa. 1:23.

Respuesta. Deben obedecer a su magistrado, pagarle tributos e impuestos y orar a Dios por él.[42]

5. Pregunta. ¿Dónde está esto escrito?

Respuesta. Así dice Mateo 22: «Pagad a César lo que es de César; y a Dios, lo que es de Dios».[43] Y Pablo en Romanos 13: «Toda ánima (dice) sea sujeta a las potestades superiores, etc. Así que, el que resiste la potestad, resiste a la ordenación de Dios. Y el que resiste, el mismo gana condenación para sí».[44] También: «Pagad, pues, a todos lo que se le debe; al que tributo, tributo; al que impuesto, impuesto; al que temor, temor; al que honra, honra». Y en 1 Pedro 2: «Sed, pues, sujetos a toda ordenación humana por Dios, ahora sea al rey como superior;[45] ahora a los gobernadores como enviados de él, para venganza de los malhechores, y para loor de los que hacen bien».[46]

6. Pregunta. ¿Cuándo no cumplen los súbditos su obligación?

Respuesta. Cuando no prestan al magistrado la debida obediencia y lo desprecian[47] y ellos mismos hablan mal de él[48] y le hacen resistencia de forma contumaz;[49] y se levantan sediciosamente contra él;[50] le deniegan los tributos, los impuestos, la honra y la reverencia debida.[51]

---

[42] 1 Tim. 2:1 s.

[43] Mat. 17:27; 22:21.

[44] Rom. 13:1 s.

[45] 1 Ped. 3:13 (error: 1 Ped. 2:13).

[46] Tito 3:1.

[47] 1 Sam. 10:27; 2 Sam. 16:5.

[48] Ex. 22:28; Hech. 23:5; 1 Ped. 2:10 (error: 2 Ped. 2:10 [F]); Jud. 8.

[49] Núm. 16:26.

[50] 2 Sam. 15 (F: v. 1); 3 Sam. 20: a (error: 2 Sam. 20:a, v. 1 [F]); 1 Rey. 1:5; Hech. 5:37.

[51] Jue. 8:6; 1 Sam. 10:27.

Tercera parte

De los maridos

1. Pregunta. ¿Qué cosas convienen al marido en su vocación?
Respuesta. El marido debe abrazar a su esposa con amor sincero y guardarle fidelidad conyugal[52] y mirar por ella en las cosas necesarias, y cuidarla y protegerla fielmente como ayudante[53] divinamente concedida a él.[54]

2. Pregunta. ¿Dónde está escrito esto?
Respuesta. Pablo escribe así: «Maridos, amad vuestras mujeres, así como Cristo amó la Iglesia», «y no les seáis desabridos»,[55] Efesios 5 y Colosenses 3. También Pedro: «Que los maridos (dice) vivan con sus mujeres sabiamente, dando honor a la mujer, como a vaso más frágil, y como a herederas juntamente de la gracia de la vida; para que vuestras oraciones no sean impedidas»,[56] esto en su Primera epístola, capítulo 3.

3. Pregunta. ¿Cuándo peca el marido contra su obligación?
Respuesta. Cuando no ama a su esposa, ni cuida de ella, ni la alimenta según la necesidad, ni la asiste fielmente en otros supuestos; sino que se muestra negligente para con ella, desabrido e infiel, tanto de palabra como de obra.[57]

De las esposas

4. Pregunta. ¿Qué tiene que hacer la esposa en su vocación?

---

[52] Tob. 4:9 (error: Tob. 4:13 [F]); 1 Cor. 7:2, 5; 1 Tes. 4:3.
[53] Gén. 2:18.
[54] Prov. 19:14.
[55] Ef. 5:25; Col. 3:19.
[56] 1 Ped. 3:7.
[57] Deut. 24:1; Col. 3:19.

Respuesta. La esposa le rendirá a su marido el debido honor[58] y el amor, la obediencia y la fidelidad conyugal;[59] y debe ser de ánimo tranquilo y sedado para con cualesquiera,[60] ajena a las grescas,[61] cediendo ante el marido, educando y gobernando a los hijos[62] y a su familia en el temor y en el amor de Dios.[63]

5. Pregunta. ¿Dónde está escrito esto?

Respuesta. San Pablo en Efesios 5: «Las esposas (dice) sean sujetas a sus propios maridos como al Señor, porque el varón es la cabeza de su mujer, como también Cristo es la cabeza de la Iglesia. Por tanto, como la Iglesia está sujeta a Cristo, así las esposas estén sujetas a sus maridos en todo».[64] También 1 Pedro 3: «Esposas, estén sujetas a sus maridos, como Sara obedeció a Abraham,[65] llamándole señor, de la cual sois hechas hijas, si hacéis bien».[66]

6. Pregunta. ¿Cuándo peca la esposa contra su vocación?

Respuesta. Cuando no ama a su marido,[67] no lo reverencia, no lo obedece[68] ni se le muestra complacida y fiel, ni acude contenta con la pequeña preocupación que puede conseguir el marido; sino que es impertinente y procaz,[69] insumisa, pérfida,

---

[58] Gén. 3:16; Ef. 5:32 (error: Ef. 5:22).

[59] Sir. 37:6 (error: Sir. 26:16).

[60] 1 Ped. 3:4.

[61] Sir. 26:17 s.

[62] 1 Tim. 2:15.

[63] Prov. 12:4; Tob. 10:13; Sir. 26:2.

[64] Ef. 5:22 s.; 1 Cor. 11:2 s.

[65] Gén. 18:12.

[66] Col. 3:18; 1 Ped. 3:1 s.

[67] Ver Sir. cc. 25–26.

[68] Est. 1:33 (error: Est. 1:12 [F]).

[69] 2 Sam. 6:19 s.

inquieta, contenciosa,[70] imperiosa y negligente en la educación honesta de los hijos y de la familia.[71]

Cuarta parte

De los padres

1. Pregunta. ¿Cuál es la obligación de los padres en su vocación?

Respuesta. Los padres deben educar a sus hijos[72] con suave y moderada represión hacia la disciplina, el temor y el amor de Dios, para que puedan servir de utilidad a todos los hombres.

2. Pregunta. ¿Dónde está escrito esto?

Respuesta. Pablo en Efesios 6 dice: «Padres, no provoquéis a ira a vuestros hijos; sino criadlos en disciplina y amonestación del Señor».[73]

3. Pregunta. ¿De qué modo no responden los padres a su vocación?

Respuesta. Cuando, a manera de fieras con su propio movimiento e ingenio,[74] permiten que sus hijos vivan y crezcan en malicia de todo género,[75] en desobediencia, en pasión por mentir, por maldecir y en trampas de engaños,[76] y les permiten que hagan todo según su capricho,[77] no corrigiéndolos o

---

[70] Prov. 19:13; 21:9; 25:24; 27:15; Sir. 25:27.

[71] Prov. 1:14 (error: Prov. 14:1 [F]).

[72] Prov. 19:18–19; Sir. 17:25 (error: Sir. 7:25 [F]).

[73] Ef. 6:4; Col. 3:21.

[74] Sir. 30:8.

[75] Sir. 16:1 s.

[76] 1 Sam. 2:12, 22.

[77] Sir. 30:11.

rechazando su innata malicia con castigo a tiempo, hasta
que finalmente los premios a ellos mismos devuelvan
preocupaciones y dolores irremediables.[78] Sin embargo,
los padres que contienen a sus hijos dentro del deber y la
disciplina,[79] reciben finalmente de ellos honor y placer,[80] y
libran a sus almas de las llamas eternas.[81]

De los hijos

4. Pregunta. ¿Cuáles son las obligaciones de los hijos en
su vocación?

Respuesta. A los hijos les conviene obedecer a los padres y
nunca maldecirlos ni refunfuñar en su contra,[82] y mucho menos
acosarlos con gritos ni ofensas de ninguna clase.[83]

5. Pregunta. ¿Dónde se encuentra escrito esto?

Respuesta. Pablo en Efesios 6 dice: «Hijos (dice), obedeced a
vuestros padres en el Señor; que esto es justo. Honra a tu padre
y a tu madre (que es el primer mandamiento con promesa),
para que te vaya bien y seas de larga edad sobre la tierra».[84]

6. Pregunta. ¿Cómo faltan los hijos a su obligación?

Respuesta. Cuando no obedecen a sus padres,[85] ni los cuidan,
ni los aman, ni reverencian;[86] sino que se ríen de ellos[87] y

---

[78] 1 Sam. 4:11, 18.

[79] Prov. 12:24 (error: Prov. 13:24 [F]); 19:18; 22:15.

[80] Prov. 20:17 (error: Prov. 29:17 [F]); Sir. 44:11.

[81] Prov. 23:13–14.

[82] Tob. 4a (vv. 1–3); Sir. 3:a–b (vv. 1–9).

[83] 2 Sam. 17:a (vv. 1–4); 18:a (v. 5).

[84] Ex. 20:12; Deut. 5:16; Sir. 3:12; Mat. 15:4; Ef. 6:1; Col. 2:20 (error: Col. 3:20 [F]).

[85] 2 Tim. 3 (comp. v. 2 [F]).

[86] Tob. 14:15; Sir. 3:13 s.

[87] Sir. 3:10 s.

los desprecian, y los entristecen destrozados por la vejez y la debilidad[88] y son petulantes con ellos[89] o, finalmente, son desagradecidos con los beneficios paternos.[90] Tales hijos no dividirán en dos sus días, sino que perecerán rapidísimamente consumidos por la ira y el furor de Dios.[91]

Quinta parte

De los siervos, criadas y mercenarios

1. Pregunta. ¿Cómo deben comportarse en su vocación el siervo, la criada, el mercenario o el obrero?

Respuesta. El siervo, la criada, el mercenario o el obrero deben seguir y hacer diligente y fielmente los trabajos[92] y los mandatos que les han sido encargados por sus señores,[93] en ausencia de los señores igual que si estuvieran presentes,[94] para demostrar su fidelidad y diligencia al mismo Dios,[95] que está presente.[96]

2. Pregunta. ¿Dónde está escrito esto?

Respuesta. Así lo manda Pablo en Efesios 6: «Siervos, obedeced a los que son vuestros señores según la carne con temor y temblor, con sencillez de vuestro corazón, como a Cristo. No sirviendo al ojo, como los que se dedican a agradar a los

---

[88] Sir. 3:13 s.

[89] Deut. 21:18; Ex. 21:15, 17; Lev. 20:9.

[90] Sir. 7:30; 2 Tim. 3:2.

[91] Deut. 27:17; Prov. 10:26 (error: Prov. 19:26 [F]); 30:17; Sir. 3:17 s.

[92] Luc. 12:42; 19:13.

[93] Gén 3:19; 2 Tes. 3:10.

[94] Ef. 6:6.

[95] 1 Cor. 7:22; 1 Tim. 6:1.

[96] Sir. 15:24 (error: Sir. 15:20 [F]); 23:17 (error: 23:27 [F]); Heb. 4:13.

hombres, sino como siervos de Cristo, haciendo de ánimo las cosas que Dios quiere; sirviendo con buena voluntad al Señor y no a los hombres, estando ciertos que el bien que cada uno hiciere, esto recibirá del Señor, sea siervo, o sea libre».[97]

3. Pregunta. ¿Cuándo no satisfacen a su vocación los siervos, las criadas, los mercenarios y los obreros?

Respuesta. Cuando no prestan ni admiten la obediencia ni la fidelidad debida a sus señores y dueños,[98] por su propio interés, cuando y donde pueden, no impiden y siguen los malos consorcios; al desempeñar su obligación son perezosos y negligentes y sin embargo exigen el salario prometido.[99]

De la obligación de los paterfamilias y materfamilias para con los siervos, las criadas, los mercenarios o los obreros

4. Pregunta. ¿Qué deben los paterfamilias y materfamilias a su familia, a los mercenarios o a los obreros?

Respuesta. Los paterfamilias y las materfamilias no sustraigan ni disminuyan a los obreros ni a su familia el salario debido,[100] ni ejerzan tiranía contra ellos,[101] sino que miren por la alimentación normal[102] y para alejar el ocio impongan y distribuyan obras justas y trabajos.[103]

5. Pregunta. ¿Dónde está escrito esto?

---

[97] Ef. 6:5; Col. 3:22; Tito 2:9; 1 Ped. 2:18.

[98] 2 Rey. 5:20; Tito 2:9.

[99] Luc. 12:45.

[100] Deut. 24:14; Tob. 4:15.

[101] Ex. 21:20; Sir. 7:22; 33:40 (error: 33:31 [F]).

[102] Sir. 33:34 (error: Sir. 33:25 [F]).

[103] Sir. 33:37–38 (error: Sir. 33:28 [F]).

Respuesta. Pablo en Colosenses 4: «Vosotros los señores (dice), haced lo que es justo y derecho con vuestros siervos, sabiendo que también vosotros tenéis Señor en los cielos».[104] Y en Efesios 6: «Vosotros los señores (dice), hacedles a ellos lo mismo. Dejando las amenazas; sabiendo que el Señor vuestro y de ellos está en los cielos;[105] y que no hay respeto de personas con Él».[106]

6. Pregunta. ¿Cómo faltan los señores a su vocación?

Respuesta. Cuando son excesivamente indulgentes con la familia y conceden la licencia mayor que lo justo, con la que se deslizan al ocio y malos consorcios;[107] o por el contrario, los oprimen con un dominio duro y humano,[108] les disminuyen además el alimento necesario y les niegan o reducen el debido salario.[109]

Sexta parte

De la obligación de los jóvenes para con los mayores en general

1. Pregunta. ¿Cómo merecerá la juventud la aprobación de los mayores?

Respuesta. Es propio de los jóvenes reverenciar a los mayores y merecer la aprobación de ellos por la justa sujeción de los ánimos y la bondad de las costumbres.[110]

---

[104] Col. 4:1.

[105] Ef. 6:9.

[106] Hech. 10:14 (error: Hech. 10:34 [F]).

[107] Prov. 29:21.

[108] Ex. 1:11, 13; 5:9; Deut. 26:6; Sir. 33:39 (error: Sir. 33:30 [F]).

[109] Lev. 19:13; Deut. 24:14; Tob. 4:11 s.

[110] Lev. 19:33; Job 32:6; Sir. 8:7; 32:24 (error: 33:13 [F]); 1 Tim. 5:2.

2. Pregunta. ¿Dónde se lee escrito esto?

Respuesta. En 1 Pedro capítulo 5 está escrito: «Los jóvenes sed súbditos a los ancianos, de tal manera que seáis todos sujetos uno a otro;[111] porque Dios resiste a los soberbios, y da la gracia a los humildes;[112] humillaos, pues, debajo de la poderosa mano de Dios, para que Él os ensalce cuando fuere tiempo».[113]

Séptima parte

De las viudas

1. Pregunta. ¿Qué le conviene a la viuda en su condición?

Respuesta. La viuda debe perseverar en los ejercicios asiduos de fe, de temor de Dios y de verdadera y ardiente oración;[114] y precaverse de la lascivia y libido de la carne, para no servir de tropiezo a otras mujeres o varones.

2. Pregunta. ¿Dónde está escrito esto?

Respuesta. Pablo en 1 Timoteo 5: «La que de verdad (dice) es viuda, y sola, espera en Dios, y es diligente en oraciones día y noche. Porque la que vive en delicias, aunque viviendo, está muerta».[115]

---

[111] 1 Ped. 5:5.

[112] Prov. 11:8 (error: Prov. 11:2 [F]).

[113] Sant. 4:6.

[114] Jdt. 9:a (vv. 1–3); Luc. 2:37; 18:a (vv. 3–5).

[115] 1 Tim. 5:6 (error: 1 Tim. 5:5 [F]).

Octava parte

De todos los cristianos en general[*]

1. Pregunta. ¿Cuáles son en general las obligaciones del hombre cristiano?

Respuesta. Cada uno que se profesa cristiano, sea de cualquier condición que sea, recuerde perpetuamente y en todos los momentos de su vida el nombre cristiano que lleva,[116] tanto en su abnegación, de llevar la cruz y seguir como guía y abanderado a Cristo,[117] como también mostrando su afecto y atenciones de caridad cristiana al prójimo[118] (que es el vínculo de la perfección),[119] a ejemplo de Cristo;[120] y en ese aspecto debe también estar atento continuamente en sus oraciones a Dios.[121]

2. Pregunta. ¿Dónde está escrito esto?

Respuesta. En Mateo 10 Cristo dice: «Si alguno quiere venir en pos de mí, niéguese a sí mismo, y tome su cruz cada día, y sígame».[122] Y Pablo en Tito 2: «La gracia de nuestro Salvador se manifestó a todos los hombres,[123] enseñándonos que, renunciando a la impiedad y a los deseos carnales, vivamos

---

[*] NB: Este encabezamiento está ausente en la ed. latina, pero presente en la ed. francesa.

[116] Hech. 11:26.

[117] Mat. 6:24 (posible error: comp. Mat. 16:24 [H]); 10:38; Mar. 8:34; Luc. 9:23.

[118] Rom. 13:8; Gál. 6:4 (error: Gál. 6:2 [F]); Rom. 12:10; 1 Tim. 1:5.

[119] Col. 3:14.

[120] Juan 13:34.

[121] Luc. 18:a (vv. 3–5); Rom. 12:12; 1 Tes. 5:7.

[122] Luc. 9:23.

[123] Tito 2:11 s.

en este siglo sobria, justa, y píamente,[124] esperando aquella esperanza bienaventurada, etc.»[125].

También en Colosenses 3: «Vestíos, pues, como escogidos de Dios, santos, y amados, de entrañas de misericordia, de benignidad, de humildad, de mansedumbre, de tolerancia; soportando los unos a los otros, y perdonándolos los unos a los otros, si alguno tuviese queja del otro, como Cristo perdonó a vosotros;[126] y sobre todas estas cosas, tened caridad, la cual es el vínculo de la perfección, etc.».[127]

Así ocurrirá que la paz de Cristo se lleve la palma en vuestros corazones mientras vivimos aquí,[128] para ser después recibidos a la vida eterna por el mismo Cristo. Amén.

Fin.

---

[124] 1 Jn. 2:16.
[125] Mat. 25:34; Luc. 21:27.
[126] Col. 3:12 s.
[127] 1 Cor. 13:a (vv. 1–8).
[128] Col. 3:15.

Algunas fórmulas de oraciones que deben aprender los niños

Para el amanecer, cuando el niño sale por primera vez de la cama
Nuestro socorro está en el nombre del Señor, que hizo el cielo y la tierra. Salmo 124.[1]

«Te doy gracias, mi Padre celestial, por tu hijo amado Jesucristo, porque esta noche me has guardado de todos los infortunios y peligros; te suplico que también este día quieras guardarme del pecado y de todos los males, a fin de que te complazcan todas mis acciones e incluso toda mi vida. Pues en tus manos me encomiendo a mí,[2] y a mi cuerpo y alma y todas las cosas. Que tu Ángel esté conmigo, para que el diablo no recabe ningún derecho sobre mí.[3] Amén».

---

[1] Sal. 124:8.
[2] Sal. 31:6 (error: Sal. 31:5).
[3] Sal. 34:8 (error: Sal. 34:7); 92:11 (error: 91:11 [F]).

Padre nuestro que estás en los cielos, etc.[4]
El Señor guardará tu entrada y tu salida, desde ahora y hasta siempre. Salmo 121.[5]

Otra oración
Nuestro socorro, etc. Salmo 124.[6]
«Señor Dios, Padre celestial, te doy gracias de todo corazón, porque esta noche me has guardado tan paternalmente de todos los infortunios y peligros. Y te ruego, oh Dios misericordioso, enséñame hoy a hacer tu voluntad,[7] guárdame, y por tu bondad provee todas mis provisiones necesarias para la vida.[8] Haz, te ruego, que lo que inicio y hago resulte para tu gloria[9] y para utilidad del prójimo.[10] Guarda también después a tu Iglesia. Protege a nuestros magistrados. Dirige a los ministros de tu Palabra, ayuda a los que enseñan, cuida de nuestros padres, hermanos, hermanas, cuñados, amigos y a todos los que confían en ti. Ayúdanos de tal manera que digamos y hagamos cosas gratas para ti y saludables para nosotros y los demás; por nuestro Señor Jesucristo, que nos mandó orar así».
Padre nuestro que estás en los cielos, etc.[11]
El Señor guardará tu salida y tu entrada, etc. Salmo 121.[12]

---

[4] Mat. 6:9.
[5] Sal. 121:8.
[6] Sal. 124:8.
[7] Sal. 143:10.
[8] Mat. 6:26.
[9] Col. 3:17.
[10] Mat. 5:16; Fil. 2:15; 1 Ped. 2:12.
[11] Mat. 6:9; Luc. 11:2.
[12] Sal. 121:8.

Oraciones por los niños que van a la escuela

Salmo 119. ¿En qué limpiará el mozo su camino? Cuando guardare tus palabras. Con todo mi corazón te he buscado, no me dejes errar de tus mandamientos.[13]

«Señor Dios, Padre celestial, que nos creaste como hombres racionales,[14] para que aprendiéramos e hiciéramos algún bien; te rogamos, concédenos tu Espíritu Santo, por cuya ayuda conozcamos rectamente tu santa voluntad por tu Palabra,[15] santifiquemos y celebremos tu nombre y también sirvamos fraternalmente al prójimo; por nuestro Señor Jesucristo, que nos mandó orar así».

Padre nuestro que estás en los cielos, etc.[16]

El secreto del Señor es con los que le temen; y su concierto para hacerles saber. Salmo 25.[17]

Otra oración

«Oh Señor Jesucristo, que, siendo niño de doce años,[18] te sentaste en medio de los doctores, escuchándolos e interrogándolos, y que, a tu tierna edad, añadiste la ventaja de la docilidad, añade a la propensión de mi naturaleza el auxilio de tu gracia para que aprenda más rápidamente las letras y las disciplinas liberales, de las cuales mi mente, con los apoyos, ayudada de forma más plena, consiga el conocimiento de ti, el cual es la suma de la felicidad humana; para que, a ejemplo de tu

---

[13] Sal. 119:9–10.

[14] Sir. 17:11.

[15] Sab. 7:7; Sant. 1:5.

[16] Mat. 6:9; Luc. 11:2.

[17] Sal. 25:14, 34 (error: Sal. 25:4 [H]).

[18] Luc. 2:45 (error: Luc. 2:42).

santísima infancia, aproveche de día en día en edad, sabiduría y gracia ante Dios y los hombres. Amén».
Padre nuestro que estás en los cielos, etc.[19]

Por los que salen de la escuela

Te alabaré con rectitud de corazón, cuando aprendiere los juicios de tu justicia. Tus estatutos guardaré; no me dejes largamente. Salmo 119.[20]

«Señor Dios, Padre celestial, por los preciosos dones de la doctrina que he recibido, te doy gracias de todo corazón; dame además la gracia para que, las cosas que he aprendido, las retenga fielmente en la memoria, siga felizmente en los estudios de las letras para que de día en día me vaya haciendo más docto,[21] para propagar la gloria de tu nombre y promover mi salvación y la de mi prójimo; por nuestro Señor Jesucristo, que nos mandó orar así».

Padre nuestro que estás en los cielos, etc.[22]

Hazme saber el camino en el que ando, porque tú eres mi Dios. Tu buen Espíritu me guíe a tierra de rectitud. Salmo 143.[23]

Oración antes de tomar la comida en la mesa

Los ojos de todos esperan a ti, Señor; y tú das su comida en su tiempo oportuno. Tú abres tu mano, y hartas de bendición todo viviente.[24]

---

[19] Mat. 6:9; Luc. 11:2.
[20] Sal. 119:7–8.
[21] Luc. 1:80; 2:40, 51.
[22] Mat. 6:9; Luc. 11:2.
[23] Sal. 143:10.
[24] Sal. 145:15 s.

Padre nuestro que estás en los cielos, etc.[25]

«Señor Dios, Padre celestial, bendícenos a nosotros y a estos dones que tomamos de tu generosidad;[26] por Jesucristo, nuestro Señor. Amén».

Así nos lo avisa Jesucristo en Lucas 21: «Mirad por vosotros que vuestros corazones no sean cargados de glotonería y embriaguez, y de los cuidados de esta vida; y venga de repente sobre vosotros aquel día; porque como un lazo vendrá sobre todos los que habitan sobre la haz de toda la tierra».[27]

Otra oración

Los ojos de todos esperan a ti, Señor, etc.[28]

«Señor Dios, Padre celestial, te damos gracias y alabanzas por tus preciosos dones que tan abundantemente nos proporcionas; y te rogamos que nos concedas que no los utilicemos inmoderadamente para el placer de nuestra carne,[29] sino con verdadera acción de gracias,[30] sobria y moderadamente;[31] a fin de que tanto más adecuadamente podamos darte gracias,[32] servir al prójimo y ayudarlo; por Jesucristo nuestro Señor, que nos mandó orar así». Padre nuestro que estás en, etc.[33]

Así nos avisa el Señor en Lucas 21: «Mirad por vosotros, etc.».[34]

---

[25] Mat. 6:9; Luc. 11:2.

[26] 1 Tim. 4:5.

[27] Mat. 6:91 (error: Mat. 6:19); Luc. 21:34.

[28] Sal. 145:15.

[29] Ef. 5:18.

[30] 1 Tim. 4:3.

[31] 1 Ped. 5:8.

[32] 1 Cor. 10:31; Col. 3:17.

[33] Mat. 6:9; Luc. 11:2.

[34] Mat. 6:91 (error: Mat. 6:19); Luc. 21:34.

Acción de gracias después de tomar la comida

Así habla el Señor nuestro Dios en Deuteronomio 8: «Cuando comas y te hartes, bendecirás al Señor tu Dios, y guárdate que no te olvides del Señor tu Dios».[35]

Alabad al Señor porque es bueno, porque para siempre es su misericordia.[36]

El que da alimento a toda carne,[37] el que da a la bestia su mantenimiento;[38] a los hijos de los cuervos que claman a Él.[39]

No encuentra contentamiento en la fortaleza del caballo;[40] ni se deleita con las piernas del varón.[41] El Señor se complace con los que le temen y con aquellos que esperan en su misericordia.[42]

Padre nuestro que estás en los cielos, etc.[43]

«Te damos gracias, Dios Padre, por Jesucristo nuestro Señor, por todos tus beneficios, a ti que vives y reinas por los siglos de los siglos. Amén».

Salmo 117: «Alabad al Señor todas las gentes; alabadlo todos los pueblos. Porque su misericordia ha engrandecido sobre nosotros y la verdad del Señor es para siempre. Aleluya».[44]

---

[35] Deut. 8:10.

[36] Sal. 106:1; 118:1; 136:1.

[37] Sal. 104:17; 136:25.

[38] Sal. 147:9–10.

[39] Job 39:3 (error: Job 38:41); Luc. 12:24.

[40] Sal. 147:10.

[41] Jdt. 9:11 s.

[42] Isa. 57:13 (posible error: comp. Isa. 57:11); 66:2.

[43] Mat. 6:9; Luc. 11:2.

[44] Sal. 117:1 s.

Otra oración

Cuando comieres, etc.[45]

«Señor Dios, Padre celestial, te damos gracias de todo corazón por tus sumos beneficios que tan abundantemente nos proporcionas; y te rogamos, danos tu gracia, para que nuestra alma también se alimente y se reponga por tu Palabra[46] y sea confirmada por tu Espíritu Santo, para que te amemos de corazón y te sirvamos para alabanza y gloria de tu nombre, para ventaja y utilidad de nuestro prójimo, como ya has proporcionado alimento a nuestro cuerpo por tu clemencia paternal; por nuestro Señor Jesucristo, que nos mandó orar así».

Padre nuestro que estás en los cielos, etc.[47]

Salmo 117: «Alabad al Señor todas las gentes; alabadlo todos los pueblos».[48]

Oración vespertina

Nuestro socorro está en el nombre del Señor, que hizo el cielo y la tierra.[49]

«Te doy gracias, mi Padre celestial, por Jesucristo tu hijo amado, porque este día me has guardado con misericordia gratuita. Te ruego que quieras perdonarme todos mis pecados, que injustamente he cometido,[50] y que quieras conservarme con

---

[45] Deut. 8:10.

[46] Deut. 8:3; Sab. 16:26; Mat. 4:4.

[47] Mat. 6:9; Luc. 11:2.

[48] Sal. 117:1.

[49] Sal. 124:8.

[50] Sal. 31:6 (error: Sal. 32:6 [H]); Dan. 9:5, 19; Luc. 5:21 (posible error: comp. Luc. 15:21 [F]); 18:13.

tu gracia esta noche. Pues en tus manos me encomiendo a mí, y a mi cuerpo y alma y a todas las cosas.[51] Que tu santo Ángel esté conmigo, para que el diablo no recabe ningún derecho sobre mí. Amén».[52]

Padre nuestro que estás en los cielos, etc.[53]

Salmo 141: «Sea enderezada mi oración delante de ti como el incienso; el don de mis manos como la ofrenda vespertina».[54]

Otra oración vespertina

Nuestro socorro, etc. Salmo 124.[55]

«Señor Dios, Padre celestial, te doy gracias de todo mi corazón, porque este día me has defendido,[56] custodiado y dado las cosas necesarias para mi vida tan paternalmente; e imploro tu gracia, para que me perdones todos los pecados con los que te he ofendido hoy, sea de pensamiento, o palabras, o hechos;[57] también te ruego que quieras actuar para mi cuidado y defenderme en esta noche, para que en tu nombre duerma con seguridad,[58] y me levante por la mañana para gloria de tu nombre.[59] Guarda igualmente a tu Iglesia, a nuestros magistrados,[60] pastores y ministros de la Palabra,[61] como a los

---

[51] Sal. 31:6 (error: Sal. 31:5).

[52] Sal. 34:8 (error: Sal. 34:7); 91:11.

[53] Mat. 6:9; Luc. 11:2.

[54] Sal. 141:2.

[55] Sal. 124:8.

[56] Sal. 17:8; Zac. 2:8.

[57] Sal. 119:7.

[58] Mat. 6:26.

[59] Sal. 59:17.

[60] Rom. 13:a (vv. 1s); 1 Tim. 2:1.

[61] Mat. 9:38; 13:8; Luc. 10:2.

que enseñan, padres, hermanos, hermanas, amigos y a todos los que confían en ti. Por Jesucristo nuestro Señor, que nos mandó orar así».

Padre nuestro que estás en los cielos, etc.[62]

Salmo 141: «Sea enderezada mi oración...».[63]

Oración cristiana para la conclusión de la formación infantil

«Te doy gracias, Señor Dios, Padre celestial, porque has encendido clementísimamente la luz salvífica de tu Palabra, y nos has concedido que luzca hasta este tiempo.[64] Conserva siempre entre nosotros esta lucerna y pura doctrina de tu Palabra,[65] para que no la extingan el diablo o el mundo malicioso.[66] Ten misericordia de nosotros, Padre carísimo, para que esto no nos ocurra; somos jóvenes e incultos, y necesitamos en máximo grado ser cada día instituidos más correctamente en tu temor y Palabra por nuestros padres,[67] predicadores y maestros, y aprender a conocerte, cuanto más tiempo, tanto mejor.[68] Pero puesto que los enemigos de tu Palabra desean seducirnos de la verdad hacia la idolatría y las tinieblas anteriores y privarnos absolutamente de tu Palabra, aleja, oh Padre carísimo, esta miseria por tu santo nombre. Dijiste que quieres perfeccionar tu alabanza de la boca de los niños y de

---

[62] Mat. 6:9; Luc. 11:2.

[63] Sal. 141:2.

[64] Sal. 19:9; 119:105; Prov. 6:23; 2 Cor. 4:9 (error: 2 Cor. 4:6 [F]); 2 Ped. 1:19.

[65] Sal. 4:7 (error: Sal. 4:6).

[66] Rom. 16:19 s.; 1 Ped. 5:8.

[67] Prov. 22:6; Jer. 13:23 (posible error, pero no se puede averiguar la cita correcta).

[68] Col. 1:9; 1 Ped. 2:2; 2 Ped. 3:18.

los que maman;[69] por esa promesa te pedimos, oh Padre caro,
que des y concedas a tu Iglesia concordia, tranquilidad y paz,[70]
que sometas a todos los enemigos del evangelio, los cuales
ya nos tienen angustiados y afligidos; para que, con nuestros
hermanos y hermanas que están unidos con nosotros cada día,
retengamos esta luz saludable y para que mañana y tarde ellos
y nosotros te confesemos, invoquemos y alabemos a ti como
eterno Dios y único solaz nuestro,[71] que, con tu Hijo nuestro
Señor Jesucristo y el Espíritu Santo, vives y reinas por los siglos
de los siglos. Amén».

Fin.
Alabanza a Dios por los siglos.

---

[69] Sal. 8:2; Mat. 21:16.
[70] Sal. 122:7; 125:5.
[71] Sal. 141:2.

Apéndice apologético en pro del catecismo precedente

L os ministros y los pastores de la iglesia que se congrega en Amberes bajo la Confesión de Augsburgo, a la misma iglesia y a todos los piadosos y cándidos lectores; paz y verdadero consenso cristiano y unión en Cristo.

Este catecismo nuestro, puesto que sigue la luz de la Palabra de Dios y ha sido añadido para promover la piedad, no puede carecer de envidia y maledicencia, por lo demás vana y que finalmente le habrá conseguido esplendor más bien que quitárselo, como está escrito: «La luz resplandece en las tinieblas, y las tinieblas no la comprendieron».[1] Y en efecto, en aquella colisión y contienda de tinieblas con la luz no faltarán también los hijos de la luz que, con rectitud y sinceridad, y

---

[1] Juan 1 (comp. v. 5).

juzgando finalmente desde la luz, patrocinen a la luz y aporten un luminoso testimonio. Así Cristo: «Mas la sabiduría es justificada (dijo) de sus hijos».[2]

Tan pronto salió a la luz (por omitir a otros enemigos externos), los primeros que empezaron a pellizcarlos fueron aquellos que, a pesar de jactarse de ser ellos de la Confesión de Augsburgo en esta ciudad, sin embargo, nuestra iglesia, la cual profesa sinceramente la Confesión de Augsburgo y en ese nombre se mantiene constantemente firme en la batalla contra múltiples enemigos, hace ya tiempo que tuvo la experiencia de, para su incolumidad y aumento, resistir insignemente a aquellos que, ya mucho antes de la edición del catecismo, se habían separado de la comunión de la iglesia por otras causas. Estos, como cáncer que siempre crece, con sus maldiciones, primero arrastraron tras sí a algunos pocos más simples; después, a algunos otros de apariencia ciertamente más cautos, pero que padecían manifiestamente de la misma enfermedad de envidia y confrontación.

Hemos considerado que se debe hacer frente a este mal para que no crezca con más difusión, a fin de que, si puede ser, también aquellos sean sanados, si no, sean retenidos al menos y la iglesia, advertida e informada, tome precauciones ante sus mordeduras. Pero acudiremos ahora no de otro modo que aportando la razón de nuestra decisión de componer el catecismo, añadiendo después los juicios de algunos graves varones que aprobaron tanto nuestra decisión como nuestro mismo catecismo, y ambas cosas breve y sinceramente delante de Dios.

---

[2] Mat. (comp. 11:19).

Por lo que atañe a lo primero. Cuando compusimos este catecismo, nunca tuvimos en mente crear ni siquiera el más pequeño prejuicio a los otros catecismos que en las iglesias y escuelas profesan sinceramente la Confesión de Augsburgo en uso común, y de esa sinceridad y candor de nuestra alma nos es testigo Dios. Pero lo compusimos en su mayor parte, no a partir de nuestros propios hallazgos, sino a partir de los otros catecismos de nuestras iglesias, los cuales, fuera de ningún prejuicio de los otros en cuanto al método, perspicuidad y acopio de cosas necesarias para la institución catequística, consideramos más adecuados y más aptos.

Catecismo de Lutero

Tomamos el catecismo de Lutero como base y principal fundamento para nuestra obra, del que haberse mantenido sobre sus primeros vestigios nos es testigo de la misma realidad. Y esto no solo por la autoridad del excelso varón, sino sobre todo por aquello de que las primeras chispas de esta luz restituida por beneficio de Dios, y además las primeras semillas de tan gran cosecha y de tan gran provecho, fueron entregadas en él, las cuales incluso con las palabras de él mismo en lo que pueda hacerse, es religioso que se conserven en la iglesia.

Catecismo de la Iglesia de Estrasburgo

Al catecismo de la iglesia de Estrasburgo le dimos el segundo puesto en esta elección nuestra, utilizados a veces otros también, conforme permitió tanto la importunidad de tiempo como la angustia de la misma obra.

A esas partes de estos, cumplidas y elegidas por nosotros, añadimos algunas cosas del nuestro que parecieron referirse a la misma institución. Algunas definiciones, sobre todo del bautismo y de la Cena del Señor, las utilizamos por no tan ajenas como las propias que construimos; o si alguien prefiere, las definiciones del propio Lutero, retenidos los contenidos mismos, incluso también las palabras, en cuanto pudo hacerse, las hicimos nuestras, mudadas solamente las formas. Y ni en esa, o bien innovación, o bien mutación, nos faltó proyecto quizá no inadmisible. Este fue, en primer lugar, aparte de otras razones, que a aquellos que acusaban las definiciones de Lutero del bautismo y de la Cena del Señor como menos dialécticas, se les evitara en nuestro catecismo la ocasión, fuese justa o no, de perturbar y eliminar los propios contenidos a causa de la construcción de la frase. Pero en ambos casos, esto es, tanto en lo añadido de lo nuestro a los hallazgos de los otros, como en las mutaciones en algunos pasajes de las proposiciones de Lutero o de los otros, a la forma de la frase, conforme consideramos más adecuadamente, con los contenidos íntegramente intactos y sin mutaciones, quizá más firmemente constituidos y más dilucidados, nunca le tuvimos miedo, ni hasta ahora tememos, de que el juicio de algún hombre sano, que, como es natural, fácilmente ha de ver que nosotros no introdujimos aquí nada nuevo o que no sea de nuestro derecho, a saber, que no fuera lícito también a otros muchísimos varones doctos y piadosos que religiosamente utilizaron antes que nosotros el mismo argumento, y no solo contra las definiciones de Lutero, sino también, lo que es más relevante, contra las propias palabras de la Escritura. Pues hay constancia de que es obligación del traductor fiel y perito de ellas constituir alguna vez a partir de unas sentencias simples unas definiciones concordes con el arte, alguna vez incluso a las constituidas menos dialécticamente, o que son menos perspicuas por el exiguo aparato de palabras, añadir luz tanto de palabras como de contenidos, pero para ilustrarlas no para transmutarlas.

Pero aquí ya somos acusados de que a las definiciones de Lutero sobre el bautismo y la Cena del Señor, claras por sí mismas, no les hemos añadido luz, sino oscuridad y ambigüedad. Ahora bien, a nosotros nos pareció, y aún nos parece, lo contrario: quede el juicio en manos de los sanos y peritos.

Discuten, discutan cuanto quieran, que las mismas definiciones de Lutero son las más dialécticas. Los que conocen la opinión de Lutero la defienden; en esas definiciones más que un defecto interpretan cándidamente un desprecio de la dialéctica. ¿Por qué, por consiguiente (dicen), no despreciasteis vosotros las cosas que el varón de Dios consideró que debían ser despreciadas? Porque los tiempos y las contiendas largas nos enseñaron por experiencia que ni siquiera esto se debe despreciar; y principalmente cuando ya se haya de tratar no con niños, sino con varones doctos y a la vez importunos.

¡Ahora bien, vuestras palabras (dicen) son ambiguas! No más que las del mismo Cristo, no más que las del mismo Lutero, si alguien examina bien las dos sin candidez, y las que se vuelven ambiguas por la astucia de los adversarios más que por su naturaleza, se pueden interpretar cándidamente a partir de la Palabra de Dios, y a partir de la opinión común legítimamente recibida en nuestras iglesias y avisar diligentemente a los oyentes para que tengan cuidado con lo perverso. Hay peligro (dicen) de que bajo vuestra definición se oculte algún calvinista.

Es ciertamente peligroso no menos grave que, a través de las definiciones de Lutero, aceptadas perversamente y al margen del pensamiento del autor, y además con gran ofensa de este, algún papista a partir del sacramento de la Cena del Señor, que es acción, nos haga de nuevo un sacramento permanente, que sea el cuerpo de Cristo antes de usarlo y después de usarlo. Pero a estos y a otros peligros semejantes nunca se les hará frente con más suficiencia que con la diligencia fiel y constante de los pastores en sus predicaciones, cuantas veces surja la ocasión.

¿Os encargáis (dicen) de arrebatar de las manos de los hombres el catecismo de Lutero mediante la edición de otro? Es calumnia que ataca con nosotros a todos los que, después de Lutero, editaron catecismos en nuestras iglesias. Está mutilada (dicen) la definición de la fe que solamente abarca conocimiento de Dios y confianza en él, etc. Ojalá, incluso estas pocas cosas que contiene todos, vosotros y también nosotros, las cumpliéramos, es decir, teniendo verdadero conocimiento de Dios y confianza en Él; tendríamos ciertamente todas las restantes cosas que parecen faltaros: Mediador, remisión de los pecados y además más caridad y amor mutuo, amor de la justicia, del candor y de la sinceridad, especialmente de la modestia y de la humildad cristiana. Pero ¿qué diréis, oh buenos, de la definición de la fe del catecismo de Estrasburgo, la cual es más restringida que la nuestra? ¿Qué de aquella definición del Apóstol en Hebreos 11, en la que no hay ninguna mención del conocimiento de Dios, ni de la confianza, ni del Mediador, ni de la remisión de los pecados, más aún, ni siquiera de la Palabra? Diréis quizá, y con razón, que todo eso se incluye en aquellas palabras expuestas, la sustancia de las cosas que hay que esperar, etc. Interpretad así, pues, en nuestra definición en pro de vuestro candor y erudición, a partir de cuya abundancia debéis suplir nuestros defectos.

Faltan todavía muchas cosas (dicen finalmente) en vuestro catecismo. Pero, sin embargo, más ciertamente algo había sido dejado en el catecismo de Lutero y en los buenos intérpretes sinceros.

Esas son las principales faltas que achacan a nuestro catecismo y a nosotros sus autores aquellos que nada por otra parte dejaron en toda la constitución u ordenación de nuestra iglesia sin morder ni roer. Si esas cosas son propias del Espíritu de Cristo o del espíritu turbador y contencioso, júzguenlo los peritos y exploradores de los espíritus sanos.

Las restantes cosas que objetan ciertamente son muchas, pues en nuestro catecismo a las palabras de Lutero nada se añadió o se cambió que carezca de mordedura; sin embargo, todas son vanas, y los detractores traicionen su espíritu más a ellas que causan daño a nuestro catecismo, de forma que será facilísimo mostrarlo cuando nos decidiéremos a examinarlas una por una, pero las examinaremos con el favor de Dios si viéremos que es aún necesario. Y hasta aquí sobre el método que seguimos en la composición de nuestro catecismo, por lo que atañe a la materia la cual esperamos que no será desaprobada por nadie que juzgue rectamente. Vayamos a los juicios de los doctos varones, los cuales consideramos que, dada su piedad y prudencia, de ninguna manera han de tolerar con gran disgusto que lo divulgamos, puesto que a ello nos obliga la grave necesidad por la importuna maldad de los detractores; y tenemos por cosa indudable que para ese fin nos fueron dados, para que, por la salvación e incolumidad de la iglesia, cuando la situación los pidiese, los opusiéramos a los adversarios.

Por consiguiente, el catecismo así editado, divulgado y recibido en nuestra iglesia con el común consenso de todos, lo transmitimos en toda Alemania, tanto para algunas de las más célebres universidades y para las iglesias de nuestra confesión, como también para algunos varones ilustres y sobresalientes por su piedad y doctrina, para que probásemos nuestro piadoso consenso cristiano con ellos a todos aquellos, y (como hace poco dijimos) para que oyésemos los juicios de aquellos, y al mismo tiempo tuviésemos qué oponer a los detractores, si algunos hubiere, para lo que no fuese suficiente nuestra exigua autoridad.

Profesores y ministros de la universidad e iglesia de Estrasburgo
El ministerio de la iglesia y de la universidad de Estrasburgo respondió textualmente así: «El catecismo (dijo) de la iglesia evangélica de Amberes, la cual profesa la Confesión de Augsburgo, aunque alguna vez más prolija que el nuestro y teniendo un poco más de cuestiones en todas las partes de la doctrina, y definiciones del bautismo y de la Santa Cena con cambios, sin embargo, la entendemos tal que en él nada repugna o bien a la Palabra de Dios, o bien al consenso de las iglesias evangélicas más puras. Consideramos, por consiguiente, que este catecismo puede enseñarse útilmente y ejercitarse la iglesia en él». Datado al 3 de febrero de 1581. Suscribieron con su firma Johann Marbach, doctor y superintendente; Johann Pappus, doctor y pastor en el alto templo; M. Nicolaus Florus, pastor en D. Aurelia; Mattheaus Negelinus, pastor en D. Wilhelmi; Johann Thomas, pastor en S. Nicolaum;

Johann Faber, pastor en S. Thomam; Johann Liptithius, pastor en D. Petrum Iuniorem; M. Elías Schadius, pastor en D. Petrum Seniorem.

D. Martin Chemnitz

El señor Martin Chemnitz, superintendente de la iglesia de Brunswick, interrogado en nombre de nuestra iglesia por cierto varón piadoso y docto enviado allí por la iglesia, acerca de qué opinaba sobre este nuestro catecismo, etc., respondió abierta y sinceramente, que lo aprobaba en todas sus partes, y que lo tenía por puro y cristiano, etc., y dijo además que también aprobaba en gran medida las adiciones puestas en nuestro catecismo, como también la adición del Decálogo íntegro.

D. Nicolaus Selneker

Esta opinión del señor Chemnitz la confirmó el señor Nicolaus Selneker, pastor y superintendente de la iglesia de Leipzig y profesor de su universidad. 16 de octubre de 1580.

Ministros de la iglesia de Worms

Confirmaron la misma Israel Achacius, Vittus Reisner y Andreas Wilkius, predicadores de la iglesia de Worms, y de mano propia la suscribieron con su firma el último de diciembre de 1580.[*]

D. David Chythraeus, D. Simon Pauli

David Chythraeus, doctor y profesor de Sagrada Teología en la Universidad de Rostock, en respuesta a una carta del ministerio de esta iglesia, el 7 de julio de 1581: «Apruebo cándidamente

---

[*] NB: la edición latina pone «1680».

(dijo) vuestro catecismo y juntamente con vosotros juzgo que los sacramentos son acciones sagradas, y que fuera de la acción divinamente mandada, nada tiene razón de sacramento. Y no dudo de que vosotros sostendréis estas graves y justas causas con la circunspección y moderación dirigida a la edificación de vuestra iglesia, etc.». Esa carta la suscribió con su firma, juntamente con el señor Chythraeus, Simón Pauli, doctor y profesor de Sagrada Teología en el mismo lugar.

Igualmente el señor Chythraeus en carta a los señores diputados de esta iglesia, datada al 2 de julio de 1581: «Escribí (dijo) a vuestros predicadores, que desde aquí se dirigieron hacia ahí, para que no impugnen el catecismo que conviene en el fundamento de la doctrina de todos los artículos con la Palabra de Dios y con las confesiones comunes de nuestras iglesias, ni lo pongan en duda, sobre todo porque la declaración de él se ha de buscar desde la Palabra de Dios y de la confesión común de vuestra iglesia, etc.».

Aparte de estas aprobaciones de doctores y graves varones en la iglesia y de los juicios de nuestro catecismo, nadie que no prestase consenso abierto e íntegro en él tras su edición, fue recibido en nuestro ministerio, como también cabe en los demás capítulos de doctrina y disciplina, y esto bajo invocación del nombre divino.

D. *Conradus Beccerus. Johann Kray. Otto Friderici*

El señor Conradus Beccerus declaró tres veces su consenso en él sin ninguna excepción. En primer lugar, en Brunswick en presencia del doctor Chemnitz, aquel famoso varón pío del que hicimos mención más arriba, al cual lo había enviado la iglesia. En segundo lugar, aquí solemnemente en presencia del ministerio tan pronto como se presentó allí para ser recibido, según la costumbre de los que son de nuevo recibidos. En tercer lugar, en el consenso del ministerio de los diputados y diáconos al serle encomendada la inspección de esta iglesia.

Johann Aquensis. Sergus Regiomontanus.
Antonius. Theodorus Maier
Johann Engelberti alias Aquensis, y Segerus Regiomontanus el mismo día que el señor Beccerus, bajo la misma declaración de consenso, fueron admitidos en él delante del ministerio.

Notas tomadas textualmente de las actas
o protocolo del ministerio

Thaeodorus Maier
13 de abril del año 1581. Thaeodorus Maier compareció delante del ministerio solicitando para sí mismo ser recibido. Interrogado sobre el consenso en la confesión de Amberes, en los artículos de la concordia y la recepción de ministros, y en el catecismo nuestro, manifestó su consenso tan pronto como se le dio satisfacción en ciertas dudas que propuso en el catecismo, y con su mano testificó su consenso, etc.

M. Johann Isensee
Compareció también M. Johann Isensee delante del ministerio solicitando para sí mismo ser recibido. Interrogado sobre el consenso en la confesión de Amberes, en los artículos de la concordia y la recepción de ministros, y en el catecismo nuestro, manifestó su consenso tan pronto como se le dio satisfacción en ciertas dudas que propuso en el catecismo, y con su mano testificó su consenso.

Burchardus Iochow

Compareció también Burchardus Iochow, como más
arriba, textualmente, y con su mano testificó su consenso.
Burchardus Iochow.

M. Henricus Latomus

Compareció finalmente el maestro Henricus Latomus
delante del ministerio solicitando para sí mismo ser recibido.
Interrogado sobre el consenso en la confesión de Amberes, en
los artículos de la concordia y la recepción de ministros, y en el
catecismo nuestro, manifestó su consenso en todo. Firmó con
su mano, Henricus Latomus.

M. Conradus Schlusselburgius

M. Conradus Schlusselburgius, al ser recibido en el ministerio,
habiendo confesado esta declaración, la exhibió al ministerio
escrita de su mano y firmada.

«Yo, M. Conradus Schlusselburgius de Sajonia, con esta mi
mano, testifico que yo, el día 30 de mayo del año 81, notifiqué
con mi boca y corazón al venerable ministerio de la iglesia de
Amberes, la cual es adicta a la Confesión de Augsburgo, que
suscribo los artículos a mí exhibidos, el catecismo de esta iglesia
con la Confesión de Augsburgo, y la agenda eclesiástica, y
manifiesto mi consenso con el ministerio en su totalidad en todos
los capítulos de la doctrina cristiana, así como en esos escritos
más arriba nombrados, y contra ellos no enseñaré ni diré nada
ni en público ni en privado». Actuación como más arriba. Firma.
M. Conradus Schlusselburgius escribió de su propia mano y firmó.

Caspar Stapelius igualmente manifestó su consenso en su
totalidad al ser recibido en el ministerio.

M. Daniel Stangius, en su escrito de declaración de su consenso que, firmado de su mano, mostró al ministerio al ser recibido en él, protestó de la siguiente manera: que él de boca y corazón manifiesta que tiene a la catequesis de Amberes, editada en el año 80, por doctrina en consenso con la Palabra de Dios y que su voluntad es abrazarla, defenderla y explicarla conforme a los escritos proféticos y apostólicos y la Confesión de Augsburgo.

Pensamos que estas cosas serán ahora suficientes a los varones buenos y cándidos para la reivindicación de nuestro catecismo y para la pacificación de las conciencias simples y tiernas, que, impulsadas y perturbadas por las maledicencias de algunos, empezaron a dudar de la firmeza y sinceridad de la doctrina de aquel. A estos les exhortamos y les pedimos por Cristo y por Su salvación, que sean constantes y no permitan ser ellos abducidos y arrebatados en desviación del camino recto por las maledicencias de cualesquiera para juntamente con ellos perturbar la paz y tranquilidad de la iglesia, a menos que quieran sufrir juntamente con ellos la venganza divina. Y si todavía algo de escrúpulo o bien se adhiere a sus conciencias, o bien posteriormente les fuese introducido acerca del mismo catecismo, consulten cándida y sinceramente, como es lo adecuado, al ministerio de la iglesia.

Pero les advertiríamos en el Señor a aquellos que a tales perturbaciones excitaron o todavía foguean, que dejen de maldecir, de impedir el curso del evangelio, puesto que en nuestro catecismo no mostraron nada hasta ahora, ni podrán mostrarlo jamás, que sea incompatible con la Palabra de Dios o con nuestras confesiones, añadamos incluso, ni con el catecismo de Lutero, por cuyo trastornado e inepto celo, o más bien simulación de celo, intentan excitar la envidia contra nosotros. Y si algo en él les parece realmente a ellos ambiguo, deben, si son varones buenos, interpretarlo desde la Palabra de Dios y desde las confesiones recibidas en nuestra iglesia, no oponerse o llamar a la sospecha. Esto mismo inculcamos en todos los que son recibidos en nuestro ministerio, y con sinceridad y delante de Dios declaramos que no es otra nuestra mentalidad.

Y si todavía siguen maldiciendo, los denunciamos ante el juicio de Dios y su severa venganza. Que Dios les conceda arrepentimiento para que la rehúyan. Amén.

Fin.
Alabanza a Dios por los siglos.

Peroración de Aurelio Casiodoro

Antiguamente patricio romano, y después monje, varón verdaderamente teólogo, repleta de sentencias piadosísimas procedentes del libro «De anima», editada por Casiodoro de Reina a partir de un vetusto ejemplar manuscrito.

De la humildad

Ahora falta (sapientísimos varones, que florecéis en el ingenio) que, franqueada saludablemente la mole de este mundo, nos ofrezcamos velozmente a la misericordia divina, por la que plenísimamente son iluminadas las contemplaciones del que piensa. Entendámosle y amémosle; y luego conocemos verdaderamente nuestras almas, cuando sepamos de su largueza. Pues Él mismo es el maestro poderoso y perfecto que no solo dice las verdades a nuestra alma, sino que además hace que ella vea con mente iluminada lo que dijere. Por supuesto, en la escuela no puede encontrarse duro el corazón de Cristo, puesto que el que se le entregó con toda la integridad de la mente, ni puede ignorar lo que busca, ni perder lo que recibió en propia remuneración. El alma se hace, por lo tanto, magnífica, preciosa, rica cuando sabe que de por sí es pobre; poderosa si no se desvía de la muy saludable *humildad*. Muy feliz, finalmente, si conserva en la carne lo que se prueba que perdieron los ángeles en el cielo.

Regreso de Cristo

En efecto, a ti, Señor santo, nadie llega enalteciéndose, sino más bien a ti asciende humillado. A pesar de estar altísimo, te vuelvas más próximo a los incurvados con suplicación. Nuestra humildad es aceptable para ti. Amas lo que no buscas por ti; echas de menos lo que no necesitas. Pues ella es la madre de nuestra vida, la hermana de la caridad, la defensa singular del alma agitada; contraria y conquistadora de la soberbia. Y así como se conoce por el diablo que aquella es origen de los crímenes, del mismo modo se conoce por ti que es fuente de las virtudes. En verdad, en tu naturaleza de hombre asumida, sufriste un juicio tú que has de juzgar al mundo. Soportaste escupitajos odiosos en el rostro que los ángeles ansían ver insaciablemente. Bebiste hiel, tú que al género humano lo consideraste tan dulce, que, siendo el Señor de las cosas, te dignaste asumir naturaleza de siervo. Soportaste pacientemente la corona de espinas, tú que colmas el orbe de la tierra con diversidad de flores de premios. Soportaste la condición de la muerte, tú que das la vida a todas las criaturas. Y en la santa encarnación hubo tanta humildad como incomprensible majestad hay en tu divinidad. Pues por ti, Señor admirable, la pena se hizo descanso eterno, la pasión remediable, la muerte entrada de salvación de los fieles. Pues esta, que solía causar la extinción, concede vivir perpetuamente; no con injusticia, puesto que la que extinguió la vida de todos, con razón perdió el derecho de fallecimiento. Dada con desdoro, permanece con honor, puesto que la cosa que llevaba a los infiernos ahora conduce al cielo.

Verdaderamente omnipotente, tú que a las mismas miserias hiciste poderosas. Ninguno de los reyes es igual a tus indigentes; ningunas púrpuras se igualan con las redes de tus pescadores; puesto que aquellas empujan hacia tempestades mundanas, estas conducen hacia la costa de la seguridad eterna. Pobre por nosotros,[1] rico por lo tuyo, te hiciste socio de nuestra mortalidad para convertirnos en partícipes de tu eternidad. Con la humildad curas la soberbia, con la muerte abates al placentero. Sabes también hacer el bien a través de los inicuos, convirtiendo en ayuda lo que fue preparado para hacer daño, considerando más poderoso convertir las lesiones en utilidad que extirpar de raíz las causas de los males. Pues ¿cómo se conocerían las señales de tus beneficios si no se mostrasen los juicios de la parte adversa?

Súplica a Cristo, seguida de oración por los superiores
Así pues, tú, Señor Jesucristo, que por nosotros te rebajaste de tal manera, que te dignaste a hacerte hombre, no permitas que perezca en nosotros lo que decretaste asumir misericordiosamente. Nuestro mérito es tu indulgencia: concédeme lo que te ofrezca, guárdame lo que exiges, para que quieras coronar lo que ofreces. Vence sobre nosotros la odiosa potestad, la cual engaña de tal manera que deleita, deleita de tal manera que destruye. Dulce es el enemigo, el amigo amargo. Pues conoces con qué lúbrica ferocidad se desliza la serpiente. Con sus escamas repentinas agita insensiblemente todo el cuerpo. Y para que no se note su llegada, no deja señal impresa de huella. Tuvo envidia, ¡oh dolor!, a tan grandes

---

[1] de nuestro.

pueblos aun siendo dos; y todavía prosigue tras los temporales a los que con su impío rodeo hizo que fuesen mortales. Se destruye cuando engaña a otros, y no merece que con ningún fin se corrija quien ha de ser condenado por su engaño desde antiguo. Y por eso no aproveche[2] el inicuo, no prevalezca el muerto; no ejerza dominación sobre nosotros quien nunca sobresalió, sino que nos posea tu virtud que nos creó. Laméntese el que nos hizo perecer, con tal que, sin embargo, no permita que nosotros perezcamos como fue su voluntad. Señor, puesto que en nosotros no hay con qué seas remunerado, pero en ti siempre hay que conceder, líbrame de mí y consérvame en ti. Impugna lo que hice, y reivindica los que hiciste. Seré entonces mío si he llegado a ser tuyo. Camino sin error, verdad sin ambigüedad, vida sin fin, concédenos odiar los regalos y amar lo que ha de aprovechar. En ti pondré la prosperidad, a mí me aplicaré siempre la adversidad. Que sepa que nada soy sin ti; y que conozca cuál puedo ser contigo. Que entienda lo que soy para que merezca llegar a lo que no soy. Pues del mismo modo que, fuera de ti, no llegamos a existir, así sin ti no podemos ser provechosos. Sin embargo, se encaminan a la ruina todas las cosas que hayan sido segregadas de la piedad de tu majestad. Amarte es salvarse; temerte, alegrarse; haberte encontrado, haber crecido; haberte perdido, perecer. Finalmente es más noble servirte a ti que conquistar los reinos del mundo; y con razón, puesto que de siervos nos convertimos en hijos, de impíos en justos, de cautivos en liberados. Y por eso contra nuestros pecados surja la defensa de tu misericordia, que se concede a los desgraciados en testimonio de tu nombre; para que remunerados

---

[2] O presida.

con la trina condición sintamos propicia para con nosotros a la Trinidad. Pedimos porque lo ordenas; llamamos porque lo mandas; y prefieres contactar sin fin porque siempre avisas para que se te ruegue. ¡Oh altura de piedad! ¡Oh profundidad inabarcable! No pudiendo nadie recibir nada si resistes, das testimonio de que tú puedes soportar la fuerza ante nuestras plegarias, y con razón puesto que pedimos a un juez para que no seamos citados a un juicio penal; y esperamos ser liberados por la gracia del legislador, para que no podamos ser condenados por la constitución promulgada. A ti, Señor santo, Rey de reyes, te decimos confidencialmente «Perdona los pecados y concede lo no debido». Toda criatura te alaba por la bondad de tu obra. A ti te debemos el hecho de que existimos; estamos también obligados a contenernos con el regalo diario. Alegrémonos también desde aquí, gloriosísimo Señor, porque no pedimos en vano tus beneficios. Atempera, buen Artífice, el órgano de nuestro cuerpo para que pueda adaptarse a la armonía de la mente; y no se robustezca tanto que se ensoberbezca; ni languidezca tanto que quede deficiente. Tú conoces las cosas que son verdaderamente moderadas, colma tus vasos de tal manera que no se ofrezca capacidad para las cosas adversas. Domínese la razón, sirva la carne; puesto que solamente por ti puede hacerse que no pueda ofenderse por la fragilidad del cuerpo. A ti la gloria, la majestad y el imperio para siempre, que, siendo uno con el Padre y el Espíritu Santo, vives eternamente. Amén. Fin.

Otra oración para ser dicha por los niños en edad escolar para adquirir verdadero conocimiento

Por Casiodoro de Reina

Dulcísimo y clementísimo Señor Jesús, Rey[1] y Mesías,[2] Redentor,[3] Sacerdote[4] nuestro y a la vez sacrificio único[5] por nuestros pecados y finalmente toda vida,[6] salvación,[7] sabiduría, justicia, santificación nuestra,[8] y precio inestimable[9] de nuestra

---

[1] Zac. 9:9; Mat. 21:5.

[2] Juan 1:41.

[3] Job 19:25.

[4] Sal. 1:10, 4 (error: Sal. 110:4 [F]); Heb. 5:6; 7:17.

[5] Ef. 5:2; Heb. 10:14.

[6] Juan 14:6.

[7] Os. 13:9.

[8] 1 Cor. 1:30.

[9] 1 Cor. 6:20; 1 Ped. 1:18.

redención; tú que, desde tu absolutísima obediencia para con el Padre celestial,[10] y desde el sumo amor para con nosotros miserables pecadores[11] que merecíamos totalmente la muerte eterna y la maldición,[12] recibiste nuestros pecados[13] y sus penas como si fueras culpable de todos ellos,[14] siendo de otra manera inocentísimo,[15] para que, apartando de nosotros la justísima ira de Dios para con nosotros[16] y volviéndola contra ti mismo, le aplacases finalmente para nosotros con el sacrificio de tu muerte acerbisísima e ignominiosa, y reconciliases la paz para nosotros;[17] concédenos que perpetuamente reconozcamos este tu incomparable beneficio para con nosotros; y que recibamos la leche de tu doctrina celestial y conocimiento,[18] la cual se nos entregó en esta breve suma, y la cozamos con el calor de tu Espíritu y la bebamos con todas nuestras entrañas de tal manera que, nutridos y reconfortados con la virtud de ella,[19] aprendamos a renunciar de verdad al diablo,[20] al mundo[21] y a nosotros mismos,[22] y a seguirte perpetuamente; para que, despojándonos de día en

---

[10] Fil. 2:8.

[11] Rom. 5:6 s.

[12] Jer. 31:3; Ef. 5:25.

[13] Isa. 53:45 (error: Isa. 53:4–5); Juan 1:29; 1 Jn. 1:7; 2:2; Apoc. 1:5.

[14] Isa. 43:24 (posible error: comp. Isa. 43:2–4).

[15] 1 Ped. 2:22.

[16] Rom. 5:9.

[17] Juan 20:19.

[18] 1 Ped. 2:2.

[19] Luc. 8:15; 11:28; Sant. 1:21.

[20] 1 Ped. 5:8.

[21] Gál. 6:16 (error: Gál. 6:14 [F]).

[22] Gál. 3:10; 5:24.

día de los viejos adornos del pecado y vistiéndonos de ti, como referencia de aquel hombre nuevo,[23] verdadera imagen de Dios Padre en verdadera justicia y santidad, nos volvamos más aptos de día en día[24] para un alimento más sólido;[25] y hasta cuando continuamente acrecentados con el conocimiento salvífico de ti, lleguemos a ser finalmente varones perfectos a la medida de la edad de tu plenitud,[26] para alabanza y gloria de tu nombre e incremento del reino glorioso;[27] tú, que como un solo y eterno Dios con el mismo Padre y Espíritu Santo, vives y reinas para la eternidad.[28] Amén.

Fin.

---

[23] Col. 3:10 (error: Col. 3:9).

[24] Ef. 3:16; Fil. 1:9; 1 Tes. 4:1; 2 Ped. 3:18.

[25] Heb. 5:16 (error: Heb. 5:14).

[26] Ef. 4:13.

[27] 1 Cor. 10:31; Col. 3:17.

[28] Mat. 11:27; 28:18; Juan 3:35; Fil. 2:9.

Cartas y obras cortas
de Reina

❦

Introducción

Además de sus obras más conocidas y extensas (su traducción de la Biblia, declaración de fe, comentarios bíblicos, *Artes de la Santa Inquisición* y catecismo), Reina escribió otras obrillas y cartas menos conocidas, pero de mucha importancia para aquellos que quieren saber más de su teología, y sobre todo de su vida. Los textos aquí incluidos ayudan a llenar el vacío que queda sobre las percepciones que mucha gente tiene de Reina y a poner una cara humana a esta figura casi mitológica dentro de los círculos protestantes.

De las aproximadamente noventa obrillas y cartas conocidas de Reina, solo se han podido incluir diecisiete. Estos textos son los más importantes para entender mejor su teología y enfoque de la vida cristiana y para ver algunos de los momentos más importantes de su vida. Los temas recurrentes son la Biblia del Oso (esp. durante 1560–1569), la controversia sobre la Santa Cena (esp. durante 1565–1580), su vida inestable y su pobreza y entrega forzada a varios oficios para ganarse la vida. En todo esto, destaca otro tema recurrente en la vida de Reina: su corazón pastoral.

Cada texto está acompañado de una introducción que resalta los elementos más importantes y proporciona el contexto histórico o teológico para facilitar su comprensión. Casi todas las traducciones fueron realizadas por Francisco Ruiz de Pablos, con quien todos tenemos una deuda casi impagable por haber traducido prácticamente el *corpus* entero de Reina.[1]

---

[1] Como editor, he revisado las traducciones y realizado pequeños cambios cuando fue necesario..

Texto 1: Solicitud de Reina para celebrar reuniones públicas en Londres (1560)

E ste es el primer texto que sabemos que viene de la pluma de Reina. Contiene un resumen de la solicitud que Reina entregó al obispo de Londres (Edmund Grindal) y al primer secretario de la reina Isabel I. Al llegar a Londres en 1559 (probablemente a mediados o finales del año), Reina quería reunir a todos los hispanoparlantes para que formaran su propia iglesia y celebraran sus cultos en una iglesia pública (y no seguir celebrándolos en casas). Según la propia carta, llevaban «más de un año» reuniéndose en casas, pero Reina estaba convencido de que no convenía seguir haciéndolo por las tres razones dadas en el texto (el temor a los españoles, las calumnias de los enemigos y algunos factores políticos). Es interesante señalar que, aunque Reina menciona que está pidiendo «permiso de reunión pública para rezar y predicar», no menciona nada de celebrar los sacramentos, probablemente porque ya se había decidido que la iglesia española no podía celebrarlos, sino que tenía que unirse a la iglesia de habla francesa el primer domingo del mes para hacerlo.

Traducción[1]

Solicitud de Reina, en nombre de los españoles de Londres, de reunión pública en la que poder celebrar la liturgia. Londres 1560.

Resumen de un escrito anterior presentado a los ilustrísimos señores, el obispo de Londres y al primer secretario de su Real Majestad, en el que dábamos a conocer las razones que nos obligan a pedir permiso de reunión pública para rezar y predicar. Y les suplicamos por Jesucristo que, admitiendo estas súplicas nuestras, presten atención a este asunto.

Hasta ahora, llevados de vuestro consejo prudente y piadoso, excelentes señores, nos hemos reunido en casas particulares

---

[1] Texto latín: *Bibliotheca Wiffeniana* 2:190–191; traducción, Andrés Oyola Fabián (comp. Andrés Oyola Fabián, *et al.*, *Algunos textos de Casiodoro de Reina, traducido del latín y un prefacio del alemán* [Sevilla: Cimpe, 2019]).

para nuestros rezos y sermones. Pero la necesidad nos empuja ya a pedir el permiso de reunirnos públicamente en algún templo de los muchos que nos ofrecen para ello los piadosos ministros de esta ciudad. Quedará manifiesto cómo es la necesidad que nos urge, por las razones siguientes:

1. En primer lugar, mientras nos reunimos en casas particulares, comprobamos que se frena el reino de Cristo, por cuanto muchos se sustraen a nuestra reunión, otros no se atreven en absoluto a reunirse con nosotros, por ponerse en riesgo a sí mismos y a sus asuntos en España, donde tienen sus negocios. Pues fácilmente son señalados quienes se unen a nosotros, muy vigilados por aquí por nuestros enemigos, cosa que no pasaría en un lugar público, donde cualquiera puede acceder sin peligro.

2. En segundo lugar, al juntarnos tan frecuentemente en casas particulares, sobre todo en una ciudad libre, gracias a Dios, para reuniones cristianas, ofrecemos a los enemigos un motivo de interpretarnos a nosotros y a nuestra doctrina más indignamente que antes. Pues dicen abiertamente que alimentamos en el interior cosas extrañas, como las llaman, mal vistas incluso por los propios luteranos, porque en una ciudad tan luterana no estimamos seguro para nosotros presentarnos en público. Y no dudo que, igual que nos atacan por ahí sin pudor con esta calumnia, pasen también cartas a España. Ciertamente con esta falsa razón nos van a granjear una gran carga de odio no solo entre nuestros enemigos, sino también entre amigos y hermanos. Me gustaría hacer presente el evangelio de Cristo, anunciado de corazón por nosotros, que se ve obligado sin duda a sufrir esta afrenta por causa de nuestras reuniones.

3. Y si no se nos concede lo que pedimos, es de temer que demos mayor ocasión de enfrentamientos con el rey de España, pues en cuanto lo sepamos, nos moveremos con más gusto por toda Inglaterra que dar ocasión a que los reyes se levanten por culpa nuestra. Y no nos avergüenza, en medio de peligro tan grande, comprar este permiso que solicitamos, pues nos impulsa la caridad de Cristo, por cuyo riesgo rechazamos esta afrenta. Y que el embajador de España vaya a interceder en este asunto, ni se me pasa por la cabeza. Primero porque desde que hace ya más de un año que venimos actuando, hemos tenido reuniones con el nombre de iglesia española, el embajador tiene conocimiento de ello y ha prohibido también a los suyos que participen en nuestras reuniones, y de ninguna manera ha intercedido hasta ahora, evidentemente porque no puede o porque no quiere. Si lo primero, nada hay que temer de quien no puede; si lo segundo, también debemos felicitarnos nosotros de tan sano pensamiento. Añado, además, que, después de doce días, yo mismo he confesado ingenuamente que hasta el presente no se ha opuesto nunca, ni por haber querido fundar una iglesia nueva, porque no tiene nada de eso entre sus misiones, ni quiere ningún mal contra nosotros. Paso por alto otras cosas, que, si salieron de un corazón sincero, nos permiten esperanzas más grandes. Si no, la necesidad nos empuja a arrostrar el peligro. Solo os suplico, ilustres señores, que penséis cuánto podéis mover simplemente los intereses de Cristo con un poco de ayuda de vuestra parte, si os ponéis a la obra según vuestra fe.

> Muy afecto a vuestra generosidad
> Casiodoro, de Sevilla.

Texto 2: La confesión de Estrasburgo (24 de marzo de 1565)

D espués de su huida de Londres el 21 de septiembre de 1563, Reina pasó 1564 y los primeros meses de 1565 en varios sitios de Francia. En algún momento a finales de 1564 o inicios de 1565, Reina fue invitado a ser el pastor de la iglesia reformada de habla francesa en Estrasburgo. Dicha iglesia fue cerrada en 1563 debido a una controversia entre las iglesias luterana y reformada sobre sus diferencias teológicas. Pastores y teólogos reformados que vivían en otras ciudades temían que la antigua iglesia reformada iba a convertirse en luterana, y por tanto esperaban que un varón netamente reformado fuera el próximo pastor. Reina no estaba del todo convencido de aceptar la invitación por el tema de la división entre las iglesias de la ciudad y también porque su caso en Londres no estaba resuelto, pero decidió trasladarse allí para ver la situación de primera mano.

En ruta a dicha ciudad en febrero o marzo de 1565, Reina
paró unos días en Heidelberg, donde habló con algunos de
los teólogos más importantes del bando reformado: Gaspar
Olevianus, Johann Silvanus, Franciscus Mosellanus, Pierre
Boquin y Zacharius Ursinus (y posiblemente Immanuel
Tremellius). Gaspar Olevianus tuvo una larga conversación
con Reina sobre la doctrina de la Santa Cena, que acabó en
un debate con gritos y acusaciones mutuos. Parece que los dos
lograron hacer las paces, pero Olevianus (y aparentemente, de
alguna manera u otra, Silvanus y Mosellanus) escribió una carta
a la iglesia reformada de Estrasburgo para avisarles que Reina
no era verdaderamente reformado. Los líderes de la iglesia le
dieron a Reina la oportunidad de defenderse, y el resultado fue
el texto que está traducido a continuación.[1]

Este texto, conocido como «La confesión de Estrasburgo»,
se convertirá en el texto principal de debate entre Reina y su
crítico más feroz, Teodoro de Beza. Aunque es cierto que Reina
era irenista y un moderado en su teología, no era ignorante. El
debate entre Beza y Reina demuestra que había pensado mucho
en la Santa Cena, desde la pura teología hasta las consecuencias
ecuménicas y pastorales.

Es importante señalar el equilibrio entre la verdad y la gracia
en esta obra: en cuanto a la verdad, Reina profesa su lealtad y
sumisión a los libros canónicos y credos históricos (apostólico,
niceno constantinopolitano y de Atanasio); en cuanto a la
gracia, aunque tenga una perspectiva clara y sepa defenderla

---

[1] Para la versión del encuentro según Olevianus, comp. A. A. van Schelven,
«Cassiodorus de Reyna, Christophorus Fabricius en Gaspar Olevianus», *Nederlands
archiefvoorkerk geschiedenis* 8 n 4 (1911): 329–332.

bien, no permite que su postura rompa la unidad de la Iglesia. Para justificar este equilibrio, Reina recurre a la Concordia de Wittenberg de 1536 (ver el Apéndice), en la cual luteranos y reformados (entre otros: Martín Lutero, Felipe Melanchthon, Martín Bucero y Wolfgang Capito) llegaron a un acuerdo sobre la Santa Cena, y seguirá recurriendo a ella para el resto de su vida.

También es importante señalar la distinción que Reina hace entre doctrinas primarias y secundarias. Para Reina, las doctrinas primeras están contenidas en los tres credos más importantes en la iglesia occidental: el Apostólico, el Niceno-Constantinopolitano y el de Atanasio. Además, aunque no llegan al mismo nivel que los credos históricos, Reina afirma su lealtad a las enseñanzas y confesiones reformadas más representativas del movimiento: las de Ginebra, Fráncfort y Londres, probablemente porque cree que son buenas explicaciones de las enseñanzas contenidas en las Escrituras y los credos históricos. Las doctrinas secundarias son las que no tienen que ver directamente con el evangelio, por ejemplo, puntualizaciones sobre la Santa Cena. Reina creía que era suficiente afirmar lo básico (en este caso, que Cristo estaba presente en la Santa Cena), sin especificar más.

Reina vivirá entre Estrasburgo y Fráncfort hasta septiembre u octubre de 1567, y aún no se sabe si aceptó la invitación de ser pastor.

Traducción[1]

Respuesta de Casiodoro a la iglesia sobre la carta de Olevianus.

Estrasburgo, 24 de marzo de 1565.

A los hermanos extranjeros que están en Estrasburgo, profesando el evangelio de nuestro Señor Jesucristo, gracia y paz de parte del Señor.

Hermanos en Cristo, con el propósito de evitar, según mi poder, el impedimento de la restitución de esta iglesia que ha llegado por el mal informe de algunos, tanto sobre mi vida como mi doctrina, he decidido compartir aquí por escrito a vuestra congregación y a toda la Iglesia del Señor, la totalidad

---

[1] Texto francés: *Bibliotheca Wiffeniana* 2:194–202; traducción: Genaro Obama Engonga Mangue y Andrés Messmer.

de mi fe y mi doctrina, tanto de forma general como particular, sobre los puntos de los que me han acusado, invocando así el nombre del Señor, el Dios vivo, como testimonio de mi sinceridad sobre lo que será incluido a continuación.

1. Primeramente, recibo y acepto todos los libros canónicos de la Santa Escritura como verdadera Palabra de Dios y fundamento de la fe de toda la Iglesia de Jesucristo. Del mismo modo, los símbolos de la fe donde se recogen los principales artículos de nuestra fe, a saber, aquel que se llama de los Apóstoles, aquel de Atanasio y aquel del Concilio de Nicea. Rechazo y siempre he rechazado todo error que contradiga alguno de estos artículos, particularmente la unidad de un solo Dios y la Trinidad de Personas del Padre, del Hijo y del Espíritu Santo en una misma esencia divina en igual majestad y eternidad. Aquel de Arrio y aquel de Servet, declaro delante de Dios y de sus ángeles, que nunca he mantenido ni enseñado algo procedente de ellos, sino lo contrario, y que ha sido una calumnia total y vergonzosa lo que han esparcido tocante a mi persona, como aparece en el testimonio que toda la iglesia de Ginebra ha dado sobre mí y también aparecerá en el procedimiento de mi ministerio, cuando el Señor quiera utilizarme. He aquí, toda mi fe en general.

2. Respecto a la doctrina en general, admito y recibo como fiel y cristiana doctrina, todo el corpus de la doctrina que he escuchado en la iglesia de Ginebra, y en las iglesias francesas en Fráncfort y en Londres, donde he conversado como miembro de ellos y donde he aprendido y beneficiado por la gracia del Señor, después de mi venida de España. Sobre el consentimiento de ellas, declaro en sana conciencia que no es, ni fue mi intención separarme de los puntos principales de la

doctrina, sino conservarme en ellos, por la gracia del Señor, como lo he hecho hasta ahora, por lo cual la experiencia dará buen testimonio en el futuro.

3. Sobre la Cena del Señor en particular, confieso que todos los fieles que participan con una fe verdadera tienen testimonio de que toda la virtud de la muerte del Señor les es aplicada para la remisión de sus pecados, y para la seguridad de su reconciliación con el Padre. Del mismo modo, por este hecho, participan de la incorporación con Él y se hacen hueso de sus huesos y carne de su carne, les es dado presencial y sustancialmente su verdadero cuerpo y su verdadera sangre en la comida y bebida para sus almas por medio de la fe y por la eficacia del Espíritu Santo, por una forma siempre admirable e incomprensible a nuestra razón humana.

4. Igualmente, que por esta razón, no es necesario ni se debe hacer, buscar este santo cuerpo y sangre dentro de los elementos terrenales del pan y el vino como si estuviera encerrado necesariamente para ser recibido tanto por los infieles como los fieles, o para ser comido corporal u oralmente con la boca corporal (de este modo, como se dice, solo recibirían el sacramento exterior: los infieles o indignos para su juicio, los fieles y dignos según su humanidad frágil para su beneficio). Así, Él, dándose a nosotros en los sagrados símbolos, como ha sido mencionado, debe ser buscado por fe más arriba, es decir, en Su gloria y majestad, donde está sentado a la diestra de Dios, Su Padre.

5. Igualmente, este buscar a Cristo por medio de la fe, no lo comprendo como si fuera una ascensión local de nuestra alma con la fe hasta los cielos visibles, porque entonces seríamos nosotros los que nos hacemos presentes a Él allí arriba, en vez

de Él a nosotros aquí abajo. Como dice el apóstol (Rom. 10) de todo el beneficio que nos es presentado por Su Evangelio, interpretando así a Moisés: «No digas en tu corazón, ¿quién subirá a los cielos? es decir (dice), para traernos a Cristo, o ¿quién bajará a los infiernos? es decir, recordar a Cristo de los muertos. Así la cosa está cerca en tu boca y en tu corazón. Porque si crees etc., serás salvo». He aquí, hermanos, cómo entiendo que la fe asciende, no por una montura o movimiento local.

6. Y por lo que respecta a la cuestión que me han traído, sobre la ubicación del cuerpo de Cristo, también estoy resuelto en mi juicio con respecto a ella. Pienso que es una cuestión que sobrepasa los límites de la modestia cristiana que debe guardarse en estas conferencias. Y en este caso, me gusta el juicio del Sr. Bucero, quien dice: Independientemente de cómo se mueve el Señor en Su Santa Cena, a la luz de Su Palabra y de los símbolos que son cosas de este mundo, siempre se da en estos, no a la manera de este mundo, sino de modo divino y celeste. Porque el sentido o afecto de la naturaleza no lo miran ni asimilan a los símbolos sagrados, sino solamente el pensamiento y afecto elevado por la fe. Tampoco se da como carne de vientre o del viejo hombre, sino del alma y del nuevo hombre, porque es una carne que da la vida eterna. No lo dicen solo irreligiosamente, sino también ineptamente y sin ninguna consecuencia lógica o progresión, cuando dicen: si el Señor está en el cielo, ¿cómo se da presente en la Cena? Si el Señor ha dejado el mundo y está en la gloria celeste, ¿cómo es comido aquí por el hombre? A este respecto, de manera diligente, los hombres deben retirarse y abandonar estas malas y blasfematorias argumentaciones, etc. He aquí, los títulos que

este bueno y santo personaje se mueve a tales ilaciones. Estos, según mi parecer, van a peor, ya que se dejan iniciar en tales consecuencias, afirmando y defendiendo dicha ubicuidad del cuerpo de Cristo, con los cuales no consiento.

7. Por esto, consultando este asunto con los dichos informadores, también me han objetado la ascensión del Señor visible a los cielos, y su sesión a la diestra de Dios Su Padre, de lo cual me han acusado de error respecto a este artículo. Mi fe es simplemente que Él subió al cielo y está sentado a la diestra de Dios Su Padre. Mi entendimiento sobre este artículo es: primeramente, que pienso, con el consentimiento común de toda la Iglesia, que hay algún lugar sobre el cielo destinado para la sesión y el reposo de los elegidos, donde Dios, quien también es omnipresente, singularmente se muestra y se comunica con ellos, donde Jesucristo fue recibido corporalmente y allí tiene singularmente la sede del Reino de Su Iglesia, tal como está escrito en Efesios 1.

8. Y en segundo lugar, el entendimiento de este artículo significa otra cosa, a saber, para enseñarnos que esta ascensión corporal nos significa la donación de la gloria y majestad de Dios Su Padre, que ha sido dada a Cristo-hombre después de Su resurrección, como salario de Su labor por la administración perpetua de Su Iglesia que está en el mundo. El Apóstol habla singularmente de dicha donación en Colosenses 1, Filipenses 2 y Hebreos 1, como también retoma Su ascensión, oponiéndola a Su descenso, en Efesios 4, diciendo: «Que Él ha subido ¿qué es sino que primeramente ha bajado en las partes más bajas de la tierra?». Así como (a mi juicio), el descenso tampoco debe entenderse localmente, sino como una maravillosa privación de Su divina majestad y autoridad, tomando por nosotros la forma

de un siervo, etc. Así que tampoco debe referirse la ascensión solamente a la ascensión corporal, sino a la divina majestad y gloria de Dios Su Padre, la cual le fue comunicada. Así que, lo que dice en este lugar: «Él subió a los cielos», es explicado por lo que sigue: «Está sentado a la diestra de Dios su Padre». Y estar sentado a la diestra de Dios no debe entenderse en parte de la diestra de Dios, en algún lugar en particular, sino exento de toda condición local, igual que la diestra de Dios es exenta de toda condición semejante. Y si quieren que hable de la ubicuidad, les responderé como arriba. Igualmente, todos los pasajes de la Escritura que me traigan para probar Su ausencia corporal en Su Iglesia, los entiendo como la conversación corporal y visible, como aquellas en que vivió entre los hombres antes de Su muerte, y según la cual ha subido al cielo visiblemente delante de Sus discípulos, Hechos 1, y de la misma manera que no conversará más con nosotros, hasta Su última venida, como ha dicho en el mismo lugar.

9. Ahora bien, que la Santa Escritura, con esta palabra «cielos», no se refiere siempre a los cielos materiales y visibles, es más que evidente. Igualmente, que interpreto este artículo: «Él ha subido al cielo», es decir, que ha recibido de Dios Su Padre toda potestad en el cielo y en la tierra, es decir, sobre toda criatura, tal como Él mismo dice en el último capítulo de Mateo, sin negar de ninguna manera la ascensión corporal, tal como se ha dicho arriba, no es herejía ni error, como lo llaman vuestros informadores. Y si no estoy solo en esta afirmación, ni tampoco destituido de testimonios de muchos hombres de autoridad en la Iglesia, tanto antiguos como modernos, habrá que condenarles a ellos también conmigo, los cuales también citaremos si es necesario, a fin de que la iglesia de los

extranjeros de Estrasburgo sea mejor instruida por ellos que por el informe de aquellos que, sin inteligencia del mal que hacen a la Iglesia del Señor, temerariamente condenan de herejía todo lo que no concuerda en tantas palabras con sus imaginaciones, de las que quieren hacer artículos de fe.

10. Ciertamente, sobre esto Bucero habla así: El Señor no está encerrado en ningún lugar en los cielos, porque la Escritura testifica que Él subió por encima de todos los cielos y está sentado a la diestra del Padre, por decir, «en los lugares supracelestiales», es decir, en tal gloria y poder del Padre que el ojo no ha visto, ni oído escuchado, ni ha subido al corazón del hombre. Entonces preguntar sobre el lugar y la manera en que el Señor está en el cielo, es una cosa irreligiosa y extraña a la piedad de la fe, la cual debe simplemente creer y confesar que el Señor Jesús habita en esta gloria celestial e inaccesible del Padre, y que, habitando allí, se da a nosotros en la Santa Cena y está allí verdaderamente. He aquí, lo que pienso de este artículo.

11. Lo que he declarado ahora, tanto sobre la Cena del Señor como Su ascensión al cielo, no me es un artículo de fe, sino una exposición privada de muchos doctos y personas fieles en la Iglesia del Señor. En el caso de que encuentre correctamente que esto es escandaloso para la Iglesia del Señor e inútil para su edificación, declaro delante de Dios haberme desviado, siguiendo así la prescripción del apóstol en 1 Corintios 14: «Hágase todo para edificación» y también «para edificación de la iglesia». Porque entiendo que este es el deber de cada cristiano y singularmente de los ministros fieles, sobre todo si se trata de algo bueno y verdadero en sí. Igualmente, es un deber comunicárselo a aquellos que han dado testimonio de mi vida y

doctrina, y esperar también su opinión, al fin que estos buenos informadores sean descubiertos en sus prejuicios imprudentes y bien ligeros de decir que yo abuso de dicho testimonio.

12. En un tiempo lleno de calumniadores, errores y sectas, es maravillosamente conveniente para toda la Iglesia, y para cada uno de los fieles en particular, distinguir entre los artículos fundamentales de nuestra fe y las declaraciones y juicios privados que siempre han estado libres en la Iglesia, salvo la verdad de la fe. Es necesario que aquí exhorte a la congregación de los hermanos y a todos aquellos que verán este escrito, a considerar bien este caso aquí y a comportarse modestamente en sus juicios, para que la Iglesia del Señor no sea consumida por juicios imprudentemente rigurosos. Martín Lutero, de buen recuerdo, jefe de la afirmación de la manducación corporal del cuerpo de Cristo, tanto que por ello fuera condenado como herético, no deja de ser honrado maravillosamente por el Sr. Calvino en sus escritos y singularmente en el comentario de Isaías, capítulo 57, donde es llamado profeta del Señor, etc. Ecolampadio, que por la palabra «mi cuerpo» no entendía el cuerpo natural de Cristo separado de la suma de todo el beneficio del evangelio y el cumplimiento de las promesas de Dios en Cristo, no ha podido ser desacreditado de la buena fama y estimación que tal personaje bien se merecía en la Iglesia del Señor, sino que ha sido ornado de grandes alabanzas por hombres doctos y sabios, que, con sus prefacios, han recomendado sus escritos a la Iglesia. Zuinglio, que nunca pensó en la exhibición real y sustancial del cuerpo de Cristo en la Cena (como el Sr. Calvino testifica en su opúsculo sobre la Cena del Señor), sin embargo, le ha conservado el mismo grado de honor. Mientras

vivieron, el Sr. Bucero y Sr. Capito, que estuvieron de acuerdo con Lutero sobre el punto de la Cena del Señor, jamás fueron molestados en persona ni tampoco considerados heréticos, sino que también fueron alabados después, por aquellos que habían vivido antes,[2] y singularmente por el Sr. Calvino: Bucero a menudo, pero especialmente en el prefacio de la epístola a los Romanos; Capito en el prefacio sobre los Hechos de los Apóstoles. Felipe Melanchthon, autor de la *Confesión de Augsburgo* y de su *Apología,* sabemos bien cómo y con qué títulos es honorado por el Sr. Calvino en sus escritos. Si alguien quiere objetar aquí que Lutero[3] ha condenado bien como heréticos a todos los autores citados aquí, le contesto que este no es el ejemplo que deberíamos imitar si aspiramos a la concordia de la Iglesia, sino el de aquellos allí que, estando incluso agitados por él, nunca se separaron de la modestia cristiana de honrar y estimar al hermano en Cristo. Porque si queremos ser así de delicados cuando alguien no esté de acuerdo con nosotros sobre algo que no se considere un error en los artículos de la fe, condenemos también a todos estos grandes personajes que el Señor usó para renovar Su Iglesia. Porque no hay ninguna razón por la que aquellos allí, por haber sido grandes, sean preservados, y los pequeños sean difamados de estar en pleno error, estando con los otros en una misma condición.

13. Respecto a mi venida aquí, de la que los informadores os han dicho que es un peligro para vuestras puertas, yo también puedo protestar en presencia del Señor y con buena

---

[2] FR: *de celles qui avoient eu auparavant.*

[3] El texto de Boehmer (*Bibliotheca Wiffeniana* 2:198) pone «Loudres», pero el propio manuscrito pone «Lutherus». Gracias a Ignacio García por este dato.

conciencia que nunca fue mi intención buscar mi beneficio ni mi honor, etc.; sino netamente el alivio de los hermanos que, deseando la restitución de esta iglesia, me han llamado; considerando también cuán importante sería para la Iglesia del Señor que este lugar sea restaurado a ella: en primer lugar, para cerrar la boca de los papistas que triunfan por la expulsión de las iglesias extranjeras de Fráncfort y de aquí; en segundo lugar, para animar a aquellos que también han dado[4] iglesias a los extranjeros de sus pueblos, a seguir el ejemplo de los señores de esta ciudad, por acogerles otra vez; en tercer lugar, para tener en esta ciudad un asilo abierto para la Iglesia del Señor, si sería de nuevo su buen placer afligir otra vez a Francia, cuyas apariencias son muy grandes. Y mirando todas estas cosas (las cuales vuestros informadores, sentados ya en sus palacios y comodidades, no miran de cerca, salvo el desviar la obra de Dios, y no el disminuir sus fantasías en una sola palabra), me apresuré, así como también vuestra carta transmitía, siempre por el consejo y opinión de gente de bien, para que la oportunidad que Dios presentaba de recubrir este lugar con la benignidad de los señores de esta ciudad no sea perdida por mi negligencia, y que después la justa culpa recaiga sobre mí. Igualmente, que mientras que los informadores hablan la verdad en esto,[5] que estoy separado, o acusado de separar esta congregación de la de Ginebra y de las iglesias de Francia, que mi intención más bien debería estar en el procedimiento del caso;[6] a estos primordialmente les digo que

---

[4] Otra posible traducción: quitado.

[5] FR: *que tant y a que les rapporteurs disent vrai en ce.*

[6] Parece que se refiere al asunto de Londres.

nada llega a un acuerdo con los ministros de esta ciudad sin la
consulta y el acuerdo de todos aquellos que me han llamado
y de otros hermanos que, conmovidos con el mismo afecto
para la gloria de Dios, hubieran querido unirse a nosotros, y
enviar un informe a la iglesia de Ginebra para tener también
su opinión y consejo en la determinación, a fin de conservar
el consentimiento común. Esto lo he prometido también en
mi salida de Heidelberg, al mismo Olevianus y a los doctores
Boquin y Ursinus, teólogos de Heidelberg. Si esto pudiera salir
del corazón, locamente alegando el consentimiento de la iglesia
de Ginebra, como los informadores han calumniado, que cada
uno lo juzgue; y ciertamente en el procedimiento del caso,
mi fidelidad o infidelidad debió ser claramente descubierta,
y el juicio también debió ser más seguro, por lo que ahora
es temerario e inicuo decir que todo está siendo disimulado
por mí y fingido en este lugar, si queréis seguir este maldito
prejuicio sin experimentarlo, considerad en qué bando estáis.

14. Respecto a mi vida, de la cual los informadores también
os han querido hacer dudar de mí, no diré gran cosa para
hacer absolución, teniendo esta que está conmigo, la cual
puede ver cualquier persona que quiera, y esperando también
aquella que espero que me será enviada en breve desde
Londres. Sin embargo, no os dejaré decir aquí que, si los
informadores por sus palabras os han hecho dudar de mí
en este lugar, me hacéis mucho daño, porque no habiendo
recibido todavía la entera absolución de Londres sobre todos
mis casos, me había disculpado grandemente ante vosotros
y, no obstante, habéis querido tenerme y habéis recibido mis
disculpas hasta haberme hecho venir. Y si ya no podéis decir
que los informadores os han dicho algo nuevo, porque de otros

y de mí habéis oído más, ahora os toca defenderme sobre este punto aquí, y no escandalizaros.

15. Ahora queda, hermanos, que, para vuestra entera satisfacción, respecto a la carta de los informadores, aquí sois informados de su forma de proceder conmigo, para que, a partir de esto, podáis juzgar bien el efecto y a ellos mismos, y en caso de que mi narración no se encuentre más verdadera que su informe, quiero ser valorado por vosotros como ellos quieren. Una vez llegado a Heidelberg, había visitado a Olevianus para comunicarle mi vocación (porque tenía algo de conocimiento sobre él antes), donde no fui recibido por él de manera tan amigable como esperaba, a causa de que le habían informado de mí, que había sido depuesto de mi ministerio en Londres, y expulsado de allí porque había defendido públicamente los errores de Servet. Entramos en disputa sobre el tema del acuerdo que Bucero había hecho con Lutero tocando el punto de la Cena del Señor; allí es donde afirmé los puntos de los cuales hizo mención en su carta como errores contradiciendo los artículos de fe, pero la verdad es que, a causa de los falsos prejuicios que tenía de mí, no podía interpretar bien nada de lo que yo decía, sino que me trató muy severamente, lo que él mismo confesó después. Después, al pedirle que sea más modesto conmigo, se relajó un poco para preguntarme si el predicho informe que le habían hecho de mí era verdadero. A esto le respondí que no, y le conté en breve tal y como se quedó el caso, certificándole delante del Señor que había sido culpado y calumniado injustamente respecto a cinco o seis acusaciones, que la más mínima de ellas, si fuera verdadera, merecería el ahorcamiento, de las cuales eran algunas herejías de Servet, y que viéndome también impaciente

por perder mi tiempo en mi defensa, decidí quitarme yo mismo de mi ministerio, y, para escapar de los debates, escaparme también de Londres para hacer cosas más útiles para la Iglesia del Señor, que tenía entre mis manos.

16. Después, considerad un poco aquí las palabras de su carta y veréis si —habiéndole recontado cándidamente, como a un amigo, las aflicciones de las cuales había sido maravillosamente apresurado— es sinceridad cristiana tomar mis palabras de tan mala parte y contároslas más exageradamente que lo que he hecho, para hacerme sospechoso ante vosotros. Y esto que dije de «escaparme de Londres para escaparme de los debates y emplear mejor mi tiempo», lo cambió a «escaparme del juicio». Igualmente, decir que de la calumnia de las herejías de Servet yo había añadido que era inocente, como dejando entender a vuestra buena discreción que en las otras cosas no lo era. Del mismo modo, ¿qué es eso de decir que lo «había añadido», y astutamente dejar de referir a la confesión de fe que, tocando esto, me pidió dos veces, y no se lo negué para rectificarle de un juicio tan peligroso que formaba de mí solamente por los falsos informes? Lo cierto es que nada de ello es sin malicia.

17. Habiéndole, pues, respondido a las preguntas que me hizo para certificarse de mí y de todo, y estando bastante satisfecho (o fingiendo que lo estaba) me hizo pensar que estaba más tranquilo y me trató con más amabilidad, y nos separamos en gran amistad. Dos días después, fui a visitarlo otra vez, y me recibió muy severamente diciéndome grandes injurias de las cuales estaba muy sorprendido, porque no sabía la razón de tanto cambio en tan poco tiempo. Las más pequeñas fueron que yo era un ignorante y que no sabía nada, etc., las más graves fueron que había engañado al Sr. de Beza y al

Sr. des Gallars, y a todas las personas que habían rendido buen testimonio de mí. Entre las injurias me amenazaba con hacer lo que hizo: ser mi adversario en todos los lugares, etc. Entonces, habiéndonos portado tan inmodestamente el uno con el otro, al fin, por la intercesión del Sr. de Honestis que estaba presente, nos fuimos moderando y hubo ocasión para que él explicara la razón de este nuevo y acerbo enfado, diciendo que le habían informado que el día antes yo estaba en la lección del Sr. Ursinus, que trataba sobre la divinidad del Espíritu Santo, y yo había inclinado mi cabeza[7] como señal que no consentía, y al haberle certificado que yo nunca estuve allí, reinició su abuso y me certificó que se lo dijeron y que por este nuevo informe había renovado todos los antiguos informes contra mí, añadiendo que yo no convenía con él en la interpretación del cielo etc., y que esa fue la razón por la que me recibió y trató tan severamente. Y para asegurarse más de mí, otra vez me pidió conjurar por el Señor si de corazón detestaba los errores de Servet y le testifiqué delante del Señor mismo que sí, y que yo no tenía otra cosa en mi corazón y al mismo tiempo le expuse la razón de dónde me venía esta acusación. En el mismo instante me dio la mano con gran gozo, pidiéndome perdón por las palabras intercambiadas, y yo también a él. Lo mismo hizo este Silvanus, que entonces estaba presente, y me pidió e insistió en cenar con ellos, cosa que acepté, y así nos separamos de forma amable. Y en todo esto estaba presente el Sr. de Honestis.

18. El próximo día, una hora antes de mi salida, lo visité para decirle adiós y me recibió con gran amistad y le dije la forma

---

[7] FR: *j'avois corné de la teste.*

en que pensaba mantener el procedimiento de este caso, como he escrito arriba, lo cual aprobó mucho, y me recomendó no tener ningún otro y me dio su opinión, y algunas advertencias especiales y secretas de cómo debo gobernarme con Marbach y otros personajes, describiéndome el engranaje y la forma de proceder de cada uno, y al final me encomendó a Dios, y después de encomendarle mi empresa en sus oraciones privadas y públicas, me envió y acompañó fuera de su casa, diciéndome estas propias palabras al despedirnos:[8] «Mi Casiodoro, por fin, conviene que te envíe; lamento que ahora no tengo un tálero[9] conmigo en casa, de otra manera, ayudaría a tu pobreza». A esto le respondí con agradecimientos, y contentándome de su buena voluntad, y asegurándole que tenía dinero suficiente para terminar el viaje, así nos separamos. Sin embargo, hermanos, os ruego que comparéis esta historia con vuestra carta y juzguéis con equidad a este buen hermano en Cristo.

19. Respecto a los otros que han firmado con él, aseguraos también que Silvanus no estuvo presente en nuestro primer coloquio sino a la mitad, donde apareció por casualidad, y el otro, Mosellanus, no estuvo en el segundo, para que entendáis que no fue una asamblea hecha con el propósito de discutir conmigo como parece que ellos quieren dar a entender en su carta, sino que han juntado piezas como venían por casualidad, y el mismo Silvanus (si querrá decir la verdad) podrá testificar de la amistad con la que me separé de Olevianus la primera vez, y de la inmodestia con la que me recibió y trató la segunda vez por causa de este nuevo informe falso, explicado arriba, y como,

---

[8] Las palabras de Olevianus («Mi Casiodoro [...] tu pobreza») están en latín.

[9] Un tálero era una antigua moneda de plata de Alemania.

habiendo descubierto que habían sido engañados, reconocieron su error, y Olevianus hizo conmigo una gran amistad, en la cual nos separamos, tal como ha sido explicado arriba. Igualmente, os enteraréis de que los dos firmantes no saben nada de francés, y es así que firmaron lo que Olevianus les presentó, no porque lo hayan entendido.

20. He aquí, hermanos, lo que tengo por ahora para presentaros en respuesta a estos informes. Que si no es suficiente para borrar de vuestros corazones la mala opinión que os han dado de mí, tengo esperanza de que será suficiente para purgarme delante de todos los hombres de bien, que, sin alguna afección de partidos o pasión humana, considerarán lo justo. Por lo menos seré quitado delante del juicio del Señor, sin que me haya reservado algo para vuestra consolación y para la restitución de este lugar, y para el avance de su Reino, al cual solo sea la gloria para siempre. Amén.

Dado a Estrasburgo, el 24 de marzo, 1565

Vuestro hermano en Cristo
Casiodoro

Testimonio de la iglesia de los extranjeros en Estrasburgo en favor de Reina.

24 de marzo de 1565.

Nosotros que estamos aquí, los firmantes, estando congregados en el nombre del Señor Jesucristo y de Su Iglesia, testificamos por el presente escrito que, habiendo escuchado la suscrita confesión y respuesta que Casiodoro de Reina, español, llamado por nosotros para ministrarnos la Palabra del Señor, nos ha presentado para purgarse de estos artículos que le fueron opuestos por una carta que nos fue enviada de ciertos ministros de Heidelberg, aceptamos y admitimos su respuesta, y que estamos satisfechos con él en este lugar. Igualmente, testificamos que no la reenviamos por calumnia que le ha sido hecha, sino que él mismo nos ha pedido en el nombre del Señor de desocuparnos de él hasta que tenga la resolución de ciertos casos que tiene en Londres, y una justa y entera purgación de algunas cosas que le han sido impuestas, tanto de su vida como de su doctrina, a fin de que, en el procedimiento de su ministerio, nadie le pueda calumniar de cualquier cosa de estas como no habiendo sido purgado lo suficiente, le hemos permitido, viendo que su petición era justa; siempre con la condición de que, una vez tenida dicha purgación, todas y cuantas veces será recordado de esta iglesia, no teniendo otro impedimento justo, será presto a venir aquí. Esto es lo que nos ha prometido, etc. Y en testimonio de la verdad, hemos firmado con nuestras propias manos. Dado a Estrasburgo, el día citado arriba, etc. Firmados 13 en nombre de toda la congregación.

Thiebault Leschenius. Giles Wirlyrman. Michel du Vecberbreburgés. Jacob Bienum. Jehan Granuns. Blaise Garin. Thierry du Fruyorfebre. Walranel ropero. Nicolas Mungelt. Claude Cudllin. Conrad Jacques. Jehan Bastin. Jozìas Mermorut.

Texto 3:
Carta a Johann Marbach
(22 de abril de 1565)

E ste texto ha sido incluido porque ilustra bien el deseo y
obra de Reina para hacer puentes con protestantes de
otras confesiones, en este caso con luteranos. Johann Marbach
era el pastor principal (o «antistes») de la iglesia luterana de
Estrasburgo, y bien respetado como teólogo a nivel europeo.
Pero tampoco lo llevaba muy bien con la iglesia reformada
de la ciudad, y durante los años 1550 e inicios de los años
1560, hubo un debate importante entre Marbach y Girolamo
Zanchi, el pastor de la iglesia reformada. El debate fue tan feroz
que la iglesia reformada cerró en agosto de 1563, que es el
trasfondo de la llamada de Reina para trasladarse a Estrasburgo
y relanzar la iglesia reformada. A diferencia de atacar a
Marbach y la iglesia luterana, esta carta demuestra que Reina

quiso ser amistoso con Marbach, aprender de su iglesia y crear puentes entre las dos tradiciones. En el tema más polémico que separaba a los luteranos y los reformados, a saber, la Santa Cena, Reina apela a «la humildad y la modestia cristiana», una apelación constante en las cartas de Reina.

Traducción[1]

Contra mi esperanza y mis deseos, al tener que marcharme urgentemente me he visto obligado a irme de Estrasburgo sin haberte saludado, antistes[2] honestísimo y respetabilísimo. A pesar de que el día antes de irme me acerqué a tu casa dos y tres veces, como te había prometido, sin embargo, lamenté que, al no encontrarte, me quedé sin la oportunidad de terminar de cumplir con mi palabra, pero sobre todo de cumplir el deber que por derecho exigía la bondad y amabilidad con que me recibiste cuando te visité. Pero como las importantísimas ocupaciones que entonces te abrumaban no lo permitieron, procede compensarte con esta carta, en la que todo lo

---

[1] Texto latín: Johann Fechtio (ed.), *Historia eecclesiasticae seculi A. N. C. XVI. supplementum...* (Fráncfort: Christophoris Olffen, 1684); traducción: Guillermo González.

[2] En el siglo XVI, un antistes fue muy parecido a un obispo, o al presidente de un sínodo de presbíteros.

servicialmente que puedo declaro mi devoción y afecto por ti.
Pasemos al asunto.

Cuando pienso en la nunca suficientemente lamentada división
de las iglesias que la controversia sobre la Cena del Señor en su
momento engendró, y ahora alimenta y hace crecer por días,
no puedo lamentar lo suficiente la suerte, tanto de la iglesia
deshecha, como sobre todo de esos que, por insensatez con
esta interminable disputa ajena a cualquier instauración de una
benigna concordia, causan un luto interminable a la Iglesia y
júbilo a Satanás. Mi lamento es mayor porque veo que cada
una de las partes aspira más a la victoria y al triunfo sobre la
otra que a triunfar al establecer un plan para que, por fin, se
calmen estas olas enfurecidas. Pero nosotros, que hemos sido
llamados a reunir, apacentar, dar alimento y robustecer a las
ovejas de Cristo con Su Palabra, las degollamos, sacrificamos y
dispersamos por nuestra contienda perturbada, o, mejor dicho,
por un empeño y un deseo inagotables de rivalizar. Y esto es
lo peor de todo: tomamos la excusa (a saber, la Santa Cena
del Señor) para los altercados de ahí de donde, si el alma y
el espíritu de Cristo, de cuyo favor, por otra parte, ninguno
de nosotros deja de jactarse, tuvieran fuerza en nosotros,
deberíamos tomarla para un amor y unión perfectos en Él.
¿Y por qué en ningún punto de la profanación de la Cena
del Señor tenemos esto?

Pero probablemente digas, respetable presidente, «¿A quiénes
acometes?». Acometo a los que, sean a fin de cuentas de la
parte que sean (porque tanto una como otra parte considera
que está defendiendo la doctrina piadosa y verdadera) con sus
escritos poco moderados, por no decir algo más duro, según
la humildad y la modestia cristiana, dejan bien claro que no

quieren que les enseñen ni enseñar, sino vencer, ya sea con
argumentos, ya sea con trifulcas. Desde luego, poco importa
con qué argumento se alcance la victoria. Bucero, varón digno
de eterno recuerdo, en los artículos de la concordia sobre este
asunto, se ajustó bien, creo, a la calma de la Iglesia. ¡Ojalá todos
emularan su empeño! Tampoco veo que, aparte de lo incluido
en los artículos y en sus exposiciones, lo que cualquiera de las
dos partes sostiene sea tan importante como para que no se
deba considerar muy prioritaria la restauración de la iglesia y la
concordia, dichosa y anhelada en los votos de muchos hombres
piadosos. Si el Señor me llamara a servir en Su Palabra en el
mismo lugar que vosotros, con gusto y de buena fe me adaptaré
a esto, tal como al hablar de este asunto he prometido a tu
caridad además de la observancia en la que ninguno de vosotros
va a tener motivos para reclamar nada.

Tal como me mandaste, he examinado con atención vuestras
ceremonias y rituales. A mi juicio, todo se ajusta correctamente
a la piedad. Solamente no termino de entender con qué
criterio es omitida entre vosotros la fracción del pan, de la cual
además en las Sagradas Escrituras hay tan brillante y distinguida
mención que este caso, él solo, en la absolutamente pura Iglesia
de los Apóstoles diera nombre al acto de la Cena del Señor.
Pero si hay que conservarla o con mejor criterio omitirla,
será la caridad, la única a la que todo debe someterse en la
Iglesia, que lo muestre. Tienes (mi estimado y respetabilísimo
señor) en esta carta lo que, si te hubiese encontrado en
tu casa, habrías recibido en persona y lo que, esté junto a
vosotros o no, respetaré con eterna devoción por ti y por tu
iglesia dondequiera que me encuentre. Y doy las gracias por
haber encontrado esta oportunidad de, en la medida de mis

posibilidades, iniciar contigo una amistad sellada por la caridad cristiana. Solo esto pido por Cristo: que, tal como es justo que considere garantizado por tu fe y piedad, no dejes de apoyar con el mayor empeño la restauración, que sin duda se convierte en concordia, de la iglesia que ves dispersa de un modo infame; que al mismo tiempo me aprecies con esa caridad en Cristo con la que yo a ti te aprecio y te respeto.

Que el Señor favorezca todos tus proyectos dirigidos a la gloria de Su nombre. Amén.

En Fráncfort, 22 de abril de 1565.

Siempre entregado a tu servicio.
Casiodoro de Reina, de Sevilla

Texto 4:
Petición para vivir en Estrasburgo
(12 de noviembre de 1565)

E l siguiente texto es importante por dos motivos principales: proporciona algunos datos importantes sobre la educación y cronología de Reina y el estado actual de su traducción de la Biblia. En cuanto a su educación y cronología, es aquí donde Reina afirma ser un «hombre educado en letras», que es una referencia a sus estudios universitarios en Sevilla (aún no se sabe la extensión de sus estudios). Sin embargo, y pese a su educación previa, parece que Reina no estaba satisfecho con su conocimiento, pues está «inscrito entre los alumnos» de la Universidad de Estrasburgo. Por último, es importante señalar su referencia a estar «desterrado de España a lo largo de casi nueve años», que nos ayuda a fechar la huida de Reina (y de los otros monjes) a inicios de 1557.

En cuanto al estado actual de su traducción de la Biblia, tres datos son importantes. Primero, dice que ha estado traduciendo la Biblia durante «un sexenio entero», que nos ayuda a fechar el comienzo de la obra de traducción en 1559. Otras fuentes nos hacen pensar que la fecha de comienzo fue 1557, es decir, poco antes o después de su huida de Sevilla, pero Constantino Bada ha ofrecido lo que es hasta hoy la armonización más atractiva: que Reina tuvo la idea de traducir la Biblia desde 1557, pero que no empezó la obra hasta 1559.[1] Segundo, dice que ha «traducido ya todo el texto» y que está en su mano. A cierto nivel, parece ser una exageración, pues en cartas posteriores Reina afirmará que aún está trabajando en la traducción. Pero tampoco parece probable que Reina hubiera mentido por completo. Quizá la mejor armonización sea que Reina ya había terminado el primer borrador, pero que aún no estaba listo para imprimirse. Fuese lo que fuese la realidad de la situación, la intención de Reina era entregar la traducción a la imprenta «dentro de un año» (es decir, en 1566). Tercero, se debe señalar que Reina dice «he traducido» y no «hemos». Se sabe que Reina estaba colaborando con otros en el proyecto (Antonio del Corro, seguro; Juan Pérez de Pineda, probablemente; y Cipriano de Valera, posiblemente),[2] pero parece que Reina se vio como el traductor (o editor) principal de la obra.

---

[1] Constantino Bada, *La Biblia del Oso de Casiodoro de Reina, primera traducción completa de la Biblia al castellano* (Universidad Pontificia de Salamanca, 2017).

[2] En su carta a Reina que data del 24 de diciembre de 1563, Corro habla con Reina de la impresión de la Biblia y menciona a Valera en contexto. Cuando Reina, Corro y Pérez estaban juntos en Montargis en aproximadamente 1564, es impensable que no hablaron de la traducción de la Biblia al español.

Traducción[1]

Reina, a la Universidad de Estrasburgo, petición para vivir
en dicha ciudad, a los brillantísimos señores por su virtud
y doctrina, al Rector y a los consejeros de la celebérrima
Universidad de Estrasburgo, a sus señores muy dignos
de respeto.

Mucha salud en Cristo.

Cuando ya desterrado de España a lo largo de casi nueve años
a causa del evangelio de Cristo, hombre educado en letras
y teniendo ahora en mi mano la traducción de la sagrada
Biblia en mi idioma español para que, en la medida de mi

[1] Texto latín: manuscrito de Reina, de los archivos del Seminario de San Tomás
(Estrasburgo) y la Colección de A. Gordon Kinder (Manchester); traducción:
Francisco Ruiz de Pablos.

fuerza viril, sirva yo a la Iglesia de Cristo, la cual hace ya algún tiempo renace entre mis queridos españoles (varones insignes por su piedad y doctrina), el lugar de esa ciudad, tanto por otras causas como sobre todo por la celebridad de vuestra universidad y la frecuencia de doctos varones, me ha parecido suficientemente adecuado no solo para promover mis estudios, sino sobre todo también para con vuestras ayudas llevar al fin deseado esa obra de la sagrada Biblia. No sin un gran trabajo, aunque dándome Dios fuerzas, a lo largo de un sexenio entero, retrasando la obra la dificultad del exilio, he traducido ya todo el texto. Lo someto ahora a vuestra corrección y anotaciones, y espero de Aquel que me ha dado este ánimo para dedicarme con seguridad a esa sagrada ocupación, que mis intenciones tengan buena suerte y la obra sea entregada a la imprenta dentro de un año. Por lo demás, ante todo tengo ahora necesidad de vuestra beneficencia y piedad, la cual asiduamente practicáis en promover el Reino de Cristo a la vez que fomentáis los estudios de este género. Pero pensaré (varones integérrimos) que se ha mirado desde buena parte por estos mis estudios, en primer lugar, si soy inscrito entre los alumnos de vuestra Universidad, en segundo lugar, si fuereis autorizadores para mí, para que el ilustrísimo y prudentísimo Senado de esta ínclita ciudad o bien me admita en el número de sus ciudadanos, o bien, si esto no puede hacerse, me conceda al menos permiso de vivir ahí una temporada mientras no solo me sea permitido disfrutar por algún tiempo de vuestra comunicación, sino que además el Señor mire con mejor condición por mis asuntos. Pero para lograr esto de vosotros, vuestra piedad atestiguada por tantos argumentos ilustrísimos, y el estudio incansable sobre los piadosos estudios, y finalmente sobre la Iglesia de Cristo, me ofrece una esperanza ciertísima de merecer universalmente no tener necesidad de muchas palabras ni de discurso prolijo. Pero por lo que me atañe, espero que por la gracia de Cristo ocurrirá que a mí me trataréis no solo como alumno seguidor de vuestra disciplina, sino también como seriamente amante y cultivador desde el corazón de la paz y la tranquilidad, que parece desear en vano la Iglesia (apenas renacida) en este siglo tan contencioso. Ruego a Dios (varones piadosísimos) que bendiga todos vuestros intentos que tienden a la gloria de Su Hijo Unigénito.

Adicto a vuestra atención,
Casiodoro de Sevilla.

Texto 5:
Carta a Teodoro de Beza
(9 de abril de 1567)

Este texto es interesante por tres motivos. Primero, demuestra que el debate entre Reina y Beza sobre la Santa Cena no llegó a tal punto que Reina no pudo pensar en Beza como aliado en ciertas cosas. De hecho, al final de la carta lo llama «mi querido señor en alto grado respetable». Segundo, este texto es testigo de otro obstáculo que Reina tuvo que enfrentar al publicar su Biblia: encontrar una ciudad que la imprimiera. El texto previo es testigo de que la quería imprimir en Estrasburgo, y este, en Ginebra. Es bien conocido que al final la imprimió en Basilea; pero la reticencia de otras ciudades es llamativa. Tercero, Reina menciona su «pequeña familia». Es la primera referencia que tenemos de Reina sobre el embarazo de su mujer, y posiblemente del nacimiento de su primer bebé.

Reina tenía unos 47 años. En total, Reina y su mujer tuvieron cinco hijos, el último de los cuales nació en 1577, cuando Reina tenía unos 57 años.

Traducción[1]

Estrasburgo, 9 de abril de 1567.

Aunque asaltados continuamente por varias acometidas de
Satanás, sin embargo, la versión de la Biblia que hace ya
tiempo preparamos para nuestros españoles, la hemos llevado
a tal punto que, con la ayuda de Dios, pensamos acudir a la
tipografía para la feria de Fráncfort. Pero para concluirlo,
nunca he pensado yo otro lugar más adecuado que Ginebra,
tanto por los gastos menores, como por la tipografía de Crispin
no infelizmente acostumbrada a impresiones en español, y
sobre todo porque siempre habría el proyecto de imponer
desde vuestra colaboración la última mano a la corrección
de una obra tan importante. Ahora bien, dos dificultades

---

[1] Texto latín: Hippolyte Aubert (ed.), *Correspondance de Théodore de Bèze*, tomo 8
(Ginebra: Librairie Droz, 1976), 109–110; traducción: Francisco Ruiz de Pablos.

se oponen especialmente a que eso se haga conforme a mi decisión: una, que apenas aparece sistema alguno de alimentar en Ginebra a mi pequeña familia; otra, que por mucho que apareciese, sin embargo, alejados en su intención de mí aquellos de cuya colaboración para la corrección hubiera debido hacer uso, sería demasiado estúpido intentarlo.

Por lo que atañe a lo primero, Él que desde antes del nacimiento me alimenta con providencia ciertamente singular, me da esperanza de que, adonde quiera que me dirija, no me ha de fallar. Por lo que atañe a lo segundo, qué es lo que debo esperar, de vosotros dependerá. Pero por lo que a mí se refiere, la relación y la amistad vuestra, de la que veo que no soy apartado sin suma injusticia, ciertamente no las buscaría con intención suficientemente bien consciente si no pensase que conduce a la gloria de Dios.

Ruego a Dios que dirija a todos perpetuamente con Su Espíritu. Mi querido señor en alto grado respetable, adiós en Cristo.

Estrasburgo, 9 de abril de 1567.

Tu Casiodoro.

Al ilustrísimo varón señor Teodoro de Beza, pastor vigilantísimo de la iglesia de Ginebra, señor suyo muy respetable.
Ginebra.

Texto 6:
Carta a Diego López
(27 de septiembre de 1567)

Esta carta a Diego López, la única que nos ha llegado, es importante por tres razones. Primero, Reina dice que había llegado a un acuerdo con el impresor Johannes Oporino para imprimir 1100 ejemplares de la traducción de la Biblia de Reina. Sin embargo, debido al fallecimiento inesperado de Oporino, Reina no imprimió esa cantidad de ejemplares de la Biblia con Oporino, sino 2600 ejemplares con Tomás Guarin.[1] Segundo, cuando dice que había hablado con Bartolomé Gómez «cuando estuve allá» y «si por ventura [Bartolomé] no está allá», dado que Diego López está en París, nos hace pensar

---

[1] Comp. Cipriano de Valera, «Exhortación al lector» en *La Biblia que es los sacros libros del Viejo y Nuevo Testamento* (Ámsterdam, 1602).

que Reina también había visitado París en algún momento. Lo remarcamos aquí porque es un dato que no aparece en muchas biografías sobre Reina.[2] Tercero, en el *postscriptum* de la carta, Reina escribe: «Los misterios de la Inquisición están impresos en latín, creo que por allá los verán». Dado que Reina podía dar por sentado que Diego sabrá a qué obra se refiere, que Reina ya había solicitado permiso para publicar un libro sobre la Inquisición en Estrasburgo a inicios de 1567 (que le fue negado), y que las *Artes de la Santa Inquisición* fue publicado en Heidelberg en el verano de 1567 (muy poco antes de la escritura de esta carta de Reina), esta carta es evidencia importante de que Reina era uno de los autores de dicha obra (siendo los otros dos Antonio del Corro y Juan Pérez de Pineda).[3]

---

[2] Al abandonar Londres, Reina probablemente cruzó el canal a Amberes, y de allí a Francia. Sabemos que estuvo en Orleans y Montargis (y Bergerac), dos pueblos relativamente cercanos de París, y que por tanto, le habría sido fácil viajar a París.

[3] Comp. Reginaldus Gonsalvius Montanus, *Inquisitionis Hispanicae Artes: The Arts of the Spanish Inquisition*, ed. Marcos Herráiz Pareja, Ignacio García Pinilla y Jonathan Nelson (Leiden: Brill, 2018), 21–27.

Texto[1]

Al señor y hermano carísimo en Cristo, Diego López español.
En París.

Señor y hermano muy amado en Cristo.

La paz del Señor sea con V. m. Esta feria de Fráncfort recibí
una [carta] de V. m. en que hace mención de otras dos que
me ha escrito, de las cuales yo no he recibido ninguna, que
me era harto extraña cosa pensar que se descuidase tanto
en escribirme y darme noticia muy a menudo de su estado,
sabiendo cuánta parte tomaría yo o de su prosperidad o de
su adversidad por la comunicación que tenemos en el cuerpo
místico del Señor, al cual sea gloria eternalmente por habernos

---

[1] Texto español: Eduard Boehmer, «Ein Brief von Cassiodoro de Reyna»,
Romanische Forschungen 4 (1880): 485–486 (deletreo actualizado).

hecho de tal manera partícipes de sí y de Su sustancia que en Él todos los que verdaderamente son suyos lo seamos los unos de los otros, como (a la fin) miembros de un mismo cuerpo. Esta comunicación de santos, tanto cuanto más es incógnita a los que nunca tuvieron parte en Cristo, tanto es más viva y operosa entre los que, por gracia del Padre Eterno, participaron de él, con la cual, así como gozan sin cesar de las influencias de aquella divina Cabeza, así están siempre solícitos los unos por los otros, dando en esta viva solicitud fiel testimonio e irrefragable del Espíritu del Señor de que participan. Los que (hermano) se glorían con razón del título de cristianos, en esta sola señal (cuando otra ninguna hubiese) se declaran y disciernen de los que vanamente lo usurpan, porque lo que los otros hacen en esta parte por la comunicación que tienen con Cristo, estos o nunca lo hacen o, si alguna comunicación tienen, es o por sus provechos particulares o por sus amistades humanas.

De haberle el Señor encaminado en sus negocios de tal manera que no pierda su tiempo, me huelgo mucho, y hago gracias al Señor que mantiene con él Su Palabra y promesa en esta parte, en lo cual le obliga de nuevo a emplearse todo en su servicio; ni yo esperé menos de la piedad de esos señores, sino que le asistirían en todo lo que pudiesen y así creo que lo harán en lo por venir.

En lo que toca a la disposición de nuestros negocios, acá estamos determinados con favor del Señor de poner la mano en la impresión de la Biblia dentro de un mes, en que nos acomodaremos cuánto nos será posible a las condiciones y parecer que estos señores y V. m. me escribieron los días pasados. Está ya el concierto hecho con Oporino, impresor de Basilea, donde será necesario que yo me halle. Está concertado que imprimirá 1100 ejemplares, de los cuales él tomará a su cuenta 200 y nos dejará 900. Estos 900 créese que no costarán arriba de 500 escudos. Se moderaron los que hicieron el concierto, así con el dinero que tienen, como con la oportunidad de la distribución del libro que se cree que por algunos años no será muy buena, ni aun para la de tan pocos como han acordado de hacer.

Para este negocio, nos vendría bien al propósito la ayuda del hr. Bartolomé Gómez, la cual él me prometió cuando estuve allá. Con esta [carta], va una para él, en que le ruego que, lo más presto que pudiere, venga a Basilea para este efecto, asegurándole que, en lo que toca a la recompensa de su trabajo, se hará con él muy bien, yo creo que estará ocupado de esos señores en su Nuevo Testamento, lo cual (si así es), visto que el Nuevo Testamento está ya tan al cabo y que, para lo que resta, se podrán ayudar de componedor francés, no le estorbará eso de venirnos a ayudar en tiempo. Si por ventura no está allí, V. m. le enviará esta letra con buen recaudo dondequiera que estuviere, y o allí o en otra parte le persuadirá cuánto pudiere a que nos haga a todos y a toda la nación este bien.

Si hubiese alguna manera con que enviarme un ejemplar de lo que está impreso del Nuevo Testamento, me hará muy gran merced de enviarme hasta donde la impresión llega. Creo que Monseñor Languet (que es el portador de esta [carta]) le podrá dar aviso por qué medio me lo podrá encaminar; al cual también me hará merced de acordarle un libro que me ha prometido de enviarme de allá, que se llama *Vetera nova*, etc.

Si el Señor Bartolomé determinare de venir, como le rogamos, V. m. procurará de saber lo que allá gana para que, por esa vía, sepamos lo que acá se le dará por su salario.

Por ahora, no tengo más que escribir a V. m. de encargarle que tenga memoria de orar al Señor por nosotros, y especialmente suplicarle que prospere esta obra contra todo adversario que se le levantare, pues Él sabe que lo que en ella pretendemos y hemos pretendido hasta ahora, no es otra cosa que la propagación de Su conocimiento y el consuelo de Su Iglesia. El Señor sea con V. m. De Estrasburgo 27 de septiembre 1567.

Hermano de V. m. en Cristo,
Casiodoro

Los misterios de la Inquisición están impresos en latín, creo que por allá los verán.

Texto 7: Carta a Conrad Hubert
(4 de agosto de 1568)

E ste texto ha sido incluido por dos razones. Primero,
es el primer testimonio que tenemos de la grave
enfermedad que Reina sufrió en la primavera o el verano
de 1568. Recopilando los datos que Reina nos ha dejado
principalmente en esta carta y la «Dedicatoria» de su
comentario de Mateo 4:1–11, Reina sufrió una enfermedad muy
grave: Marcos Pérez lo trasladó a su casa donde fue cuidado por
los mejores médicos de la ciudad, pasó cinco semanas en cama
y todos (los médicos, los amigos, los pastores y el propio Reina)
pensaban que iba a morir. En la «Dedicatoria», Reina dice
que fue «una enfermedad gravísima y absolutamente mortal»
y que tardó tres meses en recuperar la salud. En el momento
más crítico de su enfermedad, Reina confesó que, aunque tuvo
paz al pensar en su propia muerte y el destino de su familia

(la había encomendado a la providencia de Dios), lo que más lo entristeció fue pensar que no pudo terminar su proyecto de la Biblia «cuando ya estaba a las puertas de la imprenta y los frutos maduros para la mies y la recolección de los frutos de un trabajo tan grande».[1] Al recuperarse, Reina dijo que pensó que el Señor lo salvó de dicha enfermedad para dejarlo terminar el proyecto y que ahora podía morir felizmente.

Segundo, es el primer testimonio que tenemos de las consecuencias de la muerte del impresor Johannes Oporino. Este hombre murió abrumado por las deudas, y Reina, ya habiéndole pagado unos 400 florines (una cantidad importante en aquel entonces, sobre todo para un pobre como Reina), tenía miedo de no recuperarlos. La recuperación del dinero de la herencia de Oporino será un tema recurrente en las cartas de Reina.

---

[1] Traducción: Andrés Oyola Fabián.

Traducción[1]

Al integérrimo varón señor Conrad Hubert, ministro de la Palabra de Dios, amigo suyo y hermano en Cristo muy digno de respeto,

Estrasburgo.

Gracia y paz por Cristo. Diversas y al mismo tiempo muy molestas ocupaciones mías han hecho hasta ahora, mi señor y venerable hermano en Cristo, que no te tuviera al tanto de lo que te prometí en mi partida, a saber, tenerte informado sobre mis cosas. Sabes que salí de Estrasburgo en medio de los mismos inicios de una inminente enfermedad gravísima; y no nos falló la conjetura, pues al recrudecerse la enfermedad

---

[1] Texto latín: *Q. F. F. Q. S. viro summe venerando Ioanni Friderico Bruch* (Estrasburgo: I. H. Ed. Heitz, 1872), 15–16; traducción: Francisco Ruiz de Pablos.

por la agitación del viaje, me atacó hasta tal punto que,
llegando a Basilea, después de pasar cinco semanas en cama,
apenas reviví antes que convalecer. Quiera Dios óptimo
máximo que este suplemento de vida (pues así me gusta
llamar a lo que, según la opinión de todos, se añadió de
vida como vida a un tantas veces difunto) resulte que sea
empleado con mayor fuerza para la gloria de Su nombre y
propagación de Su reino. Por lo que atañe a nuestra Biblia,
el tipógrafo nos distrae, o más bien nos elude, no fuera
del detrimento de su confianza, de la que parece no tener
consideración ninguna. Después con su deceso, Oporino
causó gran demora a nuestros intentos, el cual, habiendo
recibido de nosotros cuatrocientos florines, no veo todavía de
donde pueda sernos restituido ese dinero, ni aun con retraso.
Falleció el buen varón empeñado en diez mil florines (según
aparece en las cuentas de créditos) dentro de los muros
de esta ciudad. Ahora ya se trata de que sean embargadas
todas sus fortunas por sus acreedores, las cuales por otra
parte difícilmente serán suficientes para saldar la deuda; es
necesario que yo mismo cumpla esa condición junto con
los otros acreedores, pero al ser muchos, no sé qué puesto
deba ocupar yo entre ellos; ciertamente no estaré entre
los primeros. Finalmente te maravillarías vehementemente
si conocieses con cuáles y cuán grandes dificultades ataca
Satanás la edición de este libro, al que hasta ahora ha lanzado
desde su reino un dardo mortal. Pero lejos de toda duda
venceremos, siendo Cristo nuestro Rey quien dará suerte
a nuestros intentos y quien promueva las plegarias de los
piadosos, asunto en el que no querría que ni tú ni tu piadosa
familia nos faltaseis. La saludarás amorosamente de nuestra

parte en Cristo, el cual deseo que os sea perpetuamente favorable. Basilea, 4 de agosto de 1568.

Tuyo de corazón,
Casiodoro.

Texto 8: Carta a Conrad Hubert (24 de junio de 1569)

Esta carta arroja luz importante sobre la Biblia del Oso en tres maneras. Primero, Reina dice que quiere dedicar la Biblia a la reina de Inglaterra (Isabel I). Por desgracia, no nos ha llegado la carta en la que Reina expone las razones por las cuales la quiere dedicar a ella, pero se puede suponer que fue una mezcla de motivos personales (Isabel le otorgó su puesto e iglesia en 1559; ¿quería volver a Inglaterra?), políticos (¿buscaba el respaldo político de Inglaterra en el continente?) y teológicos (Inglaterra fue un refugio para protestantes en la segunda mitad del siglo XVI).

Segundo, aunque la Biblia del Oso fue impresa en septiembre de 1569, esta carta es testigo de que se finalizó la impresión del texto bíblico en junio: «Hoy [el 24 de junio] vamos a recibir el último folio de la totalidad del texto bíblico tanto del Antiguo como del Nuevo Testamento». Lo que todavía faltaba era el «umbral» (es decir, la dedicatoria).

Tercero, esta carta nos informa que dicha dedicatoria fue obra de Johannes (Jean) Sturm, cuyo nombre fue suprimido en la Biblia del Oso.[1] Este hecho es importante por dos motivos. El primero es que demuestra que el material introductorio de la Biblia del Oso no fue obra solamente de Reina o de españoles, sino también de otro, un alemán. El segundo motivo es que el argumento que Sturm hace en su dedicatoria es muy interesante: argumenta que los querubines del primer capítulo de Ezequiel son «todos los reyes y magistrados piadosos» que deben preservar y fomentar la verdadera fe cristiana (es decir, el protestantismo). Reina dice que le «resultó gratísimo» el escrito de Sturm, lo cual implica que, por lo menos en términos generales, estaba de acuerdo con esta interpretación.[2] El resultado es que Reina, igual que otros reformadores como Antonio del Corro, era partidario del erastianismo, que dice que el Estado es superior a la Iglesia en temas eclesiásticos (como lo era, en parte, la Iglesia primitiva). Además de ser una postura bien apoyada en la Iglesia primitiva, es probable que Reina estuviera a favor de esta interpretación porque quería que Felipe II desmontara el poder de la Inquisición.

---

[1] En la carta de Reina a Conrad Hubert que data del 3 de agosto de 1569, Reina confirma que Sturm, en efecto, escribió la dedicatoria. Sturm era un importante reformador de Estrasburgo que, además de ser un teólogo importante en su día, reorganizó el sistema educativo de Alemania.

[2] Carta de Reina a Hubert que data del 3 de agosto de 1569.

Traducción[1]

Al varón de eximia piedad y erudición, señor Conrad Hubert, ministro fiel de la Palabra de Dios, señor y hermano suyo en Cristo muy digno de respeto,

Estrasburgo.

Un gran saludo en Cristo, mi señor y hermano en Cristo muy digno de respeto. Creo que pasa ya un mes o más desde que te escribí a ti y al venerable patrón y pariente mío, el señor Sturm. A quien prolijamente le daba a entender en la misma carta en qué situación estaba nuestra Biblia y le pedía que, si era aprobado en grado máximo por vuestra prudencia, miraseis juntamente si fuera de interés para la cuestión que encomendásemos la tutela de nuestra versión a la reina de Inglaterra, por aquellas causas

---

[1] Texto latín: *Q. F. F. Q. S.*, 22–23; traducción: Francisco Ruiz de Pablos.

que en la misma carta exponía yo, y que eso se hiciera a través del intercesor influentísimo, el señor Sturm. Todavía desconozco si habéis recibido esa carta, por la cual ruego una y otra vez que se me cerciore sobre esa cuestión y qué habéis decidido, para que, lo antes que se pueda hacer, lo entienda. Hoy vamos a recibir el último folio de la totalidad del texto bíblico tanto del Antiguo como del Nuevo Testamento. Por tanto, ya conviene que descanse la prensa un poco hasta que sea instruido por vosotros acerca de qué es lo que se ha de reponer en el mismo umbral de la obra entera. Para indicar ya de nuevo más abiertamente quizá mi proyecto sobre esa cuestión, pienso que es conveniente que se dedique totalmente nuestra versión a la reina de Inglaterra. Pero hay una cosa que debe ser decidida por vosotros, a saber, si es conveniente que se haga mediante una carta del señor Sturm impresa en el mismo umbral de la obra, suprimiendo totalmente el nombre del autor, pues así parece que es ahora conveniente para mis cosas. Y si así parece, es necesario que, en el menor tiempo posible, se me transmita la copia de la dedicatoria. Y si no parece, que, igualmente en el menor tiempo posible, yo lo llegue a saber para que no parezcamos que finalmente nos agarramos a un guijarro más insignificante. Te ruego, mi señor Conrad, que lo soluciones a pesar de tus numerosas ocupaciones. Deseo de corazón que disfrutes de salud en Cristo con toda tu familia. Otro tanto deseamos ardientemente de corazón para ti junto con tu esposa y tu Samuel junto con la esposa e hijito recién nacido. Adiós en Cristo, mi señor único digno de respeto. Basilea, 24 de junio de 1569.

Tuyo,
Casiodoro.

Texto 9: Carta a Johann Sturm y Conrad Hubert (6 de agosto de 1569)

S e ha incluido esta carta corta por el simple motivo de que aporta información interesante sobre la distribución de los ejemplares de la Biblia del Oso. Aunque el colofón de la Biblia del Oso dice que fue publicada en septiembre de 1569, esta carta es testigo de que ya estaba siendo distribuida a inicios de agosto del mismo año. Hace falta más estudio para precisar los detalles, por ejemplo, la recepción de Reina de la dedicatoria de Sturm en julio o inicios de agosto y su incorporación a la impresión de la Biblia del Oso; pero por ahora basta señalar el simple hecho de que la Biblia ya estaba siendo distribuida a inicios de agosto. Además, cuando Reina escribe: «Recibiréis en breve los que aquí me quedan», parece que el plan fue enviar una gran cantidad de Biblias a Estrasburgo. Reina permanecerá en Basilea hasta el verano de 1570 y solo pasa por Estrasburgo en camino a Fráncfort en julio de 1570, y por tanto no se sabe por qué les pidió que «se guarden [las Biblias] en un lugar idóneo» en una casa en Estrasburgo.

Traducción[1]

Al señor Johann Sturm, o al señor Conrad Hubert, ministro de la Palabra de Dios, señor y hermano muy venerable en Cristo.

Estrasburgo.

Gracia y paz por Cristo.

Mi querido señor muy venerable. De Bartolomé Versaschio, varón honesto, que te entregará esta carta, recibirás también cuatro barriles grandes llenos de nuestra Biblia, los cuales transporto en esta nave para vosotros, ya sabéis con qué intención. Ruego que se guarden en un lugar idóneo en tu casa o en casa de Conrad. Los marineros que han de transportarlos ya han recibido el pago de nosotros; así pues, el

---

[1] Texto latín: *Q. F. F. Q. S.*, 25; traducción: Francisco Ruiz de Pablos.

transporte desde el barco hasta el sitio donde hayáis decidido que se recoloquen, vosotros mismos lo abonaréis, por lo cual también yo mismo os pagaré. Recibiréis en breve los que aquí me quedan. Todos gozamos de salud, gracias a Cristo, y deseamos que vosotros con todas vuestras familias disfrutéis perpetuamente de salud y gocéis de la eterna alegría en Cristo. Basilea, 6 de agosto de 1569.

Tuyo,
Casiodoro.

Texto 10: Carta a Teodoro de Beza (12 de julio de 1571)

E sta carta es importante porque concluye el debate entre Reina y Beza sobre la Santa Cena. Con esta carta, más otra que Reina escribe a Beza el 25 de noviembre del mismo año en la que le escribe en un ámbito más personal, Beza se queda satisfecho de la ortodoxia de Reina. En una carta escrita el 25 de diciembre de 1571, Beza le extiende la mano derecha de comunión, gracias no solo a los argumentos de Reina, sino también al aval del presbiterio de la iglesia reformada de habla francesa de Fráncfort. Una vez más, resulta llamativo que Reina nunca cedió el argumento a Beza, sino que se esforzó en clarificar sus afirmaciones originales y en tomar una postura equilibrada entre la verdad y la gracia.[1]

---

[1] Por desgracia, se rompió la paz poco después; comp. la carta que Beza escribió a Reina (aparentemente la última) en Hippolyte Aubert (ed.), *Correspondance de Théodore de Bèze*, tomo 13 (Ginebra: Librairie Droz, 1988), 73–80.

También es importante señalar el aparentemente fuerte rechazo que Reina hace de la postura luterana sobre la Santa Cena, sobre todo cuando va a entrar en el ámbito luterano poco después. Si nos podemos fiar del comentario que Reina hizo en el texto que escribió para ser recibido en la comunión luterana en 1593 (ver el Texto 17), «durante casi veinte años» se había identificado más como luterano que como reformado, lo cual nos lleva a los años de 1574–1576 aproximadamente. Aunque el rechazo fuerte de la postura luterana en este texto puede hacer pensar que Reina cambió su posición sobre la Santa Cena, de una postura reformada a una luterana, la insistencia de Reina de recurrir a la Concordia de Wittenberg nos hace pensar que, para Reina, las posturas reformada y luterana no fueron irreconciliables.

Traducción[1]

A monseñor de Beza en Ginebra.

Yo abajo firmante, Casiodoro de Reina, habiendo
conferenciado con los ministros de la iglesia francesa recogida
en esta ciudad de Fráncfort acerca de los artículos de fe
de mi confesión de fe (ya presentada por mí a la iglesia de
Estrasburgo el 24 de marzo de 1565), y siendo por ellos
requerido de darles una más clara declaración de lo que yo
pienso, principalmente sobre los puntos de la Santa Cena,
de nuestro Señor Jesucristo, de Su ascensión al cielo y de Su
sesión a la diestra de Dios Su Padre, les declaré y declaro con
toda sinceridad que yo entiendo los artículos de mi dicha

---

[1] Texto francés: *Bibliotheca Wiffeniana*, 2:216–219; Hippolyte Aubert (ed.),
Correspondance de Théodore de Bèze, tomo 12 (Ginebra: Librairie Droz, 1986), 143–147;
traducción: Francisco Ruiz de Pablos.

confesión totalmente del modo que está expresado por este presente escrito firmado por mi mano.

A saber: que, en primer lugar, perseverando en la aprobación de todos los libros canónicos de la Santa Escritura del Viejo y el Nuevo Testamento y de los tres símbolos recibidos de toda la Iglesia, a saber, el que se llama de los Apóstoles, el del Concilio de Nicea y el de Atanasio, y rechazando todos los errores y herejías contrarios a estos (por respecto principalmente de la doctrina contenida y declarada en los dos últimos que tocan la esencia de Dios y Trinidad de las Personas), siguiendo el primer artículo de mi dicha confesión.

Yo apruebo y recibo sin ninguna excepción ni restricción toda la doctrina comprendida en la confesión de fe de las iglesias reformadas de Francia que comienza: «Creemos etc.», como estando verdaderamente fundada y enteramente conforme en todas sus partes a la pura Palabra de Dios y doctrina de los profetas y apóstoles. La cual para más grande certeza yo estoy presto y prometo firmar tantas veces cuantas sea yo requerido por ellos (como ya la he aprobado y firmado otra vez), y esto para satisfacer al segundo punto de mi confesión.

En cuanto al tercero, declaro que mi intención no ha sido jamás y no lo es ahora confundir por ello la cosa espiritual y celeste que nos es presentada en el sacramento de la Santa Cena, a saber, la carne y la sangre del Señor y todos sus beneficios con el medio por el cual somos hechos sus partícipes, y el correcto y legítimo uso de este sacramento. Y en cuanto a estas palabras «presencial y sustancialmente», deseo ser soportado si las he utilizado más allá de su ingenua significación (teniendo consideración al lugar en el que estoy) para significar la verdadera presencia y sustancia del cuerpo y la sangre de Cristo; protestando que no reconozco en ellas, sin embargo, otra presencia que la que nuestra fe capta en ellas espiritualmente, morando su dicho cuerpo en el cielo y no en otro lugar como se dirá después.

En cuanto al cuarto artículo, reconozco haber usado en el mismo la palabra «necesariamente» no con otra intención que para cerrar y rechazar del todo la opinión de aquellos que relacionan de tal manera el cuerpo y la sangre de Cristo a las señales visibles del pan y del vino, que ellos estiman que ninguno puede recibir estas señales sin que no reciba también verdaderamente la cosa significada por esos, sea fiel o infiel, la cual opinión yo la condeno allí. Y por lo que toca a las palabras simbolizantes con el formulario de la administración de la Cena que se recita comúnmente en la celebración de ella, yo las entiendo en el mismo sentido que tienen las palabras de dicho formulario, no habiendo tenido de ninguna manera intención de innovarme o cambiar en cuanto al dicho sentido, aunque yo haya usado otras palabras, ni menos establecer alguna otra presencia del cuerpo de Cristo en la tierra que aquella de la que he hablado aquí más arriba.

En cuanto al quinto artículo, lo que yo he alegado allí del pasaje de San Pablo en Romanos 10:6 etc., eso ha sido solamente para declarar en general la virtud o la eficacia de la fe en la aprehensión de las cosas espirituales de Cristo que nos son propuestas en Su Palabra, y no para querer precisamente aplicarlo a la manducación del cuerpo de este en la Cena, o para favorecer la opinión de la manducación oral y carnal, como yo sé que el apóstol no ha tenido esta intención.

Por respecto de las palabras y opiniones del difunto señor Bucero que he alegado tanto en el artículo seis como en el diez, no he pretendido de ninguna manera aplicarlas contra aquellos que siguen la confesión de las iglesias reformadas, de Francia o del país de los suizos, y las dejo en el sentido del autor de ellas, sin querer abusar contra nadie.

En cuanto al octavo artículo, aunque yo haya estimado poder sin represión declarar el artículo de la ascensión de nuestro Señor por el de Su sesión a la diestra de Dios por la afinidad de ellos, si es que yo no he pretendido ni pensado confundir los dichos artículos en su sustancia y doctrina particular. Sometiendo mi interpretación al juicio de la iglesia y fieles doctores de ella, protesto reconocer la diversidad y distinción de dichos artículos en esta manera. Es lo que siguiendo el artículo séptimo de mi confesión, yo reconozco que el de la ascensión nos enseña que el cuerpo natural de nuestro Señor Jesucristo fue visiblemente elevado de la tierra de este bajo mundo para subir al cielo, donde ocupa un lugar ciertamente circunscrito según la dimensión de Él, estando ahora allí y no en otros sitios, a saber, para estar allí contenido hasta el tiempo de Su último advenimiento, como lo testimonia San Pedro en Hechos 3:21. Y en cuanto a lo de la sesión a la diestra de Dios Su Padre, nos muestra y declara simplemente no la deificación de Su cuerpo o alguna presencia infinita e invisible de este en la tierra, sino la condición y estado de Su gloria, majestad y poder, la cual como mediador obtuvo después de Su resurrección y obtiene de nuevo ahora, habiendo sido declarado y establecido por Dios Su Padre Rey y Soberano del cielo y de la tierra, como asimismo lo testimonia Mateo 28:18. La cual gloria, majestad y poder, significados por la dicha sesión no ha retirado ni abolido las propiedades naturales de Su cuerpo, se las deja en su entereza, de tal manera que

no está ahora ya más exento en el cielo de la condición local
y circunscrita de lo que estaba mientras convivía aquí abajo
tras Su resurrección, o que nuestros cuerpos estarán después
que sean también resucitados para ser hechos conformes a
Su cuerpo glorioso, como habla San Pablo en Filipenses 2:21.
He ahí cuál es mi manera de entender en cuanto a estos dos
artículos, por la cual declaro también que no he querido
confundir más en el artículo nuevo de mi confesión el artículo
de la dicha ascensión al cielo con la glorificación de la carne
de Cristo, ni el lugar en el cual Su cuerpo está contenido o
circunscrito en el cielo con la gloria de la cual tomó visiblemente
posesión cuando remontó a ella a la vista de Sus apóstoles.

Siguiendo, pues, esta mi declaración que toca estos dos
artículos, protesto no aprobar y no haber en nada querido
simbolizar ni consentir en la opinión de los que imaginan una
ubicuidad u omnipresencia invisible del cuerpo de Cristo, por
la cual quieren que esté presente corporalmente en todas partes
e incluso conjunto inseparablemente en o con, o bajo el pan
de la Cena, aniquilando en tanto que en ellos está por una tal
opinión la verdad del cuerpo natural de Cristo, en tanto que
ellos lo presentan infinito, incircunscripto e invisible, haciendo
que esté presente en diversos lugares, incluso los mismos en
todas partes por un instante, lo que no puede competir más
que a la sola naturaleza divina y no a la humana, que es finita,
visible y circunscrita.

Finalmente, para comprender toda la resolución de todos
estos puntos y aplicarlos a la doctrina de la Santa Cena, yo
confieso en suma libremente y de corazón que en esta (y lo
mismo en la simple Palabra de Dios) Jesucristo se da a sí mismo
a los fieles con todos sus bienes en vida eterna, y que la fe es

el solo medio o instrumento de esta comunicación y unión
espiritual que tenemos con Él. Por lo cual yo concluyo que
Jesucristo, por Su virtud divina, espiritual e incomprensible (por
respecto de la cual solamente reconocemos Su presencia en
la tierra) está verdaderamente presente en Su Iglesia. Pero en
cuanto a la sustancia de Su carne, está verdadera y realmente
elevada a los cielos fuera de este bajo mundo, no estando ya
más en la tierra ni en otro sitio que en los cielos y por ello tan
alejada (cuanto a la distancia local) de nosotros que estamos
en la tierra, como lo que está por encima de todos los cielos
está alejado de estos bajos lugares terrestres. Y a pesar de
que por la fe nosotros no dejamos de estar hechos partícipes
de esta espiritualmente y con una eficacia y certeza tal, que
nuestra alma está verdaderamente nutrida de ella y sostenida
en esperanza de la vida eterna; y así estando incorporados con
Cristo por esta comunión espiritual, estamos hechos hueso de
Sus huesos y carne de Su carne en virtud de Su promesa.

He ahí cuál es mi fe pura y simple, siguiendo la cual deseo y
requiero que todo lo que yo haya podido jamás haber dicho y
escrito sobre esta materia sea tomado y entendido también, por
falta de poderme explicar tan bien como yo hubiese deseado,
sin que ninguno haya podido tener ocasión de considerar
que yo haya creído o pensado de otra manera que ni pienso
ni creo ahora. Y a fin de que nadie dude después de esto
de mi sinceridad y correcta creencia en todos estos puntos
he firmado de mi propia mano la presente declaración a
requerimiento de los dichos ministros que han conferenciado
conmigo, prometiendo además perseverar en esta fe y doctrina
y someterme en todas las cosas al juicio de la Iglesia del Señor,
a la cual someto no solo mi persona sino también mis escritos,

deseando ser tenido y reconocido por verdadero miembro de ella.

Hecho en Fráncfort este 12 de julio de 1571.

Nosotros abajo firmantes, al presente ministros del santo Evangelio y de la iglesia francesa recogida en esta ciudad de Fráncfort, habiendo visto y leído la suscrita declaración presentada a nosotros por el dicho Casiodoro de Reina, por la cual él nos protesta de la pureza de su doctrina sobre los puntos de los que había sido requerido por nosotros, hemos aceptado y aprobado su dicha declaración, reconociéndola por pura y conforme a la Palabra de Dios. Y en señal de nuestra aprobación hemos añadido aquí nuestras firmas, declarando estar bien satisfechos y contentos de la misma. Y esto en nombre de nuestra compañía, que nos dio su encargo. Hecho en Fráncfort este 12 de julio de 1571.

J. Sallvard   T. de Banos

Texto 11: Carta a Teodoro Zwinger (27 de octubre de 1574)

Esta carta nos brinda información poco conocida sobre Reina. Primero, Reina menciona «el asunto del Talmud», que aparentemente es una alusión a un proyecto de editar el Talmud de Babilonia. Este dato, más el hecho de que interactuó con la edición siríaca de Immanuel Tremellius (y, de hecho, tuvo planes de editar su edición del Nuevo Testamento)[1] y tradujo el Antiguo Testamento con la ayuda del texto hebreo, ilustra la familiaridad que Reina tenía con los idiomas semíticos.

Segundo, esta carta menciona, de nuevo, la penosa pobreza de Reina. En esas fechas, estaba buscando trabajo «para combatir el hambre». Aparentemente, su situación no había cambiado mucho desde su tiempo en Basilea, cuando su amigo Marcos Pérez pagó, no solamente los gastos del viaje de Reina

---

[1] Comp. la «Dedicatoria» de su comentario sobre Mateo 4:1–11.

desde Basilea hasta Fráncfort, sino también sus «deudas más urgentes».[2] En parte, sus problemas derivaron de una mala inversión que había hecho en la biblioteca de Oporino: la había comprado pensando que la podía vender en las ferias (esp. la de Fráncfort), pero como esta carta demuestra, no salió como esperaba.

Por último, es interesante señalar que Reina quería hacerse ciudadano de Basilea. Se sabe que, al final nunca volvió a dicha ciudad, sino que pasó el resto de su vida en Amberes y Fráncfort, y que se hizo ciudadano del último, pero parece que tuvo un deseo muy fuerte de volver a la ciudad donde se imprimió su Biblia.

---

[2] Carta de Reina a Teodoro Zwinger que data del 13 de julio de 1570.

Traducción[1]

Dirigida a mi querido doctor Teodoro Zwinger, compadre y
gran amigo en Basilea.

Gracia y paz por medio de Cristo.

Querido compadre. La feria no me fue como había deseado.
Apenas vendí libros de la biblioteca por valor de 60 florines.
En parte porque acudieron a la feria menos clientes de
los acostumbrados y la gente no había tenido noticias de
la biblioteca, en parte porque no tuve tiempo ni espacio
suficiente para prepararla con los libros ordenados para su fácil
localización. Por eso decidí pedir a los acreedores que, dejando
ambos remates para la feria siguiente, tengan consideración
conmigo y con mi representante y para esta demora del primer

---

[1] Texto latín: *Bibliotheca Wiffeniana* 2:225–226; traducción: Andrés Oyola Fabián.

remate reciban de mí el interés de su dinero que establezcan. Por eso les envío un documento suplicatorio que recibirás de Balbano. Te suplico, compadre, que, en cuanto se reúnan, se lo leas y hagas el papel que acostumbras, comunicando antes el asunto con el doctor Grineo y con buenos amigos. Y si me lo concede, bueno será y me harán un favor muy grato. Si no, habrá que solucionarlo según lo pactado. Con Enrique de Pedro no crucé ni una palabra sobre el asunto del Talmud, pues pienso actuar con base más cierta, a saber, intentar primero lograr la ciudadanía con su ayuda y la de buenos amigos y que también me ayuden a dedicarme a imprimir con una o dos imprentas para combatir el hambre. Si lo consigo, lo demás será fácil de alcanzar cuando quiera. He trasladado este plan a Episcopio (sin decirle palabra del Talmud), pidiéndole que quiera ayudarme en esto o, si procede, que me admita en su empresa con el doctor Grineo. Promete toda su ayuda de amigo. Aconseja que te escriba a ti y al doctor Grineo sobre el tema. Por eso te escribo, pidiéndote que, después de tratar el asunto con el doctor Grineo (ni una palabra sobre el Talmud), deliberéis conjuntamente sobre cómo hacerme ciudadano de Basilea, pues estoy totalmente decidido, si así os parece y se me da poder para fundar una imprenta, a trasladarme a Basilea para la próxima feria. No se han podido encontrar aquí las cartas de [fr. Antonio de] Guevara. Me encargaré de que se traigan de Amberes. Te voy a contar un asunto triste para ti, y tal vez de risa, aunque eres mal burlador de mis infortunios. He perdido a mi Momo, sin ninguna esperanza de recuperarlo. No sé la razón por la que finalmente lo he perdido. Creo que algún genio malo tenía envidia de suerte tan grande de un huérfano. Si eres mi amigo, llora conmigo la pérdida de Momo.

Pero tú te ríes. Adiós, pues, y ríe feliz. Saluda de mi parte a la mejor comadre y esposa y a toda tu familia. Fráncfort, 24 de septiembre de 1574.

Tuyo,
Casiodoro de Reina.

Texto 12: Carta a Teodoro Zwinger (27 de octubre de 1574)

E sta carta es interesante por dos motivos. Primero, Reina demuestra interés en editar el libro que se llamaba *Sagrada biblioteca* por Sixto de Siena. Esto fue un tomo muy extenso sobre varios temas relacionados con la Biblia. Siena era católico romano y defendía posturas católico romanas, por ejemplo, con respecto al canon de la Biblia, y por tanto Reina dijo en su carta que tenía planeado añadir al final de la obra «unas breves correcciones, con las que, como con un antídoto añadido, se corrijan las cosas que él enseña». Se nota una vez más la mente independiente y ecuménica de Reina, pero a la vez convencida del protestantismo. En sus cartas a Weidner (del 6 o 13 de abril de 1577 y del 12 de octubre de 1589), dice que aún no había editado el texto. No se sabe si llegó a hacerlo, pero el hecho de que seguía hablando del proyecto durante quince años (o más) ilustra bien el gran respeto que tenía por esta obra de Siena.

Segundo, en el *postscriptum*, Reina insinúa que, si se aboliera la Inquisición en Aragón y Cataluña, querría volver a España. Aunque la Inquisición logró exiliar a Reina del corazón de España, no pudo exiliar España del corazón de Reina.

Traducción[1]

Al ilustrísimo señor, el doctor D. Teodoro Zwinger, amigo y dulcísimo compadre. En Basilea.

Gracia y paz por Cristo.

Respetado compadre:

Deseo saber en primer lugar cómo andáis de salud en Basilea en medio de la peste que se extiende por doquier. Después qué han decidido los prestamistas sobre mi deuda, si la han vuelto a pedir a mi fiador o si se han contentado con la condición que les he impuesto. Te pido con insistencia que me informes sobre estos asuntos por medio de quien te entregará esta carta. Saluda especialmente de mi parte al doctor Grineo y Episcopio, mis

---

[1] Texto latín: *Bibliotheca Wiffeniana* 2:226–227; traducción: Andrés Oyola Fabián.

queridos amigos. Hazle saber a ellos que no ha dependido de mí hasta ahora el que no hayan recibido los comentarios a Cicerón y Plinio, como les había prometido, por cuanto que he reunido todos los que tengo y guardo en mi casa metidas en una pequeña tinaja hasta la llegada de un barco de Estrasburgo, a quien pueda confiar su traslado. Se está a la espera de una nave cada hora. Aquí me he ocupado de imprimir un libro de Teología de gran importancia, como creo, la *Sagrada Biblioteca* de F. Sixto de Siena, al que también añadiré de mi parte al final unas breves correcciones, con las que, como con un antídoto añadido, se corrijan las cosas que él enseña. El libro está en la imprenta y, si no me equivoco, con buenos auspicios. No sé si has dejado de reírte de la pérdida de mi querido Momo, del que por otra parte solo yo me ocupaba. Con seguridad yo mismo no puedo dejar de entristecerme por ello. Adiós. Dulcísimo y añorado compadre, con tu señora esposa, nuestra comadre, y con toda tu familia, que te encargo saludes de mi parte a una con el buen vecino mayor y todos los amigos. Fráncfort, 27 de octubre de 1574.

Tuyo siempre,
Casiodoro de Reina.

Hay rumores no sin fundamento de que los reinos de Aragón y Cataluña no están totalmente en paz debido a la tiranía de la Santa Inquisición, que quieren abolir. Lo mismo se dice de toda Sicilia. Si el asunto se lleva en serio, no quisiera en verdad ser ni siquiera ciudadano de Basilea. Se dice también que las flotas turca y cristiana se han enfrentado en sangriento combate. No se sabe aún cuál de las dos ha vencido. Esperamos hoy carta de Amberes, por la que esperamos conocer la verdad, etc.

Texto 13: Carta a Guillermo IV
(7 de septiembre de 1577)

E sta carta es importante por dos razones fundamentales.
Primero, es la primera carta de Reina a Guillermo IV
de Hesse-Kassel. Guillermo inició una relación con Reina
por dos motivos: para conseguir libros para su biblioteca y
para enterarse de noticias políticas y militares más allá de su
territorio. La última carta que se ha preservado data de mayo
de 1582, así que está documentado que Reina le sirvió durante
casi cinco años, si no más.

Segundo, en esta carta, Reina informa a Guillermo que ha
sido invitado a ir a Polonia para ayudar en fundar una escuela.
En estas fechas, Polonia era un territorio cuya identidad
religiosa aún estaba formándose, y varios grupos (desde los
católicos romanos más conservadores hasta las sectas más
liberales) estaban peleando entre sí para conseguir la victoria

para su propia tradición eclesiástica. Aun sabiendo esto, Reina quería irse, y en una carta posterior a Guillermo, y con la aprobación de este, Reina le informa que ha decidido marcharse a Polonia.[1] Sin embargo, y por motivos aun desconocidos, al final no fue a Polonia, sino a Amberes, para ser el pastor de la iglesia luterana de habla francesa.[2]

---

[1] Carta a Guillermo IV que data del 7 de octubre de 1577.

[2] Carta a Teodoro Zwinger que data del 1 de abril de 1578. La primera noticia que tenemos de Reina sobre la invitación a ser pastor en Amberes es de una carta dirigida a Matías Ritter que data del 6 de noviembre de 1578, es decir, posterior a su decisión de no ir a Polonia. Por tanto, parece que su declinación de la oferta no tuvo nada que ver con su aceptación de ir a Amberes.

Traducción[1]

Ilustrísimo Príncipe y Señor clementísimo:

Estoy enormemente agradecido a su Excelencia por haberse dignado transmitirme el saludo a través de su secretario, el cual me vino a ver y me saludó humanísimamente en nombre de su Excelencia. No considero haber recibido ese honor por las obligaciones o méritos para con vuestra Excelencia; sino (como es evidente) tanto por la singular piedad como por la humanidad, que incluso de los más pequeños desea conseguir. Me pidió el citado secretario que, si yo tenía algunas novedades, escribiese a vuestra Excelencia. Por mi parte yo, que casi nunca tengo nada de esas cosas, salvo las que a cuenta de la vejez no pueden ignorarse

[1] Texto latín: A. Gordon Kinder, «The Protestant Pastor as Intelligencer: Casiodoro de Reina's Letters to Wilhelm IV, Landgrave of Hesse-Cassel (1577–1582)», *Bibliothèque d'Humanisme et Renaissance* 58 n 1 (1996): 108–109; traducción: Francisco Ruiz de Pablos.

por ninguno, enseguida, a fin de ser agradecido con vuestra Excelencia, me dirigí a los amigos en ese campo más diligentes, de los cuales recogí las cosas que envío a vuestra Excelencia. Las he conseguido del señor Huberto Languet, del doctor Jo. Ficard, consejero y síndico de esta ciudad, varón especialmente famoso, y de algunos amigos italianos. Todavía no ha dado comienzo el mercado, ahora empiezan a llegar los primeros mercaderes: tendremos, creo, más de seis u ocho días. Pero tengo alguna novedad que escribir sobre mí mismo a vuestra Excelencia. Se trata en resumen de lo siguiente: estoy siendo llamado a Polonia por cierto varón príncipe (según entiendo, yo mismo lo he visto en parte cuando he hablado con él) insignemente piadoso y erudito, el cual quiere erigir una escuela en su jurisdicción. La condición es no solo más amplia sino también más honorífica de lo que yo mismo me atrevería a esperar; pero la misma es difícil por muchas razones para que haya necesidad de una deliberación madura, y no solo por mi parte, sino también por parte de los amigos, de los cuales las opiniones sobre ella son varias mientras yo no he decidido nada aun; espero, sin embargo, que Dios oirá con máxima atención nuestras preces y dirigirá nuestras decisiones para que decidamos lo que haya de ser para gloria de Su nombre. No he querido que ignorase estas cosas vuestra Excelencia, a la que, por la benevolencia mostrada para conmigo y unida además a los beneficios, confieso que yo debo una gran parte de mí. Pido a Dios que mantenga largo tiempo incólume a vuestra Excelencia, acrecentada con los dones perpetuos de su espíritu, para tutela de la Patria y ornamento singular. Fráncfort, 7 de septiembre de 1577.

Siervo adictísimo de vuestra Excelencia,
Casiodoro de Reina.

Texto 14: Carta a Matías Ritter (6 de noviembre de 1578)

Esta carta nos proporciona una mirada íntima a las pruebas de Reina: la perspectiva de un ministerio duro en Amberes y el caso inminente de Londres. En cuanto a su ministerio en Amberes, Reina había sido invitado para ser el pastor de la iglesia luterana de habla francesa en dicha ciudad. En 1566, Mattia Flacio Illirico fundó la primera iglesia luterana de habla francesa en Amberes, pero era del bando gnesioluterano (es decir, conservador) e inflexible en sus relaciones con protestantes de otras tradiciones (como lo era con Antonio del Corro cuando pastoreaba la iglesia reformada de habla francesa en Amberes por unos meses durante 1566–1567). La iglesia cerró a finales de la década de los sesenta, y cuando volvió a abrirse, la gente quería un pastor menos estricto y, por tanto, Reina fue invitado. Sin embargo, quedó mucha amargura y recelo de parte de todos, y aumentaron los problemas debido a la falta de pastores capacitados. En camino a Londres, Reina paró brevemente en Amberes para ver la situación de primera mano, y esta carta registra su primera impresión.

En cuanto al caso inminente en Londres, se nota que Reina está tanto optimista como realista: tiene ganas de defenderse por fin y responder a las cargas, pero también se ha preparado para no ser hallado inocente. En el segundo de los casos, Reina dice que «lo llevaré con ecuanimidad y suministrando también fuerzas a la paciencia».

Traducción[1]

Al varón de eximia piedad y erudición, señor Matías Ritter,
pastor fiel de la iglesia de Fráncfort, señor y hermano digno de
respeto único en Cristo, Fráncfort.

Gracia y paz por Cristo.

Señor sumamente reverendo y hermano carísimo en Cristo.
Después de una prolongada y muy molesta navegación, he
llegado por fin a Amberes en el décimo octavo día de mi
partida de vosotros. Recibido amabilísimamente por los
hermanos, comencé a partir de ellos a tener conocimiento
sobre el estado de esta iglesia, no malo ciertamente si no

---

[1] Texto latín: Eduard Boehmer, «Cassiodori Reinii epistolae tredecim ad
Matthiam Ritterum datae», *Zeitschrift für die historische Theologie* (Gotha: Friedrich
Andreas Perthes, 1870), 286–288; traducción: Francisco Ruiz de Pablos.

padeciesen tan gran escasez de ministros. La situación está completamente llena de lágrimas, al ver que los frutos, supermaduros para la cosecha dentro de tan gran abundancia, prácticamente perecen por la escasez de recolectores fieles, sobre todo puesto que, ni con esa escasez tan grande, sean todos prudentes con su deber. Ese del que me avisaste oportunamente (acción por la que te estaré perpetuamente agradecido), empieza a ser inoportuno inmediatamente después de su llegada, pues apenas hace un mes de que está aquí, promueve cuestiones ni necesarias ni muy útiles, sino imponiendo con violencia su opinión acerca de las mismas a los muchos que se oponen con razón, como si en esta primera plantación de iglesia y hasta tal punto entre tantas tormentas y tempestades hubiera tanto ocio, que apetezca disputar ¿sobre el pecado original acerca de si es accidente o la misma sustancia física del hombre?, ¿o si es lícito bendecir los matrimonios los domingos? y otras cosas de ese género, y disturbar acerca de esas materias a la iglesia, aún no nacida del todo y que se esfuerza peligrosísimamente por su salida del útero. Estas inoportunidades con admirable destreza los hermanos o las evitan o las rechazan, sin que todavía haya sido admitido el hombre al ministerio, y alejando del todo esa ofensa (como él cree) de la visitación de los enfermos, los cuales son en número no mediano, y totalmente de otras partes del ministerio a excepción de las solas prédicas con que abundantemente compensa. Te escribo estas cosas para que, conociendo el estado de la iglesia, pidas seriamente a Dios por lo mejor, por tu piedad y caridad para con los hermanos.

Por lo que me atañe, estoy preparado ya para una marcha nueva y mucho más difícil, a saber, a Inglaterra, a fin de despejar con mi presencia allí las calumnias en otro tiempo acumuladas contra mí, exigiéndolo así la condición de mi ministerio. Si (como espero de Dios y de mi inocencia) vuelvo libre de estas, pondré gustosamente el hombro bajo este peso, habiendo disfrutado con esperanza grande y cierta. Si a Dios le pareciere de otra manera, a saber, detenerme aun bajo ese cieno, lo llevaré con ecuanimidad y suministrando también fuerzas a la paciencia. Me encomiendo a mí y a todas mis cosas a tus preces y a las de la iglesia. Si encomiendas a las preces públicas de la iglesia el estado de esta iglesia que renace no sin dolor y gran sufrimiento (como ya ves), habrás actuado con rectitud y desde la piedad. Adiós en Cristo, señor y hermano amantísimo en Cristo, juntamente con toda la familia. Amberes, 6 de noviembre de 1578.

Tu Casiodoro.

Texto 15: *Confessio in articulo de Coena* (19 de marzo de 1579)

E ste texto no fue escrito por Reina, pero es una reproducción de algunas de las respuestas que dio durante el caso de Londres. Aparentemente, las acusaciones de inmoralidad sexual y sus doctrinas supuestamente servetinas no jugaron un papel muy importante en el caso, sino su doctrina sobre la Santa Cena (que originalmente no fue un factor en su huida de Londres). Una persona anónima del bando reformado, que Reina identificó como «Willerio y sus socios» (ver el Texto 17), consiguió y publicó las respuestas con el fin de poner en duda el pastorado de Reina, porque había defendido una postura reformada sobre la Santa Cena, pero al mismo tiempo estaba pastoreando una iglesia luterana. Según Reina, las respuestas sí eran suyas, pero no todas fueron publicadas, y las que fueron omitidas habrían matizado y equilibrado las que fueron publicadas (ver el Texto 16), y en el texto que registra su recepción al luteranismo (ver el Texto 17), Reina dice que dejó claro durante el caso que «no era calvinista». Es difícil saber qué entendía Reina de la etiqueta «calvinista», pero lo que sí está claro es que Reina nunca se sentía del todo cómodo dentro del bando reformado (ni tampoco del bando luterano).

Este texto fue publicado originalmente en una edición trilingüe: latín, francés y holandés. La traducción fue realizada con base en la versión latina, siendo el idioma en el que Reina habría dado sus respuestas en Londres y, por tanto, la versión más cercana al texto original.

Traducción[1]

Confesión en el artículo de la Cena, del español Casiodoro de Reina, ministro en aquella iglesia que en Amberes dice que proclama la Confesión de Augsburgo, la cual, si sus iniciados la proclaman sinceramente, se habrá eliminado la controversia entre ellos y los ministros de las iglesias reformadas.

Confesión de Casiodoro de Reina
Yo, el español Casiodoro de Reina, ciudadano de Fráncfort, ministro de la Palabra de Dios, he leído esta confesión de fe de las iglesias helvéticas, y la apruebo como ortodoxa, conforme y coherente con la Palabra de Dios y la suscribo de corazón absolutamente en Londres, a 19 de marzo de 1579. Casiodoro de Reina.

---

[1] Texto latín: anónimo, *Confessio in articulo de Coena* (Amberes: Giles vanden Rade, [1579]); traducción: Francisco Ruiz de Pablos.

Respuesta de Casiodoro de Reina a los artículos que le fueron propuestos por el reverendísimo señor arzobispo de Canterbury, Edmund Grindal a través del ilustrísimo varón, el señor D. Luino, el 13 de marzo de 1579.

Artículo primero

¿Acerca del sentido de las palabras de la Cena y si las palabras de la Cena se deben entender de manera propia o por tropo?

Respuesta. A partir de la misma razón, definición y naturaleza delos sacramentos, las cuales acciones son totalmente místicas, figurativas y significativas, considero que se debe admitir necesariamente que en las palabras de la Cena hay tropo, a menos que queramos confundir los signos con las mismas realidades figuradas y significadas. Pero, sin embargo, las realidades se deben unir con los mismos signos de tal manera que mostremos que no queremos proponer signos desnudos y vacíos de las mismas realidades. Y así pienso que el pan en la sagrada Cena del Señor significa y a su manera es el mismo cuerpo de Cristo, el vino Su sangre.

Artículo segundo

¿El cuerpo de Cristo está real y corporalmente presente y es comido en la cena?

Respuesta. Se da verdaderamente el mismo cuerpo sustancial presente de Cristo a los creyentes por los cuales es comido en Su Santa Cena; pero no corporal o carnalmente, esto es, no de manera corporal o carnal, sino completamente espiritual.

Artículo tercero

¿Si es verdad lo que es afirmado por algunos, de que el cuerpo de Cristo es comido oralmente en la cena?

Respuesta. Ciertamente los signos o sacramentos mismos
son tomados por las manos y comidos por la boca; pero las
realidades mismas, a saber, el cuerpo y la sangre, puesto que son
realidades dadas de modo completamente espiritual, no se dan
para alimento del vientre, sino de las almas; ni pueden tocarse
con las manos, ni comerse o consumirse por la boca, sino por
el alma; a través de la verdadera fe puesto que también está ya
fuera de toda condición de pasión. Por lo demás, en cuanto que
el pan es el cuerpo de Cristo, el vino Su sangre, a saber, debido
a la conjunción sacramental, la piadosa antigüedad ha utilizado
aquellas locuciones, de forma que en la Santa Cena del Señor
lo que era propio de los signos se atribuyera a las realidades, lo
de las realidades a los mismos signos. Así dijeron muchas veces
que el cuerpo de Cristo se tomaba con las manos, se recibía y se
comía por la boca, y a su vez que el pan era pan de vida, etc.

Artículo cuarto
¿Es verdad que el cuerpo de Cristo es comido solo
espiritualmente y a través de la fe, no por la boca corporal?
Respuesta. Así es, conforme se ha declarado en el
artículo precedente.

Artículo quinto
¿Igualmente que los impíos desprovistos de fe viva no son
partícipes del cuerpo y sangre de Cristo de ninguna manera en
el uso de la Cena?
Respuesta. Así lo pienso: Pues para esta acción sagrada, no han
de ser juzgados más aptos los que carecen de fe verdadera que los
puercos y los perros, salvo que estos abusan de lo sagrado sin aquel

delito suyo, aquellos con el más elevado. Toman, por consiguiente, lo que mediante algún descuido tomaría el puerco o el perro.

Estas cosas creyó Casiodoro ante Dios de forma cándida y sincera y con cuanta perspicuidad pudo y las propone al señor reverendísimo, en las cuales, si no ha expresado con palabras la verdadera y genuina significación de estas cuestiones, está dispuesto a admitir gustosamente la corrección.
Y si algo parece ambiguo en estas respuestas, eso es lo que yo interpreto y quiero que se acepte según esta confesión, de la iglesia anglicana y londinogálica.
(Por debajo estaba escrito de propia mano: Casiodoro de Reina).

Artículo recogido de la Confesión helvética, cap. 21, sobre la Santa Cena del Señor

Por lo demás, el que sin ninguna fe accede a esta sagrada mesa del Señor, solamente se comunica con el sacramento, y no percibe la realidad del sacramento de donde es la vida y la salvación. Y los tales comen indignamente de la mesa del Señor. Pero los que comen indignamente del pan del Señor y beben de Su cáliz, se hacen reos del cuerpo y la sangre del Señor, y comen y beben para su condena.

Por consiguiente, el cuerpo del Señor y Su sangre los unimos con el pan y con el vino no de forma que digamos que el mismo pan es el cuerpo de Cristo, sino por razón sacramental, o que el cuerpo de Cristo se esconde corporalmente bajo el pan, o que incluso deba ser adorado bajo las especies del pan, o que cualquiera que perciba el signo, perciba igualmente también la realidad misma. El cuerpo de Cristo está en los cielos a la diestra del Padre. Por consiguiente, los corazones han de elevarse a las alturas y no hundirse en el pan, y el Señor no ha de ser adorado en el pan. Y, sin embargo, el Señor no está ausente de Su iglesia al celebrar la Cena. El sol ausente de nosotros en el cielo está, sin embargo, presente eficazmente en nosotros; cuánto más el sol de justicia, Cristo, ausente con Su cuerpo en los cielos, está presente en nosotros, no de forma corporal ciertamente, sino de forma espiritual por operación vivífica, y como Él mismo se nos expresó que estaría presente para nosotros, en la última Cena, Juan 14–16. De ahí la consecuencia de que nosotros no tenemos la Cena sin Cristo, sin embargo, tenemos la Cena incruenta y mística, como la denominó la antigüedad entera.

Confesión de la iglesia londinogálica, artículo 36

Confesamos que la Cena, que es el segundo sacramento, es para nosotros testimonio y garantía de aquella unión que tenemos con Jesucristo, puesto que no solo una vez murió y fue resucitado por nosotros, sino que también nos apacienta y nos nutre verdaderamente con Su carne y con Su sangre, de forma que seamos una sola cosa con Él y tengamos una vida común con Él, y aunque esté en el cielo hasta que venga a juzgar a los vivos y a los muertos, creemos, sin embargo, que con la arcana e incomprensible virtud del Espíritu Santo, nos nutrirá y vivificará la sustancia de Su cuerpo y de Su sangre, con esta añadidura, que esto mismo se hace de forma espiritual, no ciertamente como si fuera nuestra doctrina que es algo puesto en la imaginación, sino porque este misterio supera nuestra capacidad y todo el orden de la naturaleza; y en suma, puesto que es una razón celestial, no puede percibirse ni captarse sino por la fe.

Texto 16: Carta a Matías Ritter
(11 de enero de 1580)

E sta carta es importante porque contiene la reacción de
Reina ante la divulgación de «ciertas respuestas mías a
ciertos artículos de la Cena del Señor» que dio en Londres
(ver Texto 15 arriba). Siendo irenista y centrado más en temas
primarios (p. ej., el evangelio y la vida cristiana) que en temas
secundarios (p. ej., el debate entre reformados y luteranos sobre
la Santa Cena), se nota la frustración de Reina: quiere ver la
controversia «quitada no solo en esta ciudad sino quizá también
en cualquiera que aquella está vigente» y ver la Iglesia unida,
como debería ser. Su respuesta ahora, como siempre, ha sido
la de recurrir a la Concordia de Wittenberg y encontrar refugio
en la autoridad de los nombres de los firmantes más respetados
por ambos lados: Martín Lutero, Felipe Melanchthon, Martín
Bucero, Wolfgang Capito y otros (ver el Apéndice).

Reina había formulado una respuesta de tres partes
que compartió con Ritter en esta carta, pero nunca llegó
a publicarla por miedo a ser nombrado un «sedicioso y
perturbador de la paz pública» y así ser expulsado de la ciudad.[1]

Por último, merece la pena señalar, una vez más, Reina
hace una distinción muy clara entre doctrinas primarias y
secundarias. Reina siguió los pasos de gente como Martín
Bucero, Felipe Melanchthon y otros en buscar la unidad entre
los varios bandos dentro del protestantismo. Curiosamente,
aunque esta postura le costó la confianza y comunión de
protestantes de ambos bandos en el siglo XVI, es lo que le ha
ganado el respeto y la admiración de muchos evangélicos en el
siglo XXI.

---

[1] Carta a Matías Ritter que data del 1 de marzo de 1580.

Traducción[1]

Al varón sobresalientísimo en piedad y doctrina, señor Matías
Ritter, ministro de Fráncfort y pastor vigilantísimo, señor y
hermano dignísimo de observancia en Cristo, Fráncfort.

Gracia y paz por Cristo.

Reverendo y carísimo hermano en Cristo. Las ocupaciones
en que estoy retenido no permiten que sea más prolijo. Pero
tampoco impiden que, al menos en resumen, te cerciore acerca
de aquellos asuntos que se llevan a cabo cerca de nosotros. Esos
a los que el vulgo llama aquí «calvinistas» pero ellos se llaman
«reformados», llevan tan pesadamente mi llegada y ministerio
acá, que o no quieren o no pueden tolerarlo de ningún modo,

---

[1] Texto latín: Boehmer, «Cassiodori Reinii», 290–293; traducción: Francisco Ruiz
de Pablos.

y eso sin haber sido provocados por mí ni siquiera con una
sola palabra. Se quejan también ante los demás de que con
mi llegada acá se le ha infligido una grave herida a la iglesia
de ellos. Y a esa queja suelo yo responder que aquellos que
así se quejan en conjunto de mí, traicionan con demasiada
imprudencia, sean de la iglesia que ellos mismos sean, puesto
que yo no inflijo heridas a la Iglesia de Cristo, sino que estoy
a su servicio, y eso no inútilmente en absoluto por la gracia
de Cristo, pero a la iglesia de Satanás y del anticristo le inflijo
duramente las heridas que puedo, de cuyo asunto cito como
testigos a todos mis oyentes.

Mientras no mueven una sola piedra en ese negocio, hicieron
finalmente que ciertas respuestas mías a ciertos artículos
de la Cena del Señor (las cuales había dado yo el pasado
año firmadas de mi propio puño al reverendísimo obispo
de Canterbury, quien por comisión del Consejo Real tenía
conocimiento de mi causa, para yo desenredarme finalmente
de aquel laberinto, aunque con buena conciencia), hicieron
(digo) que las sacaran de Inglaterra y las divulgasen aquí por
la imprenta, en tres lenguas, a mi nombre, sin yo saber nada ni
haberme consultado; que, sin embargo, se dice que soy el autor,
poniendo como pretexto motivos de buscar la paz, aunque
en realidad a fin de que los nuestros me hiciesen sospechoso
para la iglesia, elevasen mi consideración entre los nuestros y
finalmente interceptasen e infringiesen mi ministerio (tan grave
para ellos). El conato no es en absoluto vano y el impedimento
lanzado no es leve.

He decidido hacer frente a esta rémora con mi respuesta
pública y con una declaración que consta de tres partes: la
primera, con el descubrimiento de los autores o del autor

de esta edición; la segunda, con mi confesión auténtica de
la Cena del Señor, la cual es verbalmente la fórmula aquella
de la concordia acordada entre Lutero de piadosa memoria y
Bucero y los restantes de Wittenberg con sus firmas, tomada de
la historia de la Confesión de Augsburgo de [David] Chytraeus,
eliminado el aguijón de los adversarios contra ellos mismos
mediante estas palabras al final de la confesión: esta confesión,
tomadas las palabras en su simple significado, la suscribe
sinceramente sin ningún fraude ni mal dolo Casiodoro, para
quien, si con la misma sinceridad los ministros de la iglesia que
en esta ciudad de Amberes se llama reformada quieren añadir
sus firmas, habrá gran esperanza de que la controversia sobre
la Cena del Señor será quitada, no solo en esta ciudad, sino
quizá también en cualquiera que aquella está vigente. A esta
parte precede mi declaración de aquellas respuestas inglesas,
en la cual las reconozco sinceramente como mías, las cuales,
sin embargo, no creo que sean de ningún modo contrarias a
esta confesión, lo cual me comprometo a hacer claramente a
cualquiera que privadamente me pida cuentas. La tercera parte
consta de dos admoniciones muy serias (si no me equivoco),
una al autor de esta edición, la otra a los magistrados de
esta ciudad. Ya se trabaja en dos aspectos. El uno, si este mi
reconocimiento y aprobación de aquellos artículos (de la que
con buena conciencia no puedo apartarme) no fuesen del todo
aprobados por los hermanos, al menos debe ser permitida y
tolerada. Efectivamente, hay muchos en esta controversia tan
animados, que no hay nada en ella o bien afirmado o bien
aprobado por los adversarios que no sea inmediatamente
calvinismo o zwinglianismo, y que lo que es principal en esta
controversia no lo distinguen de aquellas circunstancias que

podría tolerarse siempre que en lo principal hubiera consenso. Pero de qué modo van a aceptar esto los hermanos, todavía no hemos hecho la prueba. Si lo tomasen de otro modo del que yo no solo quisiera, sino que además espero, volveré a casa, dejada la victoria a los adversarios, con los que, sin embargo, nunca he de consensuar. El otro, del que dudamos, es si el magistrado va a permitir que se divulgue esta respuesta mía. Dios, en cuya mano estamos todos como el barro en la mano del alfarero (según dice el mismo Jeremías) nos gobierne a todos, nos proteja y defienda con Su providencia paternal, nos instruya con Su consejo, nos corrobore con Su fortaleza en medio de la nación depravada. Adiós, mi señor y amantísimo hermano en Cristo, junto con todos los hermanos de quienes, y a la vez de ti, requerimos con apremio las preces. Te encomiendo a ti mi familia. Te enviaría un ejemplar de aquellos artículos londinenses si no creyese que te ha sido proporcionado o bien por nuestro Rodio o bien por el señor Bernoulli. Enviaré mi respuesta cuando haya sido editada. Adiós otra vez. Amberes, 11 de enero de 1580.

Te encomiendo de nuevo a mi familia.
Tu Casiodoro de Reina.

Texto 17: La recepción de Reina al luteranismo (8 de mayo de 1593)

Al final de su vida, cuando tenía unos 73 años, y después de décadas de peleas con pastores y teólogos reformados, Reina entró en la comunión luterana. Según el propio Reina, esta decisión no fue tomada rápidamente y con prisa, sino que fue el paso público y oficial de lo que ya había creído y practicado de manera no oficial «durante casi veinte años».

Igual que en sus escritos previos cuando rechazaba posturas luteranas sobre la Santa Cena, aquí también Reina tiene palabras duras para los «pontificios, anabaptistas, flacianos o nuevos maniqueos, schwenkfeldianos, sacramentarios o zwinglianos, calvinistas, y similares a estos». Hay que confesar que la lealtad de Reina ha cambiado de la iglesia reformada a la iglesia luterana, pero esto no significa necesariamente un cambio de doctrina: vemos que, una vez más, Reina recurre a la Concordia de Wittenberg, y en la medida en la que los «calvinistas» podían suscribir dicha Concordia, no les estaba condenando. Puede ser que su enfoque o manera de expresarse haya cambiado, pero no su postura fundamental.

Comparando sus afirmaciones hechas aquí con las que hizo unas tres décadas atrás en su *confesión de fe* de Londres y su «Confesión de Estrasburgo», a pesar del cambio de lealtad y el nuevo enfoque que conlleva, se puede decir que la teología de Reina no ha cambiado mucho: siempre afirmaba la autoridad única de las Escrituras, la importancia de los tres credos históricos, autoridad secundaria y derivada de las confesiones más importantes del siglo XVI y la importancia de la Concordia de Wittenberg para curar el cisma que «tanto daño ha causado a las iglesias».

Parece que Reina, a diferencia de su experiencia con las iglesias reformadas, fue bien recibido por las iglesias luteranas y tuvo un ministerio fructífero, aunque duro, entre ellos. En este escrito se nota que Reina está, por fin, feliz.

Traducción[1]

Muy reverendos señores y hermanos muy respetables en Cristo.

He leído y releído diligente y atentamente vuestro escrito, exhibido ante mí el día 20 de este mes de abril, en el que declaráis que os fue impuesto por nuestro amplísimo Senado que me exigieseis la confesión de mí, según la costumbre de aquellos que han de ser recibidos en el ministerio de la iglesia. Y para responder a lo mismo en su propio orden, en primer lugar, alabo y apruebo esta costumbre, y deseo ser perpetuamente retenido en esta iglesia, para que deban ser admitidos al ministerio, con diligencia en primer lugar, y no sean examinados

---

[1] Texto latín: Johannes Lehnemann, *Historische Nachricht von der vormahls im sechzehenden Jahrhundert berühmten Evangelisch-Lutherischen Kirche in Antorff* (Fráncfort del Meno: Johann Friedrich Fleischer, 1725), 163–169; traducción: Francisco Ruiz de Pablos (primera parte) y Guillermo González (a partir de la firma de Reina).

descuidadamente en la fe y en la doctrina, y sean sometidos a reglas seguras para la observancia de la misma doctrina y del consenso cristiano entre los colegas, recta y prudentemente adquiridas. También doy gracias de corazón a él y a nosotros por el deseo del ínclito y piadoso Senado nuestro acerca de preocuparse cuidadosamente por la religión en primer lugar de su obligación, y ruego a Dios que inflame con perpetuos argumentos el mismo deseo y no permita que nadie ascienda a aquel orden ilustre y en primer lugar recomendado por Dios, sin que haya sido opulentamente imbuido en ese deseo por el Espíritu de Dios. Así pues, es de sumo agradable para mí dar satisfacción, en cuanto está en mi mano, a esta piadosa decisión y orden, dando a conocer públicamente esa confesión de mi fe que se me exige con la más justa de las razones, a saber, abierta y sincera, como en presencia de Dios, inspector de los corazones, y ello no solo de palabra, sino también por escrito. Y para dar más adecuada satisfacción a vuestra petición, con vuestro orden, es más, en cuanto sea posible, también con vuestras palabras. Pido a Dios de corazón que, así como se ha dignado iluminar mi alma con su luz mediante el verdadero conocimiento de Su Hijo, así también dirija mi pluma para que la misma explique adecuadamente lo que mi alma ha concebido mediante Su Espíritu para gloria de Su nombre y utilidad de Su Iglesia.

En primer lugar: Aquella doctrina que con perpetuo consenso se contiene en la Santa Biblia, esto es, en los escritos proféticos y apostólicos, y en los divulgados símbolos auténticos (Apostólico, Niceno, de Atanasio) y en nuestro siglo, después de la revelación del Anticristo romano, en la Confesión de Augsburgo, en la Apología de la misma, en la Concordia de Wittenberg, hecha en el año 36, en los Artículos de Esmalcalda, en el Catecismo de Lutero, en la Concordia de Bucero, constituida entre los ministros de esta ciudad en el año 42 y recientemente se explica en el Libro de la Concordia en el año 80, promulgado por casi todos los Estados de los protestantes, la reconozco como verdadera, ortodoxa, y es mi voluntad enseñarla de forma unánime y constante con vosotros, mediante el auxilio de la gracia del Espíritu Santo, sin ninguna corruptela, propagarla y defenderla según mi facultad y don concedido a mí por Dios, del mismo modo que durante casi veinte años he hecho hasta ahora.

En segundo lugar: Estoy de acuerdo con vosotros no solo en la tesis, como se dijo más arriba, sino también en la antítesis, o sea, en que todos aquellos errores y herejías, que como impías, fanáticas y contrarias a la Palabra de Dios en los ya recordados libros, y sobre todo en la Fórmula de la Concordia, hace ya tiempo leída diligentemente por mí, se refutan, como de pontificios, anabaptistas, flacianos o nuevos maniqueos, schwenkfeldianos, sacramentarios o zwinglianos, calvinistas y similares a estos, herejes antiguos o recientes, verdaderamente los condeno y rechazo de corazón con vosotros, los proclamo rechazables y evitables, y confieso que no tengo ninguna relación con corruptelas o herejías de esa clase ni voy a tenerla en el futuro si me protege y apoya la gracia y el Espíritu de Dios.

En tercer lugar: Puesto que en estos días se desarrolla entre nosotros y los sacramentarios una controversia gravísima sobre la persona de Cristo, sobre el santo bautismo, sobre la Cena del Señor, sobre la predestinación, abrazo con vosotros de corazón aquella doctrina sobre estos artículos, la cual en los escritos más arriba citados y editados acerca de estas cosas por el señor Lutero, de piadosa memoria, en sus escritos polémicos, pero especialmente fue defendida y explicada en el Coloquio de

Mompellgarten por el señor D. Jacob Andreas contra Beza y contra todos los contradictores, y me comprometo de buena fe a defenderla y propagarla según mis posibilidades.

En cuarto lugar: Por lo que atañe a mi confesión hecha en Inglaterra, la cual proporcionó materia u ocasión para este sustituido y fraudulento libelo, ofrecido a vos (por quienes, sin embargo, y con qué fin vosotros mismos apreciaréis conforme a vuestra prudencia) conviene saber, primero, que aquella confesión no fue realizada por mí, en la iglesia londinogálica como si quisiera retornar con ella a la relación amistosa, la cual más bien yo invoqué como derecho para limpieza de mi inocencia y tuve parte adversa, sino ante los jueces, varones de suma autoridad, constituidos por el Consejo Real para juzgar mi causa contra casi todos los próceres de aquella iglesia y sus gravísimas calumnias contra mí. Segundo, que no se me pidió a través de los jueces la confesión entera de la Cena del Señor, solamente hubo que responder a unos pocos artículos. Y tercero, lo que confieso no solo ingenuamente sino ante Dios, que yo me comporté entonces de tal manera no solo en el juicio sino fuera del juicio, y salí después de Inglaterra de tal manera, que di a todos pleno testimonio de que yo no era calvinista, sino que quería defender seriamente aquella opinión y confesarla en el ministerio público al que era llamado a Amberes, la cual sin disfraz ni corruptela ninguna sostienen y profesan los verdaderos y sinceros profesores de la Confesión de Augsburgo, lo cual tanto entonces en Amberes como hasta ahora, con los mismos hechos, he comprobado sinceramente por la gracia de Dios. Puedo aun probar abundantemente ambas cosas con firmes argumentos si hace falta. Y si alguna vez, con la muestra y firma de mi mano apareciese lo contrario, que yo verdaderamente, o bien en aquella confesión de Londres, o bien en otra parte en cualquiera de mis escritos, concedía algo menos acorde con la Palabra de Dios y con los escritos más arriba citados de la doctrina de la fe, prometo santamente que sufriré de buena gana la censura de los piadosos hermanos y propondré las enmiendas conforme a las predichas normas de fe y doctrina, y esto en abundancia. Pues si en aquella confesión de Londres hubiese algo en sentido contrario con la presente confesión, habría que considerarlo con razón abolido, retractado y totalmente extinguido sin ninguna otra mención especial; y especialmente porque a esta confesión de ahora se añade la profesión pública de la verdad, continuada durante catorce años desde aquella confesión de Londres sin ninguna justa represión. Señores y hermanos en Cristo, muy respetables, dada vuestra prudencia y piedad, os encomiendo estas cosas, las cuales considero también que han de satisfacer, plenamente, por lo que atañe a este artículo.

En quinto lugar: Acerca del consenso que se debe guardar cuidadosamente en el ministerio, etc. No es ninguna carga para mí prometer esas cosas no solo de palabra y a mano alzada, sino también con obligación por escrito (si así es la costumbre) que espontáneamente, sin haber jurado y sin haber sido obligado, habría de prestar y cuidar con toda diligencia, verdaderamente, a fin de que tanto en la doctrina como en los ritos eclesiásticos, y en toda la economía del ministerio, esté piadosamente de acuerdo con vosotros, admita gustosamente los consejos fraternos, las admoniciones, las correcciones (si alguna vez hiciesen falta) y no inicie ni innove nada sin el consejo y aprobación de la asamblea eclesiástica. Finalmente, con los demás colegas, como con piadosos hermanos, de cuya sociedad me reconozco indigno, especialmente, con el señor

Antonio, carísimo futuro colega, guardaré la concordia piadosa, santa e inviolada, sin afectación de prerrogativa ni dominación de nadie que tenga yo en esta parte a la vista como saludables admoniciones de Cristo. Pero quisiera suplicar que, si es posible, quede yo libre de las predicaciones posmeridianas, y esto no es ninguna prerrogativa, sino que es de necesidad; y pienso que no será molesto ni para vosotros ni para ningún piadoso colega.

Tenéis, muy reverendos señores y muy venerables hermanos en Cristo, la confesión mía tal cual la pedisteis, a saber, ingenua y sincera delante de Dios y de Su Cristo, Inspector de los corazones. Ruego a Dios, Padre celestial, quien levantó de entre los muertos a aquel gran Pastor, en la sangre del Testamento eterno, a Jesucristo nuestro Señor, para que dirija nuestros proyectos a la gloria de Su nombre y a la propagación de Su Reino, pero sobre todo para liquidar a este monstruo espantosísimo y mortífero (verdaderamente ese cisma que, durante 50 o más años enteros, tanto daño ha causado a las iglesias y a los Estados no solo por Alemania, sino también por todas las regiones del mundo en cualquier sitio donde refulgió la luz del Evangelio restituido por el sumo beneficio de Dios y, según parece, seguirá causando, a no ser que sea triturado por el poderoso brazo de Dios). Para que comience a ser liquidado y extirpado a fondo de esta ciudad nuestra, ha de ser invocado Dios a fin de que primeramente fortifique a nuestro Magisterio piadosísimo y a todos nosotros con la fe y la fuerza de Su Espíritu Santo, contra todos los terrorismos del diablo y del mundo, nos arme con Su sabiduría y consejo contra los engaños e insidias del mismo (puesto que es cierto que aquel ha de tener preparados, dentro y fuera, todos sus instrumentos, armas y artes de iniquidad), pero sobre todo en la gestión de los asuntos nos haga donación de la destreza, la caridad

y la suavidad para con aquellos que ansiamos ganar en Cristo,
no para que extinga el celo cristiano, sino para que sea digna, y
para que, siendo ella moderadora y gobernadora de los consejos
santos, los propios adversarios se den cuenta finalmente de que
nada se lamenta aquí menos que su destrucción, ni por el odio,
como ellos mismos piensan, sino por el verdadero celo de Dios, y
por el amor de la salvación tanto de ellos como de nosotros, todas
estas demoliciones aspiran a que alguna vez por fin, mediante la
gracia y la clemencia de Dios para con unos y otros, lleguemos
todos a la unidad de la fe y del conocimiento del Hijo de Dios.
Puesto que el hecho de que todavía no hayamos llegado allí es
la verdadera causa de que Cristo y Su divina virtud y poder son
aun ignorados, incluso también negados por muchos, los cuales,
aunque debían ser maestros por razones de edad, necesitan ser
de nuevo enseñados acerca de cuáles son los elementos de los
mensajes de Dios. A esta tarea tan santa, tan agradable a Dios y
a Su Iglesia saludable quiero dedicar mi símbolo y cualquiera de
mis obrillas, si vuestra prudencia considerase que serían útiles. Y
no solo consagro y ofrezco sinceramente mi atención, sino a mí
mismo también, dejando atrás todas las comodidades temporales,
las amistades adversas, el descanso y finalmente la vida misma. Y
en testimonio de esta cuestión di este escrito mío firmado de mi
propia mano. Dado en Fráncfort, 8 de mayo de 1593.

Casiodoro de Reina

Por lo que respecta a ese librillo trilingüe que con el nombre
de mi confesión circula entre los calvinistas u otros, hay que dar
una respuesta no poco extensa. Cuando en el año 1579 volví de
Inglaterra a Amberes llamado por la iglesia de nuestra confesión

para ser ministro en lengua francesa, poco después del comienzo
de mi ministerio, cierto pontífice principal de la iglesia de los
calvinistas publicó ese libro, según parece, bajo mi nombre. Su
intención era, de ser posible, sustraer los beneficios que, gracias a
mi ministerio, con gran dolor suyo y de los suyos, Dios producía
en nuestra iglesia. Él llamaba a estos beneficios heridas infligidas
a su iglesia por mi llegada. Con la publicación y divulgación del
librillo, consideraba que sin duda iba a conseguir una de estas
dos cosas: o que yo me enfrentara con los colegas y con toda la
iglesia, o que al menos lo hiciera con los jueces ingleses. Estos,
poco antes, me habían absuelto de las gravísimas acusaciones
de aquellos, contra lo que todos ellos esperaban, una vez que
quedó en claro mi inocencia. Pero también esperaba sin duda
que sucedería esto: si yo les daba una respuesta bien elaborada,
tal como yo mismo pensaba que haría, ya se les ofrecía la muy
deseada ocasión, con la excusa de la disputa a partir de cualquiera
que fuese mi respuesta, de desplegar todas sus fuerzas para la
destrucción de nuestra iglesia, que era su principal empeño.
Pero ese temporal, avivado por las malas decisiones, a pesar
de que era desfavorable y muy peligroso, ya que era un asunto
entre ciudadanos armados, lo apartó de nosotros Dios merced
a Su providencia paterna hacia nosotros, con una decisión
más sencilla, pero la más honesta y, por ello, según mostró el
desenlace, la más eficaz: efectivamente, mostré con sinceridad
ante Dios y ante nuestra iglesia la verdad, que ese librillo ni
era mío, ni yo lo reconocería jamás como mío, sino que era
de Willerio y sus socios. Este, siendo el enemigo principal y
jurado de nuestra iglesia, lo había publicado con ánimo hostil
y perverso para los fines que ya he mencionado y por tanto lo
justo era imputárselo a él, no a mí. Me pareció bien adjuntar a

esta declaración una renovación y repetición de mi confesión, mostrada con anterioridad a la iglesia para que se me aceptase en el ministerio, y así dar seguridad a aquellos, si alguno había, que dudaran de mi fe. Con esa declaración, habiendo quedado en calma todo el ministerio, la asamblea de diputados y toda la iglesia, regresamos fácilmente a nuestra antigua tranquilidad, sin haber dado ninguna respuesta a nuestros malintencionados adversarios y dejando, sobre todo con nuestro silencio, todos sus planes frustrados y desbaratados, es más, cambiados en lo contrario de lo que esperaban, ya que los nuestros fueron ratificados al desestimarse cualquier sospecha sobre mí sin que hubiera ni una ocasión para que los jueces ingleses acusaran.

Pasados aproximadamente dos años, uno de nuestros colegas ministros, en contra de la fe dada solemnemente, confirmada además por juramento, avivó contra nosotros las mismas disputas. Omito ahora la explicación detallada de si tuvo o no derecho o con qué intención lo hizo, porque él ya, gracias a vuestro benigno empeño, ha pasado de ser el mayor enemigo a ser amigo. El asunto se discutió durante, si no me equivoco, tres semanas, habiendo llegado yo incluso a dejar el ministerio, lo cual no dejó de suponer un importante agravio y desembolso para la iglesia. Presionaban tanto él como los otros flacianos (los tenía con él en esta controversia totalmente consagrados a dañarnos) para que me retractara de la sentencia de Londres, porque en cuanto al librillo de Willerio ya no había tanto alboroto. Nadie pudo mostrar, ni siquiera el propio Willerio, con una argumentación lo suficientemente clara en qué consistía realmente esta sentencia. Pero presionaban para esto con tal procacidad, no tanto por afán o deseo de verdad como para con esa retractación, fuera justa o injusta, echar abajo la consideración que todos me tenían en el ministerio, o al menos disminuirla, porque no la soportaban. Finalmente, la causa se sometió a juicio y se declaró que no obró correctamente el que, contra su palabra y juramento, avivó de nuevo la investigación que nos había sido arrojada malintencionadamente por nuestros adversarios como una chispa a nuestro incendio y que, gracias a Dios, había sido contenida y apaciguada por completo con distinguido beneficio mediante un juicio justo antes de su llegada a nosotros, tal como él mismo pudo comprobar mucho después de su llegada. Se expuso que, de no haber estado de acuerdo, hubiese debido dar cuenta antes de concederse el ministerio. Por tanto, había que mantenerse en el primer juicio y había que acatarlo. Esta sentencia la suscribió la asamblea de ministros, diputados y diáconos al completo. Entre los ministros que la suscribieron, estuvieron tres compatriotas, amigos íntimos y socios adversarios, a quienes él mismo había atraído en un principio hacia su bando, Johann Isenseus, Enrique Latomus y Gaspar Happelius, quienes, tras declarar un sincero arrepentimiento por haberse separado de nosotros, se reconciliaron con la iglesia.

Y así volvió entonces la paz y la tranquilidad a nuestra iglesia. Esto podrán confirmarlo no dos o tres testigos, sino muchísimos, y los más dignos de confianza, que están ahora en esta ciudad y que fueron testigos oculares de este proceso.

Paso ahora a nuestro asunto. ¿Quién y qué tipo de persona es Banosio? Desde luego no es mejor que Willerio. ¿De qué tipo es la disposición de ánimo de uno y otro? Sea como sea en lo demás, desde luego contra nuestra iglesia es absolutamente hostil. En resumen, ellos son tales que ni siquiera Pablo y Bernabé podrían obtener sus elogios. Diréis: ¿qué prueba tienes? La experiencia y el testimonio de los suyos, por no mencionar la mía, y desde luego los propios frutos, con arreglo a los cuales, con Cristo y la propia[2] naturaleza por testigos, hay que juzgar la naturaleza del árbol. Y esto es lo que hay sobre el personaje. ¿Qué hay sobre el propio asunto? ¿Qué alega? Lo mismo que Willerio al principio, un asunto que en verdad ya había sido resuelto dos veces por el juicio legítimo, piadoso y absolutamente provechoso de nuestra iglesia. Su alegación frente a quienes disputan piadosa y legítimamente es un dardo arrancado dos veces de manos del diablo. ¿Y qué busca? Al menos según él mismo dice, proteger a nuestra iglesia, qué duda cabe, teniendo cuidado de que yo no la corrompa. Así que yo, que me entrego por completo a salvaguardarla, soy el corruptor de nuestra iglesia, y él, que justa y merecidamente fue expulsado por los suyos para que no corrompiera la suya, es el salvador. Será necesario que él diga que yo he corrompido la iglesia de Amberes. Pero es más verosímil decir que él en verdad busca lo mismo que Willerio, a saber, alejar de su iglesia las heridas que Willerio ha intentado alejar de la suya. Pero de Banosio ya hemos hablado demasiado, porque para acallarlo bastaría con haber dicho que él es Banosio. Ahora bien, si tiene algún socio en este asunto, uno o más, estoy convencido de que son de su misma calaña, y de que ni uno solo es digno de vuestra confianza.

Esto estaba incluido en la cuarta parte de la confesión mostrada, pero luego fue suprimido, para que la brevedad y la autenticidad de la confesión del texto no quedaran sobrecargadas por un relato excesivamente largo. Podrá volver a añadirse en el mismo sitio.

---

[2] Parece que hay un error en el latín; se ha sustituido «ipsa» por «ipse».

Apéndice:
la concordia de Wittenberg

Introducción

En 1536, protestantes de dos confesiones distintas (luteranos y reformados) se reunieron para discutir los tres sacramentos (o ritos) del bautismo, la Santa Cena y la confesión. En teoría, la parte más importante, la de la Santa Cena, podía haber terminado la división entre los dos grupos, pero al final no llegó a convencer al grupo más amplio que no estaba presente en el coloquio. Sin embargo, este texto nos ofrece el lenguaje más «ecuménico» sobre la Santa Cena, y pastores y teólogos protestantes importantes como Martín Lutero, Felipe Melanchthon, Martín Bucero y Wolfgang Capito la firmaron. Aunque ningún grupo la adoptó como su postura oficial, españoles como Casiodoro de Reina apelaron a la Concordia como su postura oficial, y como la única salida viable de la división entre los dos bandos.

Texto[1]

La concordia entre los doctores de Wittenberg y los doctores de
las ciudades del emperador en la Alemania superior. Sobre la
presencia del cuerpo y sangre de Cristo en la Cena del Señor.
Escrita por Felipe Melanchthon por orden y petición de ambos
lados. 1536 d. C.

1. Confesamos, según las palabras de Ireneo, que la eucaristía
consiste en dos cosas: la terrenal y la celestial. Por tanto, piensan[2]
y enseñan que el cuerpo y sangre de Cristo está presente,
exhibido y recibido verdadera y sustancialmente con el pan y vino.
2. Y aunque niegan existir la transubstanciación y no piensan existir
el encierre local en el pan, o alguna conjunción duradera fuera del

---

[1] Texto latín: *Philippi Melanthonis opera quae supersunt omnia*, 3:75–76.

[2] La «Concordia» usa tanto la primera como la tercera persona del plural para
referirse a los firmantes del documento.

uso del sacramento, sin embargo, conceden que, por una unión sacramental, el pan es el cuerpo de Cristo, esto es, piensen que, al ofrecer el pan, al mismo tiempo el cuerpo de Cristo está presente y verdaderamente exhibido. Pues fuera del uso, cuando está preservado en una caja o mostrado en procesiones, como se hace por los papistas, piensan que el cuerpo de Cristo no está presente. 3. En segundo lugar, piensan que esta institución del sacramento es válida en la Iglesia, y que no depende de la dignidad del ministro o del recipiente. Por eso, como dice Pablo, incluso los indignos comen, así piensan que se ofrece el verdadero cuerpo y sangre del Señor también a los indignos, y que los indignos lo reciben, donde las palabras e institución de Cristo son mantenidos. Pero tales personas lo reciben al juicio, como dice Pablo, porque abusan del sacramento cuando lo usan sin arrepentimiento y fe. Por esta razón fue instituido: para testificar a aquellos que se arrepienten y erigen su fe en Cristo que les son aplicados los beneficios de Cristo, que son hechos miembros de Cristo y que son purificados por la sangre de Cristo.

Pero como somos pocos los que nos hemos reunido, y hay necesidad de ambos lados que este tema sea referido a otros predicadores y superiores, todavía no está lícito para nosotros contratar la concordia antes de referirlo a otros.

Pero como todos profesan que quieren pensar y enseñar según la confesión[3] y apología de los príncipes que profesan el evangelio en todos los artículos, deseamos mucho ratificar y establecer la concordia. Y nuestra esperanza es que, si los otros de ambos lados así consienten, habrá una sólida concordia en el futuro.

---

[3] Dado el contexto (están presentes Lutero y Melanchthon) y la fecha (1536) parece ser una referencia a la Confesión de Augsburgo.

Suscribieron:

Dr. Wolfgang Capito, ministro de la iglesia de Estrasburgo.

Maestro Martín Bucero, ministro de la iglesia de Estrasburgo.

Licenciado Martín Frechtus, ministro de la Palabra de la iglesia de Ulm.

Licenciado en teología Jacobo Ottherus, ministro de la iglesia de Esslingen.

Maestro Bonifacio Lycosthenes, ministro de la Palabra de la iglesia de Augsburgo.

Wolfgang Musculus, ministro de la Palabra de la iglesia de Augsburgo.

Maestro Gervasio Scholasticus, pastor de la iglesia de Memmingen.

Maestro Juan Bernardi, ministro de la iglesia de Fráncfort.

Martín Germani, ministro de la iglesia de Fürfeld.

Maestro Mateo Aulbertus, pastor de la iglesia de Reutlingen.

Juan Schradinus, diácono de Reutlingen.

Martín Lutero, doctor de Wittenberg.

Dr. Justo Ionas.

Dr. Gaspar Cruciger.

Dr. Juan Bugenhagius, de Pomerania.

Felipe Melanchthon.

Justo Menius, de Eisenach.

Federico Myconius, de Gotha.

Dr. Urbano Regius, superintendente de las iglesias del ducado de Luneburgo.

Jorge Spalatinus, pastor de la iglesia de Altenburgo.

Dionisio Melander, ministro de la iglesia de Kassel.

Y muchos otros.